中國學術思想 研究輯刊

三 編

林慶彰 主編

第 19 冊

胡居仁與陳獻章

呂妙芬 著

湛若水與明代心學

潘振泰 著

花木蘭文化出版社

國家圖書館出版品預行編目資料

胡居仁與陳獻章　呂妙芬 著／湛若水與明代心學　潘振泰 著
— 初版 — 台北縣永和市：花木蘭文化出版社，2009〔民98〕
序 4+ 目 2+120 面／序 2+ 目 2+110 面；19×26 公分
（中國學術思想研究輯刊 三編；第 19 冊）
ISBN：978-986-6528-89-7（精裝）
1.（明）胡居仁　2.（明）陳獻章　3.（明）湛若水
4. 學術思想　5. 明代哲學　6. 宋明理學
126.1　　　　　　　　　　　　　　　　　　98001726

ISBN - 978-986-6528-89-7

中國學術思想研究輯刊
三 編 第十九冊　　　　　　　　ISBN：978-986-6528-89-7

胡居仁與陳獻章
湛若水與明代心學

作　　　者　呂妙芬／潘振泰
主　　　編　林慶彰
總 編 輯　杜潔祥
出　　　版　花木蘭文化出版社
發 行 所　花木蘭文化出版社
發 行 人　高小娟
聯 絡 地 址　台北縣永和市中正路五九五號七樓之三
　　　　　　電話：02-2923-1455 ／傳真：02-2923-1452
網　　　址　http://www.huamulan.tw 信箱 sut81518@ms59.hinet.net
印　　　刷　普羅文化出版廣告事業
封面設計　劉開工作室
初　　　版　2009 年 3 月
定　　　價　三編 28 冊（精裝）新台幣 46,000 元

胡居仁與陳獻章

呂妙芬　著

作者簡介

呂妙芬，國立臺灣大學中文碩士，美國加州大學洛杉磯分校（UCLA）歷史博士，現任中央研究院近代史研究所副研究員。從事明清學術文化史研究，主要著作有《陽明學士人社群》，其他學術論文散見國內外期刊。目前正從事《孝經》與明清政治、文化相關議題研究。

提　　要

　　胡居仁、陳獻章是明初二位著名儒者，二人均曾師事吳與弼，後來也都奉祀孔廟。整個明代僅有四人獲此殊榮，由此可見二人的重要地位。學術史一般均以胡居仁為篤守程朱矩矱的明初醇儒，以陳獻章為開啟明代心學的先驅人物，而胡居仁也強烈批評陳獻章之學為禪。本書主要探討胡居仁、陳獻章二人的學問內涵，並且試圖將二人之學放在從朱子理學到陽明心學的發展史中觀照。全書主要分為三部分：

　　第一部分旨在說明朱子學從南宋到明初的變化，已顯出愈來愈重視實踐篤行與強調心體的趨向，此正是胡、陳二人思想產生的大時代背景。

　　第二部分詳細討論並比較胡、陳二人思想內容的異同。

　　第三部分則進一步將胡、陳二人思想特質與朱熹、王陽明交互比較，試圖進一步說明胡、陳二人的思想在學術發展史上的意義。

目

次

序　論

　　我選擇研究胡居仁（1434～1484，敬齋）、陳獻章（1428～1500，白沙）二人思想，是基於對以下兩個問題的關切：胡居仁和陳獻章個人學問內涵的異同，以及二人在明代學術發展史中的定位。從個人學問內涵的觀點看，胡居仁和陳獻章同處於明初儒學界，共同師事吳與弼（1391～1469，康齋），也同樣效法吳與弼「絕意科舉、慨然作聖」的精神。黃宗羲說：「（敬齋）以有主言靜中之涵養，尤爲學者津梁。然斯也，即白沙所謂『靜中養出端倪，日用應酬，隨吾所欲，如馬之御銜勒也』，宜同門冥契」；〔註1〕侯外廬也說：「餘干學派，在吳與弼理學中是『得其篤志力行』的……是指在吳與弼的靜觀、靜中涵養的方法，刻苦奮勵，篤志不改。至其大端，與陳獻章並無實質的區別」。〔註2〕均以胡居仁、陳獻章二人學問中隱然存在著一種同門相契的學風精神。但我們若轉看胡、陳二人的文字風格與生活方式，立刻可察覺到他們完全不同的生命情調。胡居仁的《居業錄》是屬於語類體析理式的問答；陳獻章的文集則充滿詩歌體情境式的抒發。胡居仁「左繩右矩，每日必立課程，詳書得失以自考，雖器物之微，區別精審，沒齒不亂」，〔註3〕是近乎宗教儀式般莊嚴謹敬的生活；而陳獻章「或浩歌長林，或孤嘯絕島，或弄艇投竿於溪涯海曲」，〔註4〕則是寄情天地山水的逍遙自在。另外，對於主講於象徵程朱理學精神的白鹿洞書院，胡居仁的殷殷厚望與陳獻章的慨然拒絕，亦透露

〔註 1〕黃宗羲，《明儒學案》（臺北：華世出版社版社，1987），卷二，頁 30。
〔註 2〕侯外廬編，《宋明理學史》（北京：人民出版社，1987），下卷，頁 145。
〔註 3〕黃宗羲，《明儒學案》，卷二，頁 29。
〔註 4〕黃宗羲，《明儒學案》，卷五，頁 80。

著二人對傳統儒學見解之差異。而胡居仁對陳獻章學問的極力批評，指斥爲禪學，不僅源於二人性情與風格的迥異，更因二人的學問具有某些根本性的差異。因此，胡居仁和陳獻章學問中的同與異，實是一耐人尋味的問題，這也就是本書並提二人思想所欲探究的課題。

再者，從學術發展史的角度看，明代初期是由程朱理學到陽明心學發展中的一個關鍵時期，此時學術界已瀰漫著注重心體、講求身體力行的學風，〔註5〕此學術氛圍是陽明心學發生的重要背景。而胡居仁、陳獻章二人，正是這個關鍵時期中最具名望與影響力的大儒，此從整個明朝僅有四人獲得陪祀孔廟的殊榮，而胡、陳二人均在列的事實，即可見一斑。因此，不僅胡、陳二人的思想值得深入研究，對他們思想的了解，亦能深化我們對理學發展史的認知。

一般思想史都以胡居仁爲朱學之秀，以陳獻章爲王學先驅。我們從《胡文敬集》也看見胡居仁屢屢致書當時的學者，如羅倫（1438～1480）、張詡（d. 1508）、張元禎（d. 1506）等，極力辯論陳獻章學問之非，欲維護聖學門第。〔註6〕由此我們或可說，在胡居仁與陳獻章身上，我們正可窺見理學、心學易位前某種對峙的情形。然而，心學之發展並非獨立於朱學之外；相反的，朱學內部爲此發展提供了相當的根據。〔註7〕而且胡居仁的學說也顯明了反求於內、身體踐履的心學色彩。故胡居仁、陳獻章之學除了具有某種對立性外，從整體學術演變的角度來看，二人又有著呼應承轉的關係。透過對此二人思想的研究來觀照學術史的發展，並探討二人的學術定位，即是本書的另一重要課題。

上述兩個課題——個人的思想內涵、大時代學風與長期的學術發展——其實有著不可分割的關聯性。一個人的思想內容主要是針對其生存時代所進行的思索與回應，雖然個人獨特的創造力，常常是促使人類文明變動的重要力量，也是創造歷史的主因，然而時代和社會所形成的複雜機制，卻具有主導和限制個人創造的力量。因而，要研究一個人的思想內涵，不可能只注重其思想的表達而忽略其所生存的社會及所處的學術環境；然而，我們對一個

〔註 5〕 見第一章第二節。

〔註 6〕 胡居仁在〈與羅一峰〉、〈奉張廷祥〉、〈奉憲副張希仁〉等書均提及陳獻章學問太虛妙，有違正學，望學者留意。胡居仁，《胡文敬集》（臺北：臺灣商務印書館，1986），卷一，頁 30b～33b，33b～34a，34b～35a。

〔註 7〕 見下文。

時代的瞭解，卻也仰賴我們對當時個別思想家有更正確的認識。在此個人、時代與學術史三者互動交織的關係中，我們對任何一方面的瞭解正依賴於對其他方面的瞭解，不斷更新的知識也催促著我們不斷修正從前的認知。限於個人之學力，本書對於明代政治、經濟、社會的研討有明顯的疏忽，所討論的重點仍主要集中在胡居仁和陳獻章的思想內容，以及理學的傳承與發展。第一章「南宋至明初的理學發展」，主要概述從朱子理學到明初的學術發展與學風轉變，希望藉此提供對胡居仁、陳獻章二人所處的時代一大體的觀照，作為進一步討論二人思想的學術史背景。此章並不想突顯胡居仁和陳獻章的個別性，而是透過長期學術史的視角，來觀看傳統對二人在這段學術發展史中的定位，這也是本文的出發點。第二章「胡居仁與陳獻章思想研究」，主要由二人的文字風格、思想內涵、生命情調去探討二人學問的異同。第三章，再度回到「從理學到心學」長期學術史的觀照，則是將胡居仁、陳獻章，與理學和心學代表人物朱熹（1130～1200）、王陽明（1472～1528）進行比較，希望透過對四位學者思想的比較，能進一步突顯胡、陳二人的學術特質，及其在學術史上的重要意義。此章在深入討論胡、陳二人思想之後，再探學術定位的問題，是嘗試對傳統學術史觀點進行反思，希望提出比第一章的概述更深刻的理解。

第一章　南宋至明初的理學發展

　　南宋朱熹和陸九淵（1139~~1192）的學說，一般均被視爲理學和心學的代表，甚至被賦予某種學派對峙的意味，但這兩派學說在當時及後代所擁有的影響力並不相當。〔註1〕朱子生前，學說雖曾遭朝廷所禁，〔註2〕但朱子死後不久，僞禁解除，不僅其學說能繼續流傳，更因著朝廷科舉的倚重而形成學術獨霸的局面；陸學卻不同，陸九淵死後，即消沉不顯。思想史要歷經三百年後，到明代中葉王陽明興起，才再一次把心學帶到高峰，也再次使陸九淵的著作與聲名獲得彰顯。〔註3〕然而這段從理學到心學的發展歷程，並不是由陸九淵學說的復活而引起，而是根源於朱子學內部的發展而來。我當然不是要完全排除陸學對後學的啓發與影響，只是學術的變化更多反應著當代的問題，也更多是與主流（思潮）對話的結果。在南宋以降一片朱子學風之中，理學本身隨著時代、人物而有各種轉變，南宋曾被貶黜的朱子學，在元、明已成了士子們攀登仕途的踏石階，成聖之學成了利祿之學的規定範本。朱子學不但是每一位士子的必讀教材，它也因著舉業所伴隨的利祿觀念，成爲許多學者所批判的對象。然而無論信奉或批判，朱子學都深切地主導著明代士子們的學習內容。即使明初逐漸蘊釀著一股強調身體力行的心學風氣，這也

〔註1〕見下一節。
〔註2〕參見馮琦原編，陳邦瞻纂輯，《宋史記事本末》（臺北：臺灣商務印書館，1956），卷八〇，頁678～685。
〔註3〕王陽明提倡陸象山之學，並在正德十六年刻《象山文集》，令撫州府金谿縣官吏遍訪陸象山子孫，免其差役，並具名提學道送學肄業。這對陸學之再顯有重要影響。見《王陽明年譜》，收於《王陽明全書》（臺北：臺北正中書局，1979），第四冊，頁125。

是在朱子學範圍內發展、蛻變的產物。

本章將簡要說明從南宋到明初學術發展的歷史。第一節討論南宋到元代的理學傳承及重要的學風表現；第二節討論元代到明初的學風特色，及其做爲心學發展關鍵期的要素。希望透過對這長期學術發展的簡要勾勒，能夠提供我們一個比較整體性的觀照點，也讓我們對胡居仁、陳獻章二人所處的時代學風，以及傳統對其學術的定位，有更寬廣的認識。

第一節　南宋末年至元代

南宋朱熹集宋代理學之大成，﹝註4﹞同時期的陸九淵在學說上與朱子有相當的距離，在當時學界也具有重要影響，後人更以理學、心學加以區分二人的學問特色。然而，這兩個具有某種對立意義的學派在南宋到明初的三百年間，並沒有構成均勢的局面。陸九淵早年在家鄉金谿（江西）槐堂書院授徒，晚年在貴溪（浙東）應天山立象山精舍講學，弟子大體分佈在江西、浙東兩地。陸九淵去世後，陸學中心從江西移到浙東，家鄉的勢力快速消沉，成爲朱學的天下。故黃宗羲曰：「其學脈流傳，偏在浙東」；﹝註5﹞全祖望（1705～1755）：「象山之門，必以甬上四先生爲首」。﹝註6﹞甬上四先生指楊簡（1141～1225）、袁燮（1144～1224）、舒璘（1136～1199）、沈煥（1139～1191）。南宋時期的陸學，尙有楊簡可與朱學相抗衡，到了元代，陸學只有陳苑、趙偕等人努力持守師說，﹝註7﹞然已無法抗拒整體社會從下到上的一片朱子學風。

與陸學的快速消沉相反，朱子學派卻在南宋末年快速竄升，終於蓆捲整個學術界，成爲獨霸學術的局面。其間的因素自然很多，但以朱子寓自己思想於大量的書籍註釋之成就，眾多弟子在士大夫社群中所發揮的力量，以及朝廷制度性的提倡，應是最重要的原因。﹝註8﹞由於朱子學在這時期的廣大影

﹝註4﹞陳榮捷在〈朱熹集新儒學之大成〉一文，就朱熹於新儒學之發展與完成、道統之建立，及《四書》之形成三方面，討論朱子集宋代儒學之大成。見陳榮捷，《朱學論集》（臺北：學生書局，1982），頁1～35。

﹝註5﹞黃宗羲撰，全祖望補，《宋元學案》（臺北：中華書局，1984），卷七七，頁2。

﹝註6﹞黃宗羲撰，全祖望補，《宋元學案》，卷七四，頁1。

﹝註7﹞全祖望：「逕畈歿而陸學衰，石塘胡氏雖由朱而入陸，未能振也。中興之者，江西有靜明（陳苑），浙東有寶峰（趙偕）。」見黃宗羲撰，全祖望補，《宋元學案》，卷九三，頁1a。

﹝註8﹞據陳榮捷所記，朱子門徒分佈於福建，浙江、江西、湖南、安徽、江蘇、四

響力，強烈主宰著學術的發展與風氣之遞嬗，故下文將先討論南宋到元代的朱子學傳承。

宋孝宗淳熙十年（1183）鄭丙（1121～1194）上疏請禁道學，曰：「近世士夫有所謂道學者，欺世盜名，不宜信用。」〔註 9〕淳熙十五年（1188），兵部侍郎林栗（1142 進士）與朱子論《易》、《西銘》不合，遂劾朱曰：「熹本無學術，徒竊張載、程頤之緒餘，爲浮誕宗主，謂之道學，妄自推尊，所至輒攜門生數十人，習爲春秋戰國之態，妄希孔孟歷聘之風。繩以治世之法則，亂人之首也。」〔註 10〕紹熙五年（1194）七月，宋寧宗即位，雖曾召朱子爲侍講，〔註 11〕但當時韓侂胄（1152～1207）擅權，朱子上疏忤侂胄，遂遭「褫職罷祠」，並更改「道學」爲「僞學」，此即是所謂的道學之禁。朱門在遭僞禁之初，也大受打擊，黃榦（1152～1221）曰：

> 向來同學之士，今凋零殆盡。閩中則潘謙之、楊志仁、林正卿、林子武、李守約、李公晦，江西則甘吉父、黃去私、張元德，江東則李敬子、胡伯量、蔡元思，浙中則葉味道、潘子善、黃子洪，大約不過此數人而已。〔註 12〕

朱子歿後，學禁漸弛。宋理宗寶慶三年（1227）追贈朱子信國公，朱子地位得到恢復。〔註 13〕元代以降，朱子學更成爲科舉考試的標準，統御讀書人的思想。〔註 14〕因此，從元、明以降，朱子學一直佔有穩固的地位，而其

川、湖北、廣東、河南、山西，幾乎來自全國，人數眾多。見陳榮捷，〈朱門之特色及其意義〉，《朱學論集》，頁 281。朱子學從南宋末年始逐漸爲朝廷所用，成爲官方意識形態的主要思想內容。見 Liu, James T.C., "How Did a Neo-Confucian School Become the State Orthodoxy?" *Philosphy East and West* 23.4（1973）：483～505; Hoyt Cleveland Tillman, *Confucian Discourse and Chu Hsi's Ascendancy*（Honolulu：University of Hawai'i Press, 1992）, pp.231～263.

〔註 9〕陳邦瞻，《宋史紀事本末》，卷八〇，頁 679。

〔註 10〕陳邦瞻，《宋史紀事本末》，卷八〇，頁 680。

〔註 11〕參見王懋竑，《朱子年譜》（臺北：世界書局出版，1984），卷四上，頁 194～212。

〔註 12〕黃榦，〈復李貫之兵部書〉，氏著，《勉齋先生黃文肅公文集》（北京：線裝書局，2004），卷十四，頁 7a。

〔註 13〕稽璜，《續文獻通考》（臺北：臺灣商務印書館，1983），卷 48，頁 1b；脫脫，《宋史》（北京：中華書局，1977），卷 41，頁 789。

〔註 14〕元仁宗皇慶二年（1313）詔定科舉、定條例，第一場爲明經經疑二問，自《四書》出題，用《朱子章句》。考經義，《詩》以朱注爲主，《尚書》以蔡氏爲主，《周易》以程氏、朱氏爲主。見《元史》（臺北：鼎文書局，1981），卷八一，

間學術的主要傳承則如黃百家（1643～1709）所言：

> 黃勉齋榦得朱子之正統，其門人一傳于金華何北基，以遞傳于王魯
> 齋柏，金仁山履祥，許白雲謙。又于江右傳饒雙峰，其後遂有吳草
> 廬澄，上接朱子之經學，可謂盛矣。〔註15〕

即以黃榦為中心，下分兩派：（1）金華一派傳何基（1188～1269）、王柏（1197
～1274）、金履祥（1232～1303）、入元則為許謙（1270～1337），史稱為金華
四先生。此派金履祥弟子柳貫（1270～1342），又傳明初大儒宋濂（1310～
1381）。〔註16〕（2）江西一派傳饒魯（生年待查1193？～1264），饒魯傳程若
庸，再傳則為元代吳澄（1249～1333）。〔註17〕

此外，朱子門人陳淳（1159～1223），一生未仕，於朱子思想有所推展；
朱子再傳弟子黃震（1213～1280）、真德秀（1178～1235），以及與真德秀齊名
的私淑門人魏了翁（1178～1237），均是南宋重要的理學家，也是傳承朱子學
的重要學者。〔註18〕因南宋偏安江南，上述學者主要在南方；到了元代，北
方也逐漸受到朱子學的影響，據黃百家言：

> 自石晉燕雲十六州之割，北方之為異域也久矣。雖有宋諸儒疊出，聲
> 教不通。自趙江漢（復）以南冠之囚，吾道入北，而姚樞、竇默、許
> 衡、劉因之徒，得聞程朱之學以廣其傳，由是北方之學鬱起。〔註19〕

又《元史》曰：

> 自趙復至中原，北學者始讀朱子之書。許衡、蕭斠講學為大師，皆
> 誦法朱子者也。金履祥私淑于朱子之門，許謙又受業于履祥。朱子
> 之學，得履祥與謙而益尊。迨南北混一，衡為國子祭酒。謙雖屢聘
> 不起，為朝廷所禮敬。承學之士，聞而興起，《四書章句》、《集註》
> 及《近思錄》、《小學》通行于海內矣。延祐開科，遂以朱子為取士
> 之規程。終元之世，莫之改易焉。〔註20〕

隨著趙復被擄至北方，程朱理學開始在北方流傳。元代統一南北後，當

頁2018～2019。

〔註15〕黃宗羲撰，全祖望補，《宋元學案》，卷八三，頁1b。

〔註16〕黃宗羲撰，全祖望補，《宋元學案》，卷八二〈表〉，頁5a。

〔註17〕黃宗羲撰，全祖望補，《宋元學案》，卷八三〈表〉，頁1a～b。

〔註18〕侯外廬編，《宋明理學史》（北京：人民出版社，1984），上卷，第十六章、二
十一章、二十二章。

〔註19〕黃宗羲撰，全祖望補，《宋元學案》，卷九○，頁1b。

〔註20〕柯紹忞，《新元史》（臺北：藝文印書館，1951），卷二三四，頁1a。

時身爲國子祭酒的許衡（1209～1281）在朝廷中大力推展朱子學說，則是元代儒學的重要領袖，也進一步奠定程朱學做爲官學的地位。以上簡述南宋到元代重要的理學傳承，底下將介紹這些重要理學家的思想重點，以突顯這段時期的學術風尚。

一、南宋理學家

　　黃榦（1152~1221，字直卿，勉齋先生）是朱子門下第一高足，朱子以女妻之。全祖望引袁桷（1266～1327）云：「朱子門人當寶慶、紹定間，不敢以師之所傳爲別錄，以黃公勉齋在也」。〔註21〕黃震更以他爲繼朱子、張栻（1133～1180）、呂祖謙（1137～1181）三先生後的第一人：「乾淳之盛，晦庵、南軒、東萊稱三先生。獨晦庵先生得年最高，講學最久，尤爲集大成。晦庵既沒，門人……獨勉齋先生強毅自立，足任負荷」。〔註22〕可見他在朱門中的影響力。

　　黃榦雖沒有哲學專書，然因其爲朱子學派的中心人物，學說也以發揮朱子中心思想爲主，故影響後代甚鉅。陳榮捷說，黃榦對太極觀念的探討、對道統的闡揚，都直接影響了後代學者。〔註23〕雖然黃榦在〈中庸總論〉、〈中庸總說〉中，也論及道之體用的問題，但他的爲學宗旨應是〈聖賢道統傳授總敘說〉中所記：

> 居敬以立其本，窮理以致其知，克己以滅其私，存誠以致其實。以是
> 四者而存諸心，則千聖萬賢所以傳道而教人者，不越乎此矣。〔註24〕

可見黃榦主要承朱子「居敬窮理」內外兼修的爲學進路，且重視在身心上用功。陳榮捷指出，居敬窮理之言在黃榦的文章中出現得很頻繁，而且黃榦對於道德修養比哲學探求更有興趣：「榦於上達之學如理、氣、或窮理等，幾未予闡說，榦謂『古人爲學，大抵先於身心上用功』。此在黃榦亦即『無非欲人檢點身心，存天理，去人慾而已』」。〔註25〕

　　陳淳（1159～1223，字安卿，學者稱北溪先生）曾兩次到朱熹門下求教，第一次在朱熹守漳州時（1190～1191），朱熹教以「上達」之理；十年後第二

〔註21〕黃宗羲撰，全祖望補，《宋元學案》，卷六三，頁12b。

〔註22〕黃宗羲撰，全祖望補，《宋元學案》，卷六三，頁11b～12a。

〔註23〕陳榮捷論到黃榦對朱子道統觀及太極的重視，對後代學者有很大的影響。陳榮捷，〈元代之朱子學〉，《朱學論集》，頁299～329。

〔註24〕黃宗羲撰，全祖望補，《宋元學案》，卷六三，頁3a。

〔註25〕陳榮捷，〈元代之朱子學〉，《朱學論集》，頁328；頁309。

次求見，當時朱熹已寢疾，教以「下學」之功。〔註 26〕朱熹死後，他避居南
陬，從事講學。面對當時的朱陸之爭，他不僅積極批評陸學，也致力於發揚
朱子思想，對朱子學的流傳貢獻很大。全祖望對他學術地位有如下的評述：

> 滄洲諸子，以北溪陳文安公爲晚出，其衛師門甚力，多所發明，然
> 亦有操異同之見而失之過者。〔註 27〕

陳淳的思想主要建立在解釋、發揮朱子思想上，《嚴陵講義》、《四書性理字義》
是其代表作。在《嚴陵講義》中，陳淳討論了天理、道統、致知力行等問題；
在《性理字義》，他則疏釋《四書》中的哲學用語，發揚朱子思想，也表達自
己的見解。蒙培元指出，陳淳以「天命」爲一切的最終根源，自天命而下，
講太極、理、道、性，而歸結於心，並以「致知力行」爲重點。〔註 28〕關於
「心」，陳淳說：

> 天道無外，此心之理亦無外；天道無限量，此心之理亦無限量；天
> 道無一物之不體，而萬物無一之非天，此心之理亦無一物之不體，
> 而萬物無一之非吾心。天下豈有性外之物，而不統于吾心是理之中
> 也哉？〔註 29〕

> 此心之量極大，萬理無所不包，萬事無所不統。古人每言學必欲其
> 博，孔子所以學不厭者，皆所以極盡乎此心無窮之量也。孟子所謂
> 盡心者，須是盡得箇極大無窮之量，無一理一物之或遺，方是眞能
> 盡得心。〔註 30〕

> 心雖不過方寸大，然萬化皆從此出，正是源頭處。〔註 31〕

以心體爲天理之所在，萬事萬化之源頭，而天下萬物無一之非我心，學問道
德之成，即在窮此心之量。這種說法相當突顯「心體」的重要性，看似與陸

〔註 26〕《宋元學案》：「及文公守漳，請教文公，曰：凡閱義理必窮其原。先生聞而
爲學益力，日求所未至，文公數語人以南來吾道喜得陳淳。後十年，復往見
文公，陳其所得，時文公已寢疾，語之曰：如今所學已見本原，所關者下學
之功爾。」見《宋元學案》，卷六八，頁 1a。
〔註 27〕黃宗羲撰，全祖望補，《宋元學案》，卷六八，頁 1a。
〔註 28〕蒙培元《理學的演變：從朱熹到王夫之戴震》（福州：福建人民出版社，1984），
頁 92～110。
〔註 29〕陳淳，〈心體用說〉，《北溪大全集》（臺北：臺灣商務印書館，1983），卷十一，
頁 3a～b。
〔註 30〕陳淳，《北溪字義》（臺北：臺灣商務印書館，1983），卷上，頁 19b。
〔註 31〕陳淳，《北溪字義》，卷上，頁 19a。

九淵的心學思想接近，但是在修養論上，陳淳很重視氣質之蔽，也講求主敬致知之功。他說：

> 人惟拘于陰陽五行所值之不純，而又重以耳鼻口四肢之欲爲之累。
> 於是此心始梏於形氣之小，不能廓然大同無我，而其靈亦無以主於
> 身矣。人之欲全體此心而常爲一身之主者，必致知之力到，而主敬
> 之功專。〔註32〕

雖然心體是根源，但只有透過致知主敬的工夫，此心體才可能正確發用，此正是他持守朱子學說、批評陸學的關鍵處。〔註33〕他不僅強調致知主敬，更重視知與行的交互發用：

> （致知力行）二者亦非截然判先後爲二事，如車兩輪，如鳥兩翼，
> 實相關係，蓋亦交進而互相發也，故知之明則行愈達，而行之力則
> 所知又益精矣。〔註34〕

此處發揮朱子「知行並進」之說，而不以「知」先於「行」，雖不是如王陽明「知行合一」在理論上提出嶄新見解，仍可見其欲將行與致知工夫更緊密結合的意思。他又說：

> 大抵聖學以力行爲主，而致知以副之。以力行爲主，則日日皆是行
> 底事；以致知爲副，日間講究皆所以達其行，徹首尾無容絲髮間。
> 〔註35〕

由此可見，陳淳的學問以力行爲主，「知」是要知「所以行」，即是爲「行」而知。

　　眞德秀（1178～1235，字景元，後更名景希（一說希元），學者稱西山先生）受學於朱熹弟子詹體仁（1143～1206），是南宋末年聲望很高的理學家。《宋史》稱：「自侂胄立僞學之名以錮善類，凡近世大儒之書，皆顯禁以絕之。德秀晚出，獨慨然以斯文自任，講習而服行之。黨禁既開，而正學遂明于天下

〔註32〕陳淳，《北溪大文集》，卷十一，頁 1b～2a。
〔註33〕陳淳：「求道過高者，宗師佛學，陵蔑經典，以爲明心見性不必讀書，而蕩學者于空無之境」；「聖門用工節目，其大要不過曰致知力行而已」；「聖門工夫自有次序，非如釋氏妄以一超直入之說，欺愚惑眾。預從下學，方可上達，格物致知，然後動容周旋無阻。陸學厭繁就簡，忽下趨高，陰竊釋氏之旨，陽託聖人之傳，最是大病。」見黃宗羲撰，全祖望補，《宋元學案》，卷六八，頁 3b；8a。
〔註34〕陳淳，〈用功節目〉，《北溪大全集》，卷十五，頁 5a。
〔註35〕陳淳，〈與陳伯澡論李公晦往復書〉，《北溪大全集》，卷二八，頁 8b。

後世，多其力也」；〔註36〕全祖望：「乾淳諸老之後，百口交推，以為正學大宗者莫如西山。」〔註37〕二者均以他為南宋儒學之宗主。

　　眞德秀的思想祖述朱子，對朱子極為推崇，他說：「巍巍紫陽，百代宗師」。〔註38〕黃宗羲說他依傍朱子門戶，「不敢自出一頭地，蓋墨守之而已」，〔註39〕意指其思想的獨創性不高。但值得注意的是，眞德秀強調「體用不二」的觀念，以及以「理」為人倫之理的特點。

　　　　天下未嘗有無理之器，無器之理。即器以求之，則理在其中。〔註40〕

　　　　昔者聖人言道必及器，言器必及道，盡性至命而非虛也，洒掃應對而非末也。〔註41〕

道、器在觀念上雖可區分，但在實然存在上，必須認清其體用本末的不可割裂性。故在為學進路上，眞德秀以下學上達為主，強調「實」字：

　　　　天之生物無一之非實，理之在人亦無一之非實。故立心以實意為主，修身以實踐為貴，講學以實見為是，行事以實用為功。此堯舜周孔相傳之正法也。〔註42〕

對眞德秀而言，君臣父子間仁敬孝慈的人倫表現，是天賦與人所以然、所當然的天理，此天理既存於人之心體上，「心」也就成了格物窮理的用功所在。他說：

　　　　所當然如為君當仁，為臣當敬，為子當孝，為父當慈，與國人交當信之類。此乃道理合當如此，不如此則不可，故曰所當然也。然仁、敬、孝、慈、信之屬，非是人力強為，有生之初，即稟此理，是乃天所與也，故曰所以然。〔註43〕

　　　　反諸身而求之，方其人欲未萌，天理完具，方寸之間盎然如春，此

〔註36〕脫脫，《宋史》（臺北：鼎文書局，1980），卷四三七，頁12964。

〔註37〕黃宗羲撰，全祖望補，《宋元學案》，卷八一，頁9a。

〔註38〕引自侯外廬編，《宋明理學史》，上卷，頁609。

〔註39〕黃宗羲撰，全祖望補，《宋元學案》，卷八一，頁1b。

〔註40〕眞德秀，〈問大學只說格物不說窮理〉，《西山先生眞文忠公文集》（上海：上海書店，1989），卷三〇，頁12a。

〔註41〕眞德秀，〈昌黎濂溪二先生祠記〉，《西山先生眞文忠公文集》，卷二五，頁6b。

〔註42〕眞德秀，《大學衍義》（濟南：山東友誼書社出版，1991），卷十三，頁13。

〔註43〕眞德秀，〈問其所當然而不容已與所以然而不容易〉，《西山先生眞文忠公文集》，卷三〇，頁8b～9a。

即汝本心之全體也。推是心以往，其事親必敬，其事長必順。〔註44〕

欲窮理而不知持敬以養心，則思慮紛紜，精神昏亂，於義理必無所
得。知以養心矣，而不知窮理，則此心雖清明虛靜，又只是箇空蕩
蕩地物事，而無許多義理以爲之主，其於應事接物必不能皆當，釋
氏禪學正是如此。〔註45〕

眞德秀雖強調反身而求的重要，卻不落入虛靜，根本上仍是朱子「居敬窮理」
的途徑。

魏了翁（1178～1237，字華父，學者稱鶴山先生）與眞德秀齊名，二人
對於理學在南宋的發展均有大貢獻。魏了翁談及自己與眞德秀的關係說：「惟
與公同生於淳熙，同舉於慶元，自寶慶訖端平，出處又相似，然而志同氣合
則海內寡二」，〔註46〕意指二人在尊崇道學上「志同氣合」。黃百家也說：「從
來西山、鶴山並稱，如鳥之雙翼，車之雙輪，不獨舉也」。〔註47〕不過，論及
二人學術思想時，黃百家承黃宗羲之說對二人做出高下之別：「兩家學術雖同
出於考亭，而鶴山識力橫絕，眞所謂卓犖觀群書者，西山則依門傍戶，不敢
自出一頭地，蓋墨守之而已」。〔註48〕至於魏了翁的學問，蒙培元認爲其治學
首重「道貴自得」、「反求于心」、「循環讀經以自明此心」，確實是一卓犖觀群
書、不墨守成說的儒者。〔註49〕他雖私淑朱子，卻十分強調心體的主體性與
學問的自得。魏了翁說：

心者，人之太極，而人心又爲天地之太極，以主兩儀，以命萬物，
不越諸此。〔註50〕

此心之外，別有所謂天地神明者乎？抑天地神明不越乎此心也？
〔註51〕

〔註44〕　眞德秀，〈志道字說〉，《西山先生眞文忠公文集》，卷三三，頁 5b。

〔註45〕　眞德秀，〈問學問思辨乃窮理工夫〉，《西山先生眞文忠公文集》，卷三〇，頁
　　　　9b～10a。

〔註46〕　魏了翁，〈參加政事資政殿學士致仕眞公神道碑〉，《鶴山先生大全文集》（上
　　　　海：上海書店，1989），卷六九，頁 12。

〔註47〕　黃宗羲撰，全祖望補，《宋元學案》，卷八一，頁 1b。

〔註48〕　黃宗羲撰，全祖望補，《宋元學案》，卷八一，頁 1b。

〔註49〕　蒙培元，《理學的演變：從朱熹到王夫之戴震》，頁 128～141。

〔註50〕　魏了翁，〈乙酉上殿劄子〉，見黃宗羲撰，全祖望補，《宋元學案》，卷八〇，頁
　　　　12a。

〔註51〕　魏了翁，〈乙酉上殿劄子〉，見黃宗羲撰，全祖望補，《宋元學案》，卷八〇，頁

人與天地一本也。天統元氣以覆萬物，地統元形以載萬物，天地之
廣大，蓋無以加也。而人以一心兼天地之能，備萬物之體，以成位
兩間，以主天地，以命萬物，闔闢陰陽，範圍造化，進退古今，莫
不由之，其至重至貴蓋若是。〔註52〕

他發揮了邵雍（1011～1077）「心爲太極」的思想，以爲「天地神明不越乎此
心」，頗有陸九淵「宇宙即吾心，吾心即宇宙」的氣象。又以人心爲兼天地之
能、備萬物之體，能主天地、命萬物，故一切自然事物與人倫日用，均取決
於心，修德成聖的關鍵也在此心。他又說：

心之神明則天也，此心之所不安則天理之所不可，天豈屑屑然與人
商校是非邪？詩云敬天之怒，無敢戲渝，違心所安是戲渝也。〔註53〕

不以天理來作爲人心之規限，卻反過來說：「此心之所不安，則天理之所不
可」，可見在魏了翁思想中，「心」已躍升至一更高的地位，對於心之神明也
具有更強的自信，故其工夫也有明顯向內求心的傾向。例如他說：

以六經《語》、《孟》爲本，使人即事即物窮理以致其知，而近思反
求精體實踐，期不失本心焉耳。〔註54〕

書益廣，而廢學者深湛之思；詞益繁，而非古人萃渙之義。……學
者誠能玩天在山中之象，而知多識言行者，將以反觀內省，蘊實含
美爲輝光日新之本。〔註55〕

黃震（1213～1280，字東發，學者稱于越先生）是南宋末年浙江朱學大
家，全祖望說：「四明之專宗朱氏者，東發爲最」。〔註56〕黃震之學源於朱子，
朱熹弟子輔廣傳余端臣，再傳王文貴，三傳而至黃震。〔註57〕黃震的思想主
張經世致用，提倡實事實功之學，反對空談義理，也反對「用心於內」的爲
學方法。他發揮了朱子學說的另一個面向：

孔門未有專用心於內之說也。用心於內，近世禪學之說耳，後有象山，

1b。
〔註52〕魏了翁，〈論人心不能與天地相似者五〉，《鶴山先生大全文集》，卷十五，頁
8a。
〔註53〕魏了翁，〈跋師厚卿致仕詩〉，收入黃宗羲撰，全祖望補《宋元學案》，卷八〇，
頁11b。
〔註54〕魏了翁，〈論數求碩儒開闡正學〉，《鶴山先生大全文集》，卷十六，頁17a～b。
〔註55〕魏了翁，〈伊洛淵源錄序〉，《鶴山先生大全文集》，卷五五，頁2b～3a。
〔註56〕黃宗羲撰，全祖望補，《宋元學案》，卷八六，頁1a。
〔註57〕黃宗羲撰，全祖望補，《宋元學案》，卷六四〈表〉，頁1a。

因謂曾子之學是裡面出來，其學不傳，諸子是外面入去，今傳於世皆
之學，非孔子之真，遂於《論語》之外，自稱得不傳之學。凡皆源於
謝氏之說，此說今視晦庵殊不侔。使晦庵集註於今日，謝氏之說，不
知亦收載否？二說雖集註所並收，然不可不考其異。〔註58〕

黃震認為用心於內是禪學，陸九淵的學問正是此類，而朱子註《四書》時用
了謝良佐（1050〜1103）向內之說，黃震以為與其格物思想不侔，而有此問。
由此可見他在區分「心內物外」上，比朱子更明確。而於理學家所謂的「十
六字心傳」，他也直斥為禪學：

近世喜言心學，捨全章本旨而獨論人心、道心，甚者單摭道心二字
而直謂即心是道，蓋陷於禪學而不自知，其去堯舜禹授受天下之本
旨遠矣。〔註59〕

黃震也極重視實事實功：

世不患不見其（朱子）明理之書，患不見其論政之書耳。〔註60〕

太極之理至精，而太極之圖難狀，得晦翁剖析分明，今三尺童子皆
可曉，遂獲聞性命之源，以為脫去凡近之基本，即盡反而實修其在
我者矣。或乃因其餘說，或演或辯，浸成風俗，不事躬行，惟言太
極。嗚呼！周子亦不得已言之，孔子惟教人躬行耳。〔註61〕

其（朱熹）說雖根柢於無極太極，實則歸宿於仁義中正，雖探原於
陰陽性命，實則體驗於躬行踐履。雖亦未嘗不主於心，實則欲正此
心以達之天下國家之用，非其他所謂即心是道，絕物而立於獨，棄
實而流於虛也。〔註62〕

黃震對當時學界主要的批評是：「徒有終身之議論，竟無一日之躬行，甚至借
以文奸，轉以欺世，風俗大壞，甚不忍言」，〔註63〕故主張以躬行救弊。他說：
「今日之所少者，不在講說，而在躬行」，〔註64〕「聖門之學惟欲約之使歸於

〔註58〕黃震，〈讀論語曾子三省章〉，《黃氏日抄》（臺北：臺灣商務印書館，1983），
　　　卷二，頁4a〜b。
〔註59〕黃震，〈讀尚書人心惟危一章〉，《黃氏日抄》，卷五，頁2b。
〔註60〕黃震，〈晦庵與江玉汝往復帖序〉，《黃氏日抄》，卷九〇，頁10a。
〔註61〕黃震，〈周子太極通書〉，《黃氏日抄》，卷三三，頁2a。
〔註62〕黃震，〈建昌軍溢溪橋記〉，《黃氏日抄》，卷八八，頁15a〜b。
〔註63〕黃震，〈余姚縣學講義〉，《黃氏日鈔》，卷八二，頁9b。
〔註64〕黃震，〈撫州辛未冬至講義〉，《黃氏日鈔》，卷八二，頁1a。

實行」。〔註65〕而黃震對「格物窮理」的理解，也主要表現爲在實物中求的篤實態度，他說：

> 物莫不有理，人莫不有知。不說窮理卻言格物，理無捉摸，言物則理自在。〔註66〕

「理無捉摸，言物則理自在」，有理在事中、道在器中之意，〔註67〕此雖不能與清代「形上義衰微」、「即器物以言道」的學風相提並論，卻是很突出地表達了不離實事實物以講求聖學的態度。學者認爲黃震是程朱學的修正者，〔註68〕應是就這種向外肯定的學術特質說的。

二、元代理學家

這一小節將主要討論許謙、許衡、吳澄三人的思想，並稍微涉及三人所屬之金華、河北、江西學派。

（一）金華學派

金華學派始於何基，何基在江西從黃榦得聞朱子學，回到金華後傳王柏、金履祥、再傳許謙，何、王、金、許即史稱「金華四君子」。金華學派不僅是朱學的重要宗派，學術更自成一格，對後代學術亦有重要影響。

何基（1188～1269，字子恭，學者稱北山先生）曾隨父居江西，適黃榦爲縣令，得以聞其學。黃榦首先教他爲學要眞心實地，刻苦工夫，也引導他進入程朱理學，從此奠立他思想的主要精神。臨別時，黃榦又告訴他：「但讀熟《四書》，使胸次浹治，道理自見」。〔註69〕何基回到金華後，於故居修身、講學，一生不仕。他篤守朱子學，不輕著述，王柏稱其：「平時不著述，惟研究考亭之遺書，兀兀窮年，而不知老之已至」。〔註70〕我們從何基自述己學，更能見其問學的態度：

> 某少受學勉齋黃先生，授以紫陽夫子之傳，自此服膺講習，辛勤探

〔註65〕黃震，〈撫州辛未冬至講義〉，《黃氏日鈔》，卷八二，頁 2a。
〔註66〕黃震，〈讀本朝諸儒理學書五〉，《黃氏日抄》，卷三七，頁 8a。
〔註67〕蒙培元，《理學的演變：從朱熹到王夫之戴震》；侯外廬編，《宋明理學史》上卷，頁 626～631。
〔註68〕侯外廬，《宋明理學史》上卷，頁 622～644。
〔註69〕王柏，〈何北山行狀〉，《何北山先生遺集》（上海：上海古籍出版社，1997），卷四，頁 4b。
〔註70〕王柏，〈何北山行狀〉，《何北山先生遺集》，卷四，頁 9b。

索。每媿天分不強，年齒浸暮，義理之蘊奧難窺，師友之淵源日遠，
汲汲欲自修分以內事，以是與世幾成隔絕，故非竊隱逸之行以為高
也。〔註71〕

王柏（1197～1274，字會之，號魯齋），何基弟子，少慕俗學，後幡然感
悟，棄其舊習，屏絕科舉之業，日夜探討洙泗伊洛之淵源，畢生專研聖人之
學。〔註72〕他相當重視社會現實問題，也富懷疑精神，所作《書疑》、《詩疑》
等書代表這種精神。而所主張「由分殊而理一」的認識方法，不僅是他個人，
也是這個學派的共同態度，既表現為具體的經世思想，也表現為重視傳疏經
學的工作。

學者苟未究其分之殊，又安能識其理之一？夫豈易言歟！願諸君寬
作歲月，大展規模，自洒掃應對，威儀動作，以至于身心性情之德；
自禮樂、射御、書數……莫不各有當然之則，所謂「萬一各正，小
大有定」也。於此事事物物上各見得一個太極，然後體無不具，用
無不周也。異時出而從政，決不誤人之天下國家，決不自誤此身而
負此生矣。此分殊所以最切於學者。〔註73〕

這種由實際事物上去把握各事物之理，而期達到融會「一理」的學問方式，
與朱子的格物窮理主張一致。他的弟子金履祥（1232～1303，字吉父，學者
稱仁山先生）同樣體現了這種治學方法，不僅於天文、地形、禮樂、兵謀、
陰陽、律曆等都有深入研究，於經學、史學的成就更是昭著。清人陸心源（1834
～1894）說他：「其學以由博返約為主，不為性理之空談。經史皆有撰述，《尚
書》則用功尤深」。〔註74〕這種「由博返約，不為性理空談」的下學上達之法，
同樣為許謙（1270～1337，字益之，號白雲山人）所強調：

學須隨事隨理求其知，求其能，逐一習令明，習令熟，必明一理又
求知一理，熟一事又求能一事。〔註75〕

天下事物雖無窮，卻只是一個道理串在裡面。理之原出於天，在天
地雖渾然至大，而事事物物各自不同，其理亦流行寓其中。……但

〔註71〕何基，〈辭牘〉，《何北山先生遺集》卷一，頁9a。
〔註72〕王柏，〈上王右司書〉，《魯齋集》，卷七，頁6a。
〔註73〕引自侯外廬，《宋明理學史》上，頁659～660。
〔註74〕陸心源，〈重刊金仁山先生尚書注序〉，收入金履祥，《書經注》（北京：中華
　　　書局，1991），頁1～2。
〔註75〕許謙，《讀論語叢說》上（臺北：臺灣商務印書館，1981），〈學而章〉，頁1b。

理雖同，須是就一事一物上看得透，行得徹。及萬事萬物上皆如此，然後可見總會處。……若于事物上不曾見得道理，便說一貫，只是虛談。窮事物之理既多，不知一貫之義，卻又窒塞。〔註76〕

以上所論金華學派的學者都明顯強調在具體事物上用功，故於「博文」的貢獻極大，與陸九淵用功於內的心學精神則有較大差距。黃宗羲對此有如下的評述：

當仁山、白雲之時，浙河皆慈湖一派，求爲本體，便爲究竟，更不理會事物，不知本體未嘗離物以爲本體也。故仁山重舉斯言〔註77〕以救時弊，此五世之血脈也。後之學者昧卻本體，而求之一事一物間，零星補湊，是謂無本之學，因藥生病又未嘗不在斯言也。〔註78〕

許謙三十一歲就學於金履祥，甚受器重，金履祥死後，許謙從事講學，當時學者翕然往從，「遠而幽、冀、齊、魯，近而荊、揚、吳、越，皆不憚百舍來受業焉。」〔註79〕金華學派至此而達鼎盛，故〈行實〉稱其：

出于三先生之鄉，而克任其承傳之重。遭逢聖代，治教休明，三先生之學，卒以大顯于世。然則程子之道得朱子而復明，朱子之道至先生而益尊。〔註80〕

許謙雖也博覽群書，但於理學則較拘守家法，尤其重視《四書》，他說：「聖人之事，聖賢之心，具在《四書》，而《四書》之義，備於朱子」。〔註81〕所著《讀四書叢說》、《讀書叢說》、《詩集傳名物鈔》等書，宗旨都在闡發朱學。故《四庫全書總目提要》說：

謙雖受學于王柏，〔註82〕而醇正則遠過其師。研究諸經亦多明古義，故是書所考名物音訓，頗有根據，足以補集傳之闕遺。〔註83〕

〔註76〕許謙，《讀論語叢說》上，〈一貫章〉，頁30a。

〔註77〕上處「斯言」指「理不患其不一，所難者分殊耳」。此乃本李延平告朱子之言，金履祥亦以此語告許謙。見黃宗羲撰，全祖望補，《宋元學案》，卷八二，頁18。

〔註78〕黃宗羲撰，全祖望補，《宋元學案》，卷八二，頁20b。

〔註79〕宋濂，《元史》（臺北：鼎文書局，1981），卷一八九，頁4319。

〔註80〕黃溍，〈白雲許先生墓誌〉，《金華黃先生文集》（臺北：藝文印書館，1971），卷三十二，頁10a。

〔註81〕宋濂，《元史》，卷一八九，頁4319。

〔註82〕應爲金履祥，此或泛指其學出於何基、王柏、金履祥三先生。

〔註83〕永瑢，《武英殿本四庫全書總目提要》（臺北：臺灣商務印書館，1983），卷十六，經部十六，頁1a。

由傳求經的治學方法是金華學派的特色，所謂「醇正遠過其師」則指許謙更專守朱子思想而言。

（二）河北學派

元代河北學派的流傳以趙復（字仁甫，學者稱江漢先生）被擄至北方爲重要關鍵，據《元史》記載，趙復曾在太極書院作《傳道圖》、《伊洛發揮》、《師友圖》、《希賢錄》傳授程朱理學。〔註84〕當時北方正是「雖知有朱夫子，未能盡見其書」的景況，〔註85〕因此得趙復之傳而理學大盛。

河北學派重要的學者有竇默（1196～1280）、姚樞（1203～1280）、許衡、劉因（1249～1293）等人，其中最著名者是在朝爲官、學以用世的許衡，和隱逸不仕、寧爲師儒的劉因。《宋元學案》引陶宗儀（1316～1403）《輟耕錄》曰：「初許衡之應召也，道過眞定，因謂曰：『公之一聘而起，無乃速乎？』衡曰：『不如此則道不行』。及先生（劉因）不受集賢之命，或問之，乃曰：『不如此則道不尊』」，〔註86〕可見二人出處之異。然而以對當時理學之發展而言，身爲國子祭酒的許衡，實有更大的影響。

許衡（1209～1281，字平仲，學者稱魯齋先生）在元朝任集賢院大學士兼國子祭酒，〔註87〕教授蒙古子弟，又以弟子十二人分處各齋爲齋長，教授朱子學，使天下之人皆誦習程朱之學，元朝不少官員均出其門下。〔註88〕許衡曾上「時務五事」疏於忽必烈，力主以漢法爲立國規模，直接影響了元代國學及文教政策，也促成了以朱子《四書集註》爲科舉標準的實施。

許衡思想的要點，主要在推崇《小學》的踐履工夫，及「反求諸心」的用功方法。他不僅自得於《小學》，並以此書開導學者，更曾說：『《小學》、《四書》，吾敬信如神明，能明此書，雖他書不治可也』」。〔註89〕當他隨姚樞學時，曾手抄《伊川易傳》、《四書集註》、《小學》、《或問》，遂由早年的章句訓詁之

〔註84〕 宋濂，《元史》，卷一八九，頁4314。

〔註85〕 皮錫瑞，《經學歷史》（臺北：文海出版社，1964），頁54～58。

〔註86〕 黃宗羲撰，全祖望補，《宋元學案》，卷九一，頁2b。

〔註87〕 「世祖出王秦中，召爲京兆提學，世祖即位，召至京師授國子祭酒。尋謝病歸，至元二年，以安童爲右丞相，使先生輔之，乃上書言立國規模。四年又歸，五年復召至，七年又歸，明年以爲集賢大學士兼國子祭酒。」見黃宗羲撰，全祖望補，《宋元學案》，卷九〇，頁2。

〔註88〕 黃宗羲撰，全祖望補，《宋元學案》，卷九〇，頁2a。

〔註89〕 黃宗羲撰，全祖望補，《宋元學案》，卷九〇，頁5b。

學轉向義理之學，下面一段文字可清楚見此轉變：

> 壬寅，雪齋隱蘇門，傳伊洛之學於南士趙仁甫，先生即詣蘇門訪求
> 之，得伊川《易傳》、晦庵《論》、《孟》集註、《中庸》、《大學》章
> 句、《或問》、《小學》等書。讀之，深有默契於中，遂一一手寫以還，
> 聚學者謂之曰：「昔所授受，殊孟浪也，今始聞進學之序。若必欲相
> 從，當悉棄前日所學章句之習，從事於《小學》洒掃應對，以爲進
> 德之基，不然當求他師」。眾皆曰：「唯」。遂悉取向來簡帙焚之，使
> 無大小，皆自《小學》入。先生亦旦夕講誦不輟，篤志力行，以身
> 先之，雖隆冬盛暑不廢也。……自得伊洛之學，冰釋理順，美如芻
> 豢，嘗謂終夜以思，不知手之舞，足之蹈。〔註90〕

《小學》是朱熹所著關於童蒙道德行爲教育的書籍，強調教育應從洒掃
應對等日常工夫入手，許衡取之爲聖學的入門要道，而盡棄章句訓詁，可說
剝落朱子思想中「博文」的色彩，而專力於「篤行」、「約禮」之講求。這種
約禮的工夫，又表現爲求諸心的特色。許衡說：

> 人與天地同，是甚底同？人不過有六尺之軀，其大處同處指心也，
> 謂心與天地一般。〔註91〕

> 蓋上帝降衷，人得之以爲心。心形雖小，中間蘊藏天地萬物之理，
> 所謂性也，所謂明德也。虛靈明覺，神妙不測，與天地一般。故聖
> 人說，天地人爲三才。〔註92〕

因人心蘊藏天地之理，故說此心與天地同，且是人之「大本」所在，聖人之
學正是在立此心之大本。他又說：

> 這經綸大經、立大本、知化育三件事，都從聖人心上發出來，乃至
> 誠無妄，自然之功用，不須倚靠他物而後能。〔註93〕

> 聖人是因人心固有良知良能上扶接將去，他人心本有如此意思，愛
> 親敬兄，藹然四端，隨感而見。聖人只是與發達推擴，就他元有的

〔註90〕許衡，〈考歲略〉，《魯齋遺書》（臺北：臺灣商務印書館，1983），卷十三，頁
29b〜30a。

〔註91〕許衡，〈語錄〉下，《魯齋遺書》（臺北：臺灣商務印書館，1983），卷二，頁
2b〜3a。

〔註92〕許衡，〈論明明德〉，《魯齋遺書》，卷三，頁17a。

〔註93〕許衡，〈中庸直解〉，《魯齋遺書》，卷五，頁77b。

本領上進將去，不是將人心上元無的強去安排與他。〔註94〕

這種心之良知良能，包具眾理的思想，在朱子學說中也很重要；但是認為不須倚靠他物而能得，則與朱子格物之學不類，而更具心學的色彩。

（三）江西學派

同為黃榦所傳的江西學派，自饒魯傳程若庸，再傳至吳澄，以吳澄為代表性學者。這一學派最大特點在於「和會朱陸」的精神，這或許與江西為陸九淵的家鄉有關。

饒魯（字伯輿，一字伯元，號雙峰）雖為黃榦弟子，但其學並不嚴守朱子門戶。全祖望說：「雙峰亦勉齋之一支也，累傳而得草廬，說者謂雙峰晚年多不同于朱子，以此詆之，予謂是未足以少雙峰也」；〔註95〕程鉅夫（1249～1318）也以為饒魯之於朱學，不是拘守章句，乃是「泳澤窮源，抉根披枝，共派而分流，異出而同歸」。〔註96〕二人雖為之辯護，但由此仍可見在學問風貌上饒魯實異於朱子。

吳澄（1249～1333，字幼清，號草廬）是江西學派的大儒，與許衡齊名，有「南吳北許」之稱。他十五歲時讀朱熹《大學章句》，後拜程若庸為師，成為饒魯的再傳弟子；又曾師事程紹開（1212～1280），程以「和會朱陸」為學旨，吳澄更是在和合會朱陸上展現他重要的理學成就。《宋元學案》曰：

> 今人談陸子之學，往往曰以本心為學。而問其所以？則莫能知陸子之所以為學者何如。是本心二字，徒習聞其名，而未究竟其實也。夫陸子之學，非可以言傳也，況可以名求哉！然此心也，人人所同有，反求諸身，即此而是。以心而學，非特陸子為然，堯、舜、禹、湯、文、武、周、孔、顏、曾、思、孟，以逮周、程、張、邵諸子，莫不皆然。故獨指陸子之學為本心，學者非知聖人之道者也。〔註97〕

吳澄將陸九淵的本心說推至堯舜以來聖人之道的共說，並以為「朱陸二師之為教一也，而二家庸劣之門人，各立標榜，互相詆訾」，〔註98〕即強調朱陸在

〔註94〕許衡，〈語錄〉上，《魯齋遺書》，卷一，頁 9b～10a。
〔註95〕黃宗義撰，全祖望補，《宋元學案》，卷八三，頁 1a。
〔註96〕程鉅夫，〈雙峰先生文集序〉，《雪樓集》（臺北：國立中央圖書館，1970），卷十四，頁 11b。
〔註97〕黃宗義撰，全祖望補，《宋元學案》，卷九二，頁 7b。
〔註98〕黃宗義撰，全祖望補，《宋元學案》，卷九二，頁 7a。

學問根本處並無差異，爭論乃庸劣門人所爲。侯外廬指出，當時抱持這種打破門戶之見、主張和會朱陸的學者尚有史蒙卿（1247～1306）、鄭玉（1298～1358）、徐霖、胡長孺等人，其中又有偏陸、偏朱之別。〔註99〕至於吳澄之學，其以「尊德性」爲主，是「多右陸」；〔註100〕而其經學之成就，能承續朱學，則又是「終近乎朱」。〔註101〕這是朱陸之學在他身上和會的具體表現，至於這種和會是否能眞正消融二家之異，則是另一個問題。〔註102〕

關於「尊德性」方面，吳澄曾說：

> 詞章記誦，華學也，非實學也；政事功業，外學也，非内學也。知必眞知，行必力行，實矣，内矣。然知其所知，孰統會之？行其所行，孰主宰之？無所統會，非其要也。無所主宰，非其至也。孰爲孰要，爲至心是已。〔註103〕

既然惟心能主宰統會，此處所說「實學」，很顯然是求諸於内（心）的實學，非向外追求實事實功的經世之學，此與金華學派之言「實」不相同。吳澄又說：

> 朱子于道問學之功居多，而陸子以尊德性爲主。問學不本于德性，則其蔽必偏于語言訓釋之末。故學必以德性爲本。〔註104〕

> 蓋聞見雖得於外，而所聞所見之理則具於心，故外之物格，則内之知致，此儒者内外合一之學。固非如記誦之徒，博覽於外而無得於内，亦非如釋氏之徒，專本於内而無事於外也。〔註105〕

德性之知是一切學問的根本，也是天所賦與、内在於人心之明德。吳澄以「格

〔註99〕侯外廬，《宋明理學史》上卷，頁 753～758。

〔註100〕黃百家：「草廬嘗謂學必以德性爲本，故其序陸子靜語錄曰：道在天地間，今古如一，當反之于身，不待外求也。先生之教以是，豈不至簡至易而切實哉。不求諸己之身而求諸人之言，此先生之所大憫也。議者遂以草廬爲陸氏之學云。」黃宗羲撰，全祖望補，《宋元學案》，卷九二，頁 4a。

〔註101〕全祖望：「草廬出於雙峰，固朱學也，其後亦兼主陸學。蓋草廬又師程氏紹開，程氏常築道一書院，思和會兩家。然草廬之著書，則終近乎朱。」黃宗羲撰，全祖望補，《宋元學案》，卷九二，頁 1a。

〔註102〕陳榮捷：「吳澄與鄭玉俱有意調和兩家道問學與尊德性所從入之途徑與態度，但在哲學意義上之調和，則未嘗努力。……吾人對於此一會和兩家學說最佳機會之喪失，殊覺可惜」陳榮捷，〈元代之朱子學〉，《朱學論集》，頁 317。

〔註103〕吳澄，〈王學心字說〉，《吳文正公集》（臺北：新文豐，1985），卷五，頁 27b。

〔註104〕黃宗羲撰，全祖望補，《宋元學案》，卷九二，頁 1a。

〔註105〕吳澄，〈評鄭夾漈通志答劉教論〉，《吳文正公集》，卷二，頁 4b～5a。

物」爲外學，即道問學之事，其功用只在啓發內在的德性之知，故只能視爲
第二序功夫。而最重要的德性之知，只能於心中求之：

> 伥伥如無目之人，坐無燭之室，金玉滿堂而冥然莫知其有此寶也。
> 儻能感前聖之所已言，求吾心之所同得，而一旦有覺焉，譬如目翳
> 頓除，燭光四達，左右前後，至寶畢見，皆吾素有，不可勝用也。

〔註106〕

　　吳澄雖主張爲學首務在向內求德性之知，也以詞章記誦和政事功業爲外
學，卻沒有偏狹地放棄在經史學術上的研究，反而在經學上取得非凡的成績。
黃百家讚許其經學成就曰：「朱子門人多習成說，深通經術者甚少，草廬《五
經纂言》，有功經術，接武建陽，非北溪諸人可及也」。〔註107〕《五經纂言》
接續朱子之經學，其中三禮部分更是完成朱熹未竟之業；〔註108〕然而他的訓
釋工作能脫去漢唐舊說，與內心體悟相合，如其自言於《易》書用功至久：「皆
自得於心，下語尤精，其象例皆自得于心，庶乎文周繫辭之意」。〔註109〕可見
吳澄對經學的重視，既接近朱子，也重視內心體悟，此應是其合會朱陸之學
的具體表現。

　　綜上所論，我們藉由這些南宋到元代重要理學家的思想概論，可將這段
時期的學風歸納爲二：（1）「重視心體」的學風、（2）「務實」的學風。我們
從陳淳、眞德秀、魏了翁、到元代之許衡和吳澄之學，可看見一股重視心體
的學風正逐漸形成。「務實」的學風是學者們普遍強調的，又表現爲「實踐篤
行」和注重「實事實功」兩種態度。亦即，雖同樣重視「踐履」之學，但如
何理解「踐履」的眞諦，則有差別。魏了翁、許衡以傾向於內求的心學做爲
踐履之實；黃震、金華學派則反對這種只向內求心的爲學態度，他們認爲注
重在實事上磨練的經世之學，才是眞正的踐履之學。而在此一致強調身體力
行的學風下，元代的許衡強力推展《小學》工夫，摒棄章句博文之學，吳澄
也以「尊德性」領導「道問學」。因此我們可以說，到了元代，以修身爲主而
強調心體的學風實已逐漸高過經世的學風。

〔註106〕黃宗羲撰，全祖望補，《宋元學案》，卷九二，頁5b。
〔註107〕黃宗羲撰，全祖望補，《宋元學案》，卷九二，頁2a。
〔註108〕全祖望：「《禮記》爲草廬晚年所成之書，蓋本朱子未竟之緒而申之，用功最
　　　　勤」。黃宗羲撰，全祖望補，《宋元學案》，卷九二，頁16a。
〔註109〕黃宗羲撰，全祖望補，《宋元學案》，卷九二，頁9b。

第二節 明代初期

上一節簡要說明理學從南宋到元代有「務實」與「重視心體」兩個學風，到了元代，在「務實」方面更表現爲強調「實踐篤行」爲主的學術取向。明朝初期，這兩個學風有更加明顯的傾向，此深切地關係著明代中期陽明心學的展開。而實踐篤行與重視心體兩者，其實有著密切的關聯性。講求踐履必重視道德行爲和親身的體驗，而理學家認爲道德行爲之根源直接落在心體上，而且「心」做爲身之主宰，一切身體所感受、判斷、從事的活動都取決於心，故「心」便成爲講學中極受關注的課題，即使程朱之學也不例外。

另外，就學術史的發展而言，宋儒無論是程頤（1033～1107）講「涵養須用敬，進學則在致知」或朱子講「居敬窮理」，在爲學工夫上均強調「涵養」、「格物」交相發用的二路並進。雖然這兩種工夫不可被截然區分爲內／外、主觀／客觀、或行／知等對立的範疇，但是在有關「涵養」的討論中，「心」確實是核心論點，強調人只要去掉氣質之蔽，心體所具之理（全善）即顯明；相對地，討論「格物」則重在窮格萬事萬物中的理。儘管兩者間有著細緻複雜的關係，然而畢竟討論的重點一在以人爲主的「心」，另一則在以宇宙萬物爲主的「理」。而南宋以降朱子後學的發展則是，理氣論、宇宙論逐漸衰微，學者普遍強調實踐篤行，而削弱對玄虛形上之學的興趣，〔註110〕轉向對內在「涵養」及「心體」的重視。換言之，即使對程朱學而言，重視心體和講求踐履也都是重要的課題，而隨著程朱學在南宋以降的發展，這兩者有更加強的趨勢。〔註111〕因此，明初特有的理學風氣主要是程朱學的發展結果，而其對心體自主性的逐漸重視，也助長了明中晚期陽明心學的開展。底下我將進

〔註110〕 蒙培元：「南宋朱子後學中，如陳淳、眞德秀、魏了翁等人，他們認爲性命之學朱熹已經說盡，無可再說，剩下的只有實行了。王夫之說：『朱子沒而嗣其傳者無一人』（《宋論》），這是很有道理的」。蒙培元，〈論朱熹理學向王陽明心學的演變〉，《哲學研究》，1983 年 6 期，頁 61～69。

〔註111〕 山井湧：「重視心，提倡心的工夫，這在朱熹本身也同樣，因而朱熹本身也有心學的因素」。山下龍二：「（明初）心的修養受到重視的這一點，跟在朱學本身之中已經有「心」的立場之一點，有彼此共通的地方」。陳榮捷：「此一學派（朱學）變遷之來，非來自象山，而實由於朱學本身力量之運作與演變以及歷史本身因緣之結果。」參見山井湧，〈經書與糟柏〉，岡田武彥等著，《日本學者論中國哲學史》（臺北：駱駝出版社，1987），頁 405～426；山下龍二之言，見加藤常賢監修，蔡懋棠譯，《中國思想史》（臺北：學生書局，1978），頁 148；陳榮捷，〈早期明代之程朱學派〉，《朱學論集》，頁 331～351。

一步討論明初儒學中「實踐篤行」與「重視心體」兩股學術風尚。

一、實踐篤行的學風

明代結束元朝的異族統治，再一次由漢民族統治全國。對朱子學的發展而言，大致是承襲了元代以朱學爲官學的政策，科舉考試基本上也是承襲元仁宗皇慶二年（1313）以來的規模，但是在政策的精神與意義上，仍有顯著的變化。山下龍二說道：

> 明代初期的思想界是將具有宋代思想之集大成的意味之朱子學繼承下來的。這是因爲…明朝有民族主義的傾向。在元代時期，朱子學姑且還被認是官學，這一事實雖然也表示著漢民族的傳統是多麼的根深柢固，但是將元朝所採取的文化政策「喇嘛教的崇敬、道教的流行、回教的流布、耶穌教的傳播或蒙古文字的獎勵等等」一併加予思考時，就可以看出承認朱子學爲官學也只不過是元朝爲了保持廣大領域之統一，而一面和漢民族的傳統妥協，一面施行其統治的元朝特有的政策罷了。若以全體的看法來說，可以說儒教沈滯了的狀態。明初的排外主義是不承認一切外來思想的，而且其復古主義是要踏越元朝而還回到宋朝的。……因爲朱子是一個國勢不振的南宋學人，所以他的民族主義的意識也很強烈，因此明朝特地舉他出來做爲國家公認的正統學者，這樣也是自然的趨勢所致。明太祖洪武帝時候，要以儒教精神做爲基本方針，確立學校制度來獲得庶民教育的實效。〔註112〕

姑不論是否因爲朱子之學有民族主義的意識而導致明代君王以之爲思想統一的工具，明初朱子學的權威色彩確實很強烈，以永樂年間朱季友詆宋儒而遭撻伐的事件，可以觀之。〔註113〕又明代科舉考試以八股文取士，以四書五經命題，解釋則以程朱學爲主。考試制度必然影響全國的教育內容，也使得朱子學宰制了士人的教育。〔註114〕明成祖永樂十二年（1414），更動員了大

〔註112〕參見加藤常賢監修，蔡懋棠譯，《中國思想史》，頁148～149。
〔註113〕永樂二年，饒人朱季友獻所著書，詆宋儒。大學士楊士奇請燬季友書，上敕行人錮季友至饒，大會藩臬縣吏民，撻季友，盡燬其所著書。引自容肇祖，《明代思想史》（臺北：開明書局，1982），頁3。
〔註114〕關於明代科舉與教育，參看 Elman, Benjamin A., "Political, Social, and Cultural Reproduction via Civil Service Examination in Late Imperial China, "*The Journal*

量學者，編《四書大全》、《五經大全》、《性理大全》，將宋儒的著作做了徹底
的整理。可以說朝廷已將朱學定為一尊，也是朱子學就外在權威而言的最高
峰。然而與科舉功利之學愈來愈密切的關係，對朱子學本身卻有破壞性，而
思想上的統一政策，也適足以扼殺學說發展的活力，遺落了「創新」、「立說」
的精神。當時許多儒者對於整體社會、政治的反應，則是表現在更強調躬親
實踐，甚至拒絕科舉的行動上。

　　方孝孺（1357～1402，字希直，一字希古）為宋濂的門人，太祖時為漢
中教授，惠帝即位召為翰林侍講，後遷侍講學士，國家大政常諮詢之。後又
改官文學博士，因「靖難之變」而殉死。姚廣孝（1335～1418）曾告成祖曰：
「孝孺必不降，不可殺之！殺之，天下讀書種子絕矣」，〔註115〕可見他在當時
的影響力。黃宗羲也稱讚方孝孺：「持守之嚴，剛大之氣，與紫陽真相伯仲，
固為有明之學祖也」。〔註116〕蔣伯潛《理學纂要》也說：「明代理學之所以能
復興，我認為明初方正學的氣節，足以廉頑立儒，是一大關鍵」。〔註117〕以上
主要是稱其不屈的忠孝氣節，能直接影響明代儒者的道德氣節。而明初宋濂
（1310～1381）、方孝孺兩大文臣在極權政治下的悲慘下場，很可能使當時儒
者卻步於實際政治的作為，退向更沉靜篤實的讀書修身。〔註118〕

　　方孝孺除了以行動表彰儒者之氣節，在學問上也提倡篤行：

　　　望勿以聖賢之言為空談，知之欲真，踐之欲篤，自期者欲遠大，顧
　　　諟明命，以勿負天之所授，庶幾其可耳。〔註119〕

　　　今世有賢者作，當以躬行為先，一反澆陋之習，以表正海內，庶幾
　　　有所益。豈宜復增之浮辭而長其虛薄耶？〔註120〕

稍後北方的學者曹端、薛瑄，與南方學者吳與弼、胡居仁、陳獻章，也都具
有篤行實踐的精神。

　　曹端（1376～1434，字正夫，號月川）的學問以力行為主，黃宗羲稱其：

　　of Asian Studies 50.1（1991）：7～28；張建仁，《明代教育管理度研究》（臺北：
　　文津出版社，1993）。

〔註115〕黃宗羲，《明儒學案》（臺北：華世出版社，1987），卷四三，頁1044。

〔註116〕黃宗羲，《明儒學案》，卷四三，頁1045。

〔註117〕蔣伯潛，《理學纂要》（臺北：正中書局，1953），頁124。

〔註118〕宋濂因長孫坐胡惟庸黨被下茂州，方孝孺被磔死。

〔註119〕方孝孺，〈答王仲縉五首〉第四，《遜志齋集》（上海：上海書店，1989），卷
　　十，頁37。

〔註120〕方孝孺，〈答王仲縉五首〉第五，《遜志齋集》，卷十，頁39～40。

「以力行爲主，守之甚確，一事不容假借。然非徒事於外者，蓋立基於敬，體驗於無欲，其言事事於心上做工夫，是入孔門底大路。誠哉！所謂有本之學也」。〔註121〕他又曾整理人倫日用之可施行者，成《夜行燭》一書，以爲「人處流俗中，如夜行，視此則燭引之於前矣」，〔註122〕可見其對力行的重視。

河東學派的薛瑄（1389～1464，字德溫，號敬軒），爲人梗介，因不肯逢迎宦官王振（d.1449），幾至受死。〔註123〕羅整菴（1466～1547）說：「薛文清學識純正，踐履篤實，出處進退，惟義之安」。〔註124〕《明史‧儒林傳》：「瑄學一本程朱，其修己教人以復性爲主，充養邃密，言動咸可法。嘗曰：『自考亭以還，斯道已大明，無煩著作，直須躬行耳』」。這種「無煩著作，直須躬行」的態度，不僅充分說明薛瑄本人注重踐履的爲學風貌，也反映了當時不願創新立說的學風。這種精神瀰漫了明初學界，例如，吳與弼「嘗歎箋註之繁，無益有害，故不輕著述」；〔註125〕陳白沙：「他時得遂投閒計，只對青山不著書」、〔註126〕「千古遺篇都剩語，晚生何敢復云云」、〔註127〕「莫笑狂夫無著述，等閒拈弄盡吾詩」；〔註128〕胡居仁：「人著書才有一毫爲名，便是悖逆天理，古人著書皆不得已」、〔註129〕「又念道自宋儒去後，不勝寥落。自元及今，儒以訓詁務博爲業，以註書爲能傳道，使世之學者淺陋昏昧，無窮理力行之實，此有志者不能不以爲憂也」。〔註130〕他們對「讀書」的看法雖然不都一致，〔註131〕但對經訓的不感興趣，以及不輕易著作的態度卻是一致的。

〔註121〕黃宗羲，《明儒學案》，卷四四，頁 1064。

〔註122〕黃宗羲，《明儒學案》，卷四四，頁 1063。

〔註123〕黃宗羲，《明儒學案》，卷七，頁 109～110。

〔註124〕羅整菴，《困知記》，《和刻影印近世漢籍叢刊》（臺北：廣文書局，1991），卷下，頁 125。

〔註125〕黃宗羲，《明儒學案》，卷一，頁 15。

〔註126〕陳獻章，〈留別諸友〉，《陳白沙集》（臺北：臺灣商務印書館，1986），卷八，頁 65b。

〔註127〕陳獻章，〈代簡答林蒙庵先生〉，《陳白沙集》卷八，頁 3b。

〔註128〕陳獻章，〈雨中偶述效康節〉，《陳白沙集》，卷八，頁 30a。

〔註129〕胡居仁，《居業錄》，《和刻影印近世漢籍叢刊》（台北：廣文書局，1991），卷三，頁 37b～38a。

〔註130〕胡居仁，〈復于先生〉，《胡文敬集》（臺北：臺灣商務印書館，1986），卷一，頁 4b。

〔註131〕吳與弼、胡居仁均強調讀書的重要。吳與弼：「心是活物，涵養不熟，不免搖動，只常常安頓在書上，庶不爲外物所勝」，「應事後，即須看書，不使此心頃刻走作」。胡居仁：「修身莫先於窮理，窮理者在於讀書、論事，推究到極

學術史要到明朝中葉以後才再次漸開注重漢唐經註的風尚。〔註132〕

崇仁學派的吳與弼（1391～1469，字子傅，號康齋），十六歲學詩賦，十八歲習舉業，十九歲從楊溥（1372～1446）學，讀《伊洛淵源錄》，始慨然有志於道，遂盡廢舉業、謝人事，於四書五經、諸子語錄中求體貼於身心，不下樓者二年。平日於鄉間躬耕講學，與從遊眾弟子負耒耜並耕。陳獻章從廣東來學，晨光才辨，先生手自簸穀，獻章未起，先生大聲曰：「秀才若為懶惰，即他日何從到伊川門下？又何從到孟子門下？」。又有一日刈禾，鐮傷厥指，先生負痛曰：「何可為物所勝？」竟刈如初。〔註133〕從這些記載都可見他刻苦篤學的精神。故劉宗周（1578～1645）形容他的學問是「刻苦奮勵，多從五更枕上，汗流淚下得來」。〔註134〕黃宗義說他：「身體力驗，只在走趨語默之間，出作入息，刻刻不忘」。〔註135〕其作品《日錄》更是現了他融學問於平澹生活中的一片醇然自得氣象。

胡居仁（1434～1484，字叔心，學者稱敬齋先生），弱冠時遊康齋之門，絕意科舉，築室於梅溪山中，事親講學之外，不干人事。後欲增廣見聞，遍遊閩、浙、金陵，從彭蠡而返。居仁個性嚴毅清苦，每日必立課程，詳書得失以自考。且行事均依古禮，父病，嚐糞以驗其深淺；親喪、水漿不入口，三年不入寢室。兄出則迎候於門，有疾則躬調藥。〔註136〕他的學問重點在「敬」字。他說：

> 讀書一邊讀，一邊體驗做，做得一兩處身上來，然後諸處亦漸湊得來，久則盡湊得到身上來，此則是大賢。〔註137〕

讀書須著實理會，既曉其文義，便真去做，務要令此書自我身上發。

處」；「博文是讀書窮理事，不如此則無以明諸心」。而陳獻章則並不以為讀書為入學成聖之法，他說：「以我而觀書，隨處得益，以書博我，則釋卷而茫然」。黃宗義，《明儒學案》，卷一，頁23；胡居仁，《居業錄》，卷二，頁25a，19b；陳獻章，〈道學傳序〉，《陳白沙集》，卷一，頁27a。

〔註132〕《四庫全書總目提要》：「明之中葉，以博洽著稱者楊慎……次則焦竑，亦喜考証。……惟以智崛起崇禎中，考據精核，迥出其上。風氣既開，國初顧炎武、閻若璩、朱彝尊沿波而起。始一掃懸揣之空談」。永瑢，《四庫全書總目提要》，卷119，頁12b～13a。

〔註133〕黃宗義，《明儒學案》，卷一，頁15。

〔註134〕黃宗義，《明儒學案》，〈師說〉，頁3。

〔註135〕黃宗義，《明儒學案》，卷一，頁16。

〔註136〕黃宗義，《明儒學案》，卷二，頁29。

〔註137〕胡居仁，《居業錄》，卷一，頁20a。

〔註 138〕
這也就是《明史》說他「篤踐履，謹繩墨，守儒先之正傳，無敢改錯」的學問風貌。〔註 139〕

　　陳獻章（1428～1500，字公甫，別號石齋，新會白沙人），二十七歲始發奮，從吳與弼學，遂絕意科舉。從學時雖於古聖賢垂訓之書，無所不講，卻未知入處。受業半載而歸，杜門不出，專求所以用功之力，廢寢忘食於書冊中尋之，卻仍未能得，對此他曾說：「吾此心與此理，未有湊泊吻合處也」。〔註 140〕後來，陳獻章終於在捨繁求約後以「靜坐」悟道，其自得之學，偏離於朱子學而與後來的陽明心學相近。我們從他爲求此心與此理的湊泊吻合，在春陽臺中靜坐十年的決心，便可知其篤實力行的爲學態度。

　　上述這些明初理學家個個都致力於實踐篤行，可見這是當時重要的學風，雖然這種現象在元代已逐漸形成，但明初更明顯，錢穆先生對此有如下的說明：

> 元儒在異族政權統治下，喫緊爲人，蓋所難言。許魯齋大節已虧，如人陷泥中，何立達可期。故元儒尊朱，終不免走上考索註解文字書本一路。明初《五經》、《四書》大全，皆元儒成業，懸爲明代一代之功令，當時諸儒不免心生鄙厭，康齋敬齋，乃皆在操存踐履上努力，而撰述之事非所重。於經史實學博文之功，即敬齋亦已不能與黃東發吳草廬相擬。影響所及，遂使明代理學，都偏向了約禮一邊。〔註 141〕

二、重視心體的學風

　　至於明初理學普遍重視心體之特色，已有幾位學者提出他們卓越的見解，例如陳榮捷的〈早期明代之程朱學派〉、蒙培元的〈論朱熹理學向王陽明心學的演變〉、山井湧的〈經書和糟粕〉，〔註 142〕都精闢地討論了明初的心學學風。錢穆也說：「（明人）只沿襲著宋學的一脈，但又於正統宋學中剔去了

〔註 138〕胡居仁，《居業錄》，卷一，頁 19a～b。
〔註 139〕張廷玉，《明史》（北京：中華書局，1995），卷二八二，頁 7222。
〔註 140〕陳獻章，〈復趙提學僉憲〉，《陳白沙集》，卷二，頁 26b～27a。
〔註 141〕錢穆，《中國學術思想史論叢七》（臺北：東大圖書出版，1978），頁 5～6。
〔註 142〕山井湧著，徐遠和譯，〈經書與糟粕〉，收入《日本學者論中國哲學史》（板橋：駱駝出版社，1987），頁 405～426。

周、邵、張三家」，〔註143〕從明初諸儒的講學，已可見他們削弱了周、邵、張三家所關心的太極、氣等宇宙論的問題，於形上學的興趣也大減。陳榮捷也說，明初程朱學者對於朱子最重視的「格物窮理」並非不講求，然而在講論的比重上卻大為減少，〔註144〕「涵養」、「心」、「敬」等主題則躍居講學的核心。由此可見，在理學發展史中，明初是一個重視心體、具有較強烈心學色彩的時期，它也是從理學向心學發展的關鍵期。底下我將援引這個時期儒者有關心體涵養的言論，進一步討論。

宋濂說：

> 世求聖人於人，求聖人之道於經，斯遠已。我可聖人也，我言可經也，弗之思耳。〔註145〕

> 天下之事，或小或大，或簡或煩，或虧或贏，或同或異，難一矣。君子以方寸攝之，了然不見其有餘。〔註146〕

> 六經皆心學也。心中之理無不具，故六經之言無不該。六經所以筆吾心之理者也。是故說天莫辨乎易，由吾心即太極也。……人無二心，六經無二理。因心有是理，故經有是言。心譬則形，而經譬則影也。無是形則無是影，無是心則無是經。其道不亦較然矣乎。〔註147〕

因以心為太極、天理，故可攝天下大小之事，而此心正是經書所以載道的保證，故曰：「心譬則形，而經譬則影」，因此也自信地說：「我可聖人也，我言可經也」。這裡已明顯表現出比朱子更高舉也更信任心體的學風。

曹端說：

> 人之所以可與天地參為三才者，惟在此心，非是軀殼中一塊血氣。〔註148〕

> 事事都於心上做工夫，是入孔門底大路。〔註149〕

> 聖人之所以為聖人，只是這憂勤惕勵之心，須臾毫忽，不敢自逸。

〔註143〕錢穆，《宋明理學概述》（臺北：學生書局，1984），頁253。
〔註144〕陳榮捷，〈早期明代之程朱學說〉，《朱學論集》，頁331～351。
〔註145〕宋濂，〈蘿山雜言〉，《宋景濂未刻集》（上海：古籍出版社，1991）卷下，頁64。
〔註146〕宋濂，〈蘿山雜言〉，《宋景濂未刻集》，卷下，頁64。
〔註147〕宋濂，〈六經論〉，《文憲集》（上海：古籍出版社，1991），卷二八，頁20。
〔註148〕黃宗羲，《明儒學案》，卷四四，頁1064。
〔註149〕黃宗羲，《明儒學案》，卷四四，頁1064。

理無定在，惟勤則常存；心本活物，惟勤則不死。常人不能憂勤惕
勵，故人欲肆而天理亡，身雖存而心已死，豈不大可哀哉！〔註150〕

六經、四書，聖人之糟粕也，始當靠之以尋道，終當棄之以尋眞。
〔註151〕

人之心即是能上契天道，參贊化育的關鍵，故曹端學問的大關鍵處即在「心
上做工夫」；經書只是在起始靠之以尋道的憑藉，卻不能眞正藉之以得道，故
「終當棄之以尋眞」，而能以之尋眞的即是「心」。由此亦可見其對心體的重
視。

薛瑄說：

爲學只是要知性復性而已。〔註152〕

千古聖賢教人之法，只欲人復其性而已。〔註153〕

涵養須用敬，存此性耳；進學則在致知，明此性耳。〔註154〕

論性是學問大本大原，如此則天下之理可明矣。〔註155〕

爲學第一工夫，立心爲本。心存則讀書窮理、躬行踐履，皆自此進。
〔註156〕

薛敬軒之學主「知性」、「復性」，即是要知本性全然是理，而期能回復（達致）
此全善之境。雖然他強調人稟賦於天、具眾理之「性」，然實際用功之關鍵則
在心，故曰：「爲學第一工夫，立心爲本」。

吳與弼說：

人須整理心下，使教瑩淨、常惺惺地方好，此敬以直內工夫也。嗟
夫！不敬則不直，不直便昏昏倒了，萬事從此墮，可不懼哉！〔註157〕

心是活物，涵養不熟，不免搖動。〔註158〕

〔註150〕黃宗羲，《明儒學案》，卷四四，頁1066。
〔註151〕黃宗羲，《明儒學案》，卷四四，頁1068。
〔註152〕薛瑄，《讀書續錄》（濟南：山東友誼書社出版，1991），卷二，頁13。
〔註153〕薛瑄，《讀書續錄》，卷五，頁14。
〔註154〕薛瑄，《讀書續錄》，卷六，頁2。
〔註155〕薛瑄，《讀書續錄》，卷六，頁3。
〔註156〕薛瑄，《讀書錄》，卷十，頁14。
〔註157〕吳與弼，《日錄》，收入氏著，《康齋集》（臺北：臺灣商務印書館，1983），卷
十一，頁16a。
〔註158〕吳與弼，《日錄》，收入氏著，《康齋集》，卷十一，頁18a。

一事少含容，蓋一事差，則當痛加克己復禮之功，務使此心湛然虛明，則應事可以無失。靜時涵養，動時省察，不可須臾忽也。苟本心爲事物所撓，無澄清之功，則心愈亂，氣愈濁，梏之反覆，失愈遠矣。〔註159〕

人苟得本心，隨處皆樂。〔註160〕

精白一心，對越神明。〔註161〕

吳與弼的學問完全建立於日常生活中的求道踐履，他沒有學理上的創發，也不做箋註之事，所注重的只是如何在日常生活中活出更契密於天道的生活，故身心上的工夫是他求道的唯一途徑，「精白一心，對越神明」則是他人生至樂的秘訣。〔註162〕

胡居仁關於「心」的言論：

心無主宰，靜也不是工夫，動也不是工夫。〔註163〕

心雖主乎一身體之虛靈，足以管乎天下之理，理雖散在萬事，用之微妙，不外乎一人之心，知此則內外體用，一而二，二而一也。〔註164〕

恭敬非特心存，又且明瀅，蓋心是神明之舍，存則自明。〔註165〕

敬者聖學之所以成始成終者也。〔註166〕

胡敬齋學問的重心即在主敬使心有主，以爲心若無主宰，則動靜皆不是工夫，又以「敬」爲成始成終的工夫。由於學問著力於主敬涵養心之本體，故心體成爲用功之首要處，也是其學問之根本。〔註167〕

陳獻章說：

古人棄糟粕，糟粕非眞傳。眇哉一勺水，積累成大川。亦有非積累，

〔註159〕吳與弼，《日錄》，收入氏著，《康齋集》，卷十一，頁7b。
〔註160〕吳與弼，《日錄》，收入氏著，《康齋集》，卷十一，頁8b。
〔註161〕吳與弼，《日錄》，收入氏著，《康齋集》，卷十一，頁18b。
〔註162〕古清美：「『精白一心，對越神明』八字更可見出他在平淡的生活後面內在光明、精純、堅強、醇厚的心靈和學問。從此，我們可以了解他說「閒散不是眞樂」，眞樂與天地相通無隔的胸懷。」古清美，〈朱子理學在明代前半期的變化與發展〉，發表於1988年宋代文學與思想研討論。
〔註163〕胡居仁，《居業錄》，卷一，頁24a。
〔註164〕胡居仁，《居業錄》，卷一，頁25b。
〔註165〕胡居仁，《居業錄》，卷一，頁48a。
〔註166〕胡居仁，《居業錄》，卷四，頁30b。
〔註167〕胡居仁的思想，見下文討論。

源泉自涓涓。至無有至動，至近至神焉。發用茲不窮，緘藏極淵泉。

吾能握其機，何必窺陳編。學患不用心，用心滋牽纏。本虛形乃實，

立本貴自然。戒愼與恐懼，斯言未云偏。後儒不省事，差失毫釐間。

寄語了心人，素琴本無絃。〔註168〕

樞杻在方寸，操舍決存亡。〔註169〕

為學當求諸心，必得所謂虛明靜一者為之主。〔註170〕

陳白沙以心體為源泉涓涓、發用不窮、能契悟天道的關鍵，故以學在求諸心，在能握此通塞往來之機，而不在盡窺陳編的窮理。因此《明史》、《明儒學案》均以之為陽明學的先驅，都認為明代心學的開端在陳獻章。〔註171〕

以上我們從明初幾位理學家的文字，看到這個時期的學風極「重視心體」，此學風對稍後王陽明心學的開展，當有一定的影響。當然，就這些明初儒者的主要思想內容及個人自覺而言，無疑仍屬朱子學派；要直到陳獻章由靜坐悟道，其學問才眞正表現出對朱子學的轉向，這個重要的轉向也代表著明代心學的眞正奠基。〔註172〕

另外，此處所謂「重視心體」，只是就朱子學從南宋以降大體學風的發展，到明初有明顯專注於心上做工夫的現，並不否認朱子思想中本有重視心體的內涵，亦非要強調隨著年代愈晚學者便有愈強的心學傾向。事實上，就個別理學家的思想而言，實有其獨特性與不可化約性。例如，方孝孺並不太強調在心上做工夫，他說：「聖人之道載於經可知矣，未嘗使人求道於博文約禮之外」，〔註173〕與其師宋濂「求聖人之道於經，斯遠已」之說，就有相當的差異。至於何以到了明初會有如此重視心體的心學色彩？蒙培元提出他的解釋：「程

〔註168〕陳獻章，〈答張內翰廷祥書括而成詩呈胡希仁提學〉，《陳白沙集》，卷五，頁2a。

〔註169〕陳獻章，〈和楊龜山此日不再得韻〉，《陳白沙集》，卷五，頁1b。

〔註170〕陳獻章，〈書自題大塘書屋詩後〉，《陳白沙集》，卷四，頁69a。

〔註171〕《明史》儒林傳：「原夫明初諸儒，皆朱子門人之支流餘裔。師承有自，矩矱秩然。曹端、胡居仁，篤踐履、謹繩墨，守儒之正傳，無敢改錯。學術之分，則自陳獻章、王守仁始」。《明儒學案》：「有明學術，從前習熟先儒之成說，未嘗反身理會，推見至隱，所謂此亦一述朱耳，彼亦不述朱。」又說：「有明之學，至白沙始入精微……至陽明而後大。」張廷玉，《明史》，卷二八二，頁7222；黃宗羲，《明儒學案》，卷十，頁1；卷五，頁78。

〔註172〕陳獻章之學與王陽明心學的比較，見第三章。

〔註173〕方孝孺，〈贈金溪吳仲實序〉，《遜志齋集》，卷十四，頁24。

朱理學、陸王心學之間，有著內在的邏輯關，而且從哲學史發展來看，朱熹理學直接演變成王陽明心學」。〔註174〕這裡所說的「內在邏輯關係」和「直接演變」，據蒙培元自己的闡釋乃是：因朱熹的思想體系是一種客觀唯心主義，充滿著唯物主義與唯心主義的矛盾，因此它的分化是「必然」的，「隨著封建社會向後期發展，朱熹哲學中的唯物主義因素必將沖破其體系而得到發展；同時，其客觀唯心論的體系將發展為主觀唯心論。完成後一任務的，不是別人，正是王陽明」。〔註175〕

雖然蒙培元能夠不把理學和心學截然劃成兩橛，而注意思想演變的內在關聯，是相當精闢的見解，然而認為因朱子思想體系的矛盾而使得如此分化乃是必然的趨向，可能失之獨斷。何況任何歷史的進程，恐難以「必然趨勢」或「內在邏輯關係」來解釋。對於朱子思想，我在下文將略作討論，但我對朱子思想的基本看法是：一個體系龐大、關注點廣擴的思想模式，其間不同的論題，可能被其他學者引之為思想核心，而發展出不同風貌的思想體系。這種思想核心的轉移，是朱子學五、六百年間不斷演變的主因，名之為「分化」尚可，歸究於「矛盾」則恐未必。畢竟每個時代的儒者，在面對當代的時空環境，他們所關注的問題才是構成他們學問的真正要素，也正是在此才能反映出他們身為儒者的真精神。而隨著時空移轉，關注點的移轉也是自然的。如果我們用這樣的觀點來看明初諸儒，將更能理解何以他們在堅守程朱矩矱時，依然對朱子思想的重點——「格物」，做了相當的偏離。

朱子之所以開創朱子學，並不是從學術史的大演進上可以找到一必然歸向，就如同王陽明之於陽明學，並非明初心學氣氛的必然產物一般。學術上的重大成就與突破，終究必須歸於人的創獲。「英雄造時勢」，以南宋的朱子對後儒的影響，以及王陽明對明代中晚期儒學的發展而言，確實有如此的氣勢。然而在這一章所要探討的，則是試圖去體會一下另一句話的含意——「時勢造英雄」，是一股在英雄未誕生前，就已瀰漫著且蓄勢待發的學術氛圍。

〔註174〕蒙培元，〈論朱熹理學向王陽明心學的演變〉。
〔註175〕蒙培元，〈論朱熹理學向王陽明心學的演變〉。

第二章 胡居仁與陳獻章思想研究

　　本章主要討論胡居仁與陳獻章二人的思想內容。將先從胡居仁對陳獻章的批評談起，因爲批評是突顯雙方學問特質很好的觀照點，批評者在進行批評時，往往能切要地指出對方學術的特點；〔註1〕而通過批評的活動，批評者對自己的思想也往往有深化和重建作用，故批評的內容又是反觀批評者思想立場很好的根據。

　　雖然胡居仁對陳獻章的批評是屬單向性的，亦即陳獻章並沒有針對胡居仁的批評提出自我反駁，〔註2〕或進行反批評，但透過這些批評仍能衍伸出許多重要問題。這些批評內容並不會限制我們對胡、陳二人思想的探討，即本章雖由胡居仁的批評談起，卻不限於由此來觀照二人思想，只是藉由整理胡居仁所提出的論點，從「理氣論」、「心與萬物之關係」、「修養論」三方面，配合更多史料，來討論胡、陳二人的思想內容與異同。本章也希望讓胡、陳二人的思想進行對話，並試圖評議胡居仁的批評。

　　另外，這種單向性批評的本身，也反映了胡、陳二人思想和人格的某種特質。在胡居仁犀利的指斥和陳獻章不言不辯的對照中，正隱約透露著二人對聖學、傳統、門戶見解上的差異，其背後所蘊涵的心理狀態更值得探索。我們可以說他們之間雖沒有言語上論戰的對立性，卻有著從體悟、智慧、自信與堅守中所凝鍊出生命風格的對立性。然而在這許多昭著的差異之中，我

〔註1〕雖然所指出的特點及評論看法都未必公允，但仍是突顯雙方差異的有用史料。
〔註2〕陳獻章在〈復趙提學僉憲〉第三書中，確爲自己作了一些陳明，然其面對胡居仁嚴厲的批評，基本態度還是「不與之強辯」，也沒有努力提出反駁。陳獻章，〈復趙提學僉憲〉（三），《陳白沙集》，卷二，頁 28b～31a。

們卻也不可忽略二人同處於一時代、同一師門下所具有的某種相契精神。

第一節　胡居仁對陳獻章的批評

　　本節將整理胡居仁對陳獻章的批評內容，希望藉此能得到一更清楚的觀照點，做為下文討論的根據。綜觀這些批評內容，我將之歸納為三個論題，六個要點，和一個共同指涉的中心。所謂三個論題即是：（一）理氣論的論題，（二）心與萬物之關係，（三）修養論的論題。而六個批評要點則分別與上述三個論題相關，它們是：（1）認氣作理、（2）物我二理、（3）強包萬物入胸中、（4）屏絕思慮、（5）不讀書、（6）欠缺下學工夫。這些批評儘管在內容上可以做如此的區分，它們卻有一個共同的輻湊點，即主要是在指斥陳獻章的學問為禪，亦即都是為要說明獻章之學「異於儒學，流於禪學」，而就不同面向加以立說的。以下即分別說明胡居仁批評的三大論題和六個要點：

一、理氣論

（一）認氣作理

> 氣之發用處即是神，陳公甫說無動非神，他只窺測至此，不識裡面本體，故認氣為理。〔註3〕

> ……以為天地萬物無非此理，無適而非道，凡其知覺運動視聽云為，無非至神至妙，其曰無動而非神，即此意也。〔註4〕

這是針對陳獻章言「無動非神」而發。胡居仁持定「理」為形上本體、「氣」為形下作用的立場，認為講動、講神都只停留在氣之跡上說，未能入於理之本體。對於老氏「有生於無」和佛氏「作用見性」之說，胡居仁也都批評是不能辨別理氣，是認氣作理。〔註5〕此不僅顯明胡居仁所固持的理氣觀，也是他指議陳獻章之學為禪的一個重要理據。

（二）物我二理

〔註3〕　胡居仁，《居業錄》，卷一，頁 10a。
〔註4〕　胡居仁，〈又復張廷祥〉，《胡文敬集》，卷一，頁 46。
〔註5〕　胡居仁：「老氏以有生於無，是認氣為理。氣有聚散消息，散而消則無；理則無時而無也。佛氏以作用是性，亦認氣為理。蓋氣之清虛妙運處以理，老佛既不識理，亦必不能識氣，是不知其所以然也。」胡居仁，《居業錄》，卷二，頁 49a。

陳公甫言，才覺便覺我大而物小，物有盡而我無盡，是物我有二理
矣。〔註6〕

陳公甫說物有盡而我無盡，分明是異端釋氏語，即釋氏見性之説。
他妄想出一箇不生不滅底物事在天地間，是我之眞性，謂他人不能
見，不能覺，我能獨覺。故曰我大物小，物有盡而我無盡。殊不知
物我一理，但有偏正清濁之異。以形氣論之，生必有死，始必有終，
安得我獨無盡哉？以理論之，則生生不窮，人與物皆然。〔註7〕

這是針對陳獻章言「物有盡而我無盡」而發。胡居仁抱持「理一分殊」、「天
地物我均一理之所爲」的觀念，以爲既是物我一理，必不可說物有盡而我無
盡，故以陳獻章此說乃受禪家不滅眞性的影響，是釋氏見性之説。

二、心與萬物之關係

（一）強包萬物入胸中

天地萬物本吾一體，莊周付之自然，不管著他，則與天地萬物隔絕，
分爲二體矣。陳公甫言，一片虛靈萬象存，是要將天地萬物強包放
胸中。本一體，何用強包？強包愈乖離了。〔註8〕

程子説，沖漠無朕，萬象森然已具，是說未發之時，只是沖漠無朕
而已，天下萬物之理已默具於其中。公甫說一片虛靈萬象存，是要
把他底精神來包涵萬象，與程子實不同也。……如公甫之説，是常
把這天地萬象積放胸中，只弄得這些精神，豈暇再去思量事物之理，
故張皇炫爀，自己不勝其大，故下視聖賢、小視天地。〔註9〕

這是針對陳獻章言「一片虛靈萬象存」而發。胡居仁以人心與萬物的關係乃

〔註6〕　胡居仁，《居業錄》，卷二，頁36b～37a。
〔註7〕　胡居仁，《居業錄》，卷三，頁24a～b。胡居仁又曰：「氣則有聚散、有虛實、
　　　　有生死，以有無言之，猶可也。理則不可以有無言，心不可以有無言。老氏
　　　　以萬物生於虛，是有生於無也，故以虛爲道，以無爲宗，其言理與心雖背，
　　　　言氣猶有近似者。佛氏實者亦言虛，有者亦言無，背亂顛倒尤甚。老氏要長
　　　　生不死，佛氏生也不要，死也不要，要尋得一箇眞身眞性，不生不滅，超脱
　　　　輪迴。陳公甫言物有盡而我無盡，即此意也。」見胡居仁，《居業錄》，卷二，
　　　　頁41b～42a。
〔註8〕　胡居仁，《居業錄》，卷二，頁54b。
〔註9〕　胡居仁，《居業錄》，卷四，頁42a～b。

是「心具眾理」，而非「心具眾象」，故工夫應以「勿忘勿助」爲主，他認爲陳獻章「強包萬物入胸中」與莊子之「付之自然」，則是過與不及的兩極看法。同此義，尚有一條旨在批評陳獻章「塵微六合」似禪家「一粒粟中藏世界」：

> 世之愚者，莫愚如老、佛，至愚之人也曉得箇天地父母妻子，也曉得有箇己身。今禪家以天地爲幻妄，己身爲幻身，離父母、棄妻子，雖天地六合之大也，曉不得，故言一粒粟中藏世界。陳獻章又要塵微六合，豈非愚之甚乎？〔註10〕

三、修養論

（一）屏絕思慮

> 陳公甫云，靜中養出端倪；又云，藏而後發。是將此道理來安排作弄，都不是順其自然。〔註11〕

> 若窮理到融會貫通之後，雖無思可也，未至此，當精思熟慮以窮其理，故上蔡何思何慮，程子以爲太早。今人未至此，欲屏去思慮，使心不亂，則必流於禪學空虛，反引何思何慮，而強欲合之，誤矣。〔註12〕

這是針對陳獻章「靜中養出端倪」、「藏而後發」的工夫論而發的。胡居仁的修養工夫以「主敬使心有主」爲首要，〔註13〕他特別說明主敬是「有意」的工夫，而非屏絕思慮。〔註14〕雖然格物窮理到貫通之後，可以達到無思無慮之境界，但若不經過主敬窮理的下學工夫，而一意要求虛靜，則不僅易蹈空虛，且違離正確修養途轍，終要淪爲異端。故其批評禪在存心工夫上有「屏絕思慮以求心不放」和「照看一心在內」的二個缺失，此也正是對陳獻章的批評。〔註15〕另外，尚有一條批評陳獻章學問不立大本，同樣是指其講求虛

〔註10〕胡居仁，《居業錄》，卷三，頁34b。

〔註11〕胡居仁，《居業錄》，卷一，頁39a。

〔註12〕胡居仁，《居業錄》，卷三，頁41a。

〔註13〕胡居仁的思想，見下一節。

〔註14〕或曰：「主一無適用意否？」曰：「既曰主一，即用意也」。曰：「聖人用意否？」曰：「聖人自然用意，非勉也」。又曰：「主敬是有意，以心言也；行其所無事，以理言也。心有所存主，故有意，循其理之當然，故無事。此有中未嘗有；無中未嘗無，心與理一也。」胡居仁，《居業錄》，卷四，頁3a～b；卷一，頁52b～53a。

〔註15〕胡居仁：「近年以來，學者立心稍高，而不能仔細體驗聖賢切實工夫，而妄意聖賢，故遂入於空虛玄妙，其凌高駕空，反成狂妄，其入異教也宜矣。原其

靜、違於大本工夫而言，故一併歸入此點：

> 自家大本不立，見得道理不分明，未有不入異教者，如陳公甫、婁
> 克貞皆是儒者陷入去。〔註16〕

（二）不讀書

> 婁克貞說他非陸子之比，陸子不窮理，他卻肯窮理；公甫不讀書，
> 他勤讀書。〔註17〕

> 陳公甫說，不由積累而至者，不可以言傳，則四書六經不足以載道
> 矣。〔註18〕

前一條雖引婁諒之說，但顯然也是胡居仁的看法。讀書問題所牽涉的仍是修養論的課題，胡居仁以主敬窮理爲修養之途轍，讀書是窮理工夫中的重要項目，也是欲達致豁然貫通境界所不可或缺的。而陳獻章卻以爲得道不由積累而至，道不可言傳。二人在修養論上的差異，造成這些批評，胡居仁就曾以窮理與否來論儒者與異教之別。他說：

> 只素淨打坐澄心，何嘗有戒謹恐懼、主一無適工夫，儒者雖存養，
> 又窮理；異端不窮理，所以差也。〔註19〕

而由讀書所衍生的問題，更有經書是否載道？經書在作聖工夫中所佔之地位如何？這些問題將於下文再論。

（三）欠缺下學工夫

> 陳公甫亦窺見些道理本原，因下面無循序工夫，故遂成空見。〔註20〕

> 禮義，人心固有，朱子去遠，而《小學》、《家禮》好之者甚眾。今被
> 陳公甫輩務爲高遠，厭禮節之卑近煩細，不屑爲之，可勝嘆哉。〔註21〕

所謂「欠下學工夫」，是胡居仁對陳獻章修養論總體性的批評。胡居仁明指陳獻

存心之失有二焉，只爲工夫未至，身心紛擾放逸，要求虛靜，故有屏絕思慮，
以爲心不放者；又有體察照看心在內裡，以爲存者，其心如此，自然不暇即
事窮理。」胡居仁，〈又復張廷祥〉，《胡文敬集》，卷一，頁45；其他批評禪
者，可參見《居業錄》，卷一，頁25a，31a～b。

〔註16〕胡居仁，《居業錄》，卷一，頁43b。
〔註17〕胡居仁，《居業錄》，卷一，頁39a。
〔註18〕胡居仁，《居業錄》，卷一，頁50b。
〔註19〕胡居仁，《居業錄》，卷三，頁6a。
〔註20〕胡居仁，《居業錄》，卷一，頁39b。
〔註21〕胡居仁，《居業錄》，卷四，頁16a。

章「厭禮節之卑近煩細」而不屑爲《小學》、《家禮》，又說：「只是小學之教不行，學者無基址可立，上面做大，遂流於異教」，故「欠下學工夫」似即指「小學之教不行」而言，「下學工夫」即是洒掃應對的小學工夫。但是，胡居仁的修養論，以主敬爲核心，認爲從小學到大學的工夫，基本上是循序漸進的，二者在深度上是有差異，但在工夫理論上則無衝突，〔註22〕故我們可以說「下學工夫」所指的不僅是小學教育的實際內容，更是一套建立在應事接物、整齊持敬之上的修養論模式。這種修養論模式正與陳獻章以捨於物累、要求靜虛的修養論模式相對立，故我認爲這是胡居仁對陳獻章修養論的總整性批評。

從以上胡居仁批評的內容，我們可以綜述如下：在理氣論方面，胡居仁認爲陳獻章說「無動非神」是認氣作理，相應於禪家的「作用見性」，又「物有盡我無盡」之「我」同於禪家之「真性」。在心與萬物之關係上，胡居仁認爲陳獻章說「一片虛靈萬象存」是強包萬物入胸中，陷入禪家以萬物爲幻象、一粒粟中藏世界之境。在修養論方面，胡居仁認爲陳獻章屏去思慮的工夫論，類似於禪家捨離外物的「靜坐」工夫；在讀書的問題上，胡居仁雖沒有明顯比附禪學，但從禪家「直指本心，不立文字」之說，亦可顯見二者的關連。至於「欠缺下學工夫」，則是針對陳獻章「靜坐」、「不讀書」的虛靜工夫而發，認爲涉於高妙、蹈於玄虛，終流於禪學異教。由此可見，胡居仁對陳獻章的核心批評即是指斥陳獻章之學爲禪。

而當胡居仁在進行批評時，他自己所抱持的觀念如「理乃氣之主」、「物我一理」、「心具眾理」、「主敬涵養」、「格物窮理」、「經書載道」等，也昭然若揭。下一節我們就由此進入對胡居仁思想的討論。

第二節　由胡居仁的批評反觀其思想

上一節整理了胡居仁對陳獻章的批評，將之分爲理氣論、心與萬物之關係、修養論三個論題，本節我將扣緊這三個論題，分析胡居仁的思想內容。在理氣論方面，將指出在重要觀念上，胡居仁幾乎都承襲朱子的觀點，但卻有比朱子更高舉「理」的傾向。在心與萬物之關係方面，我將討論胡居仁在「物我一理」的基礎上所說的「一本」之學，並闡釋其「心具眾理」之說，指出此乃胡居仁作爲人與物、理氣論與修養論連接的重要根據。而在修養論

〔註22〕有關胡居仁修養論的規模，見下一節討論。

方面，我將從胡居仁所謂立大本的工夫，看主敬有主的思想在其修養論中的地位，並討論其由主敬窮理所建構之「大本達道」的修養論模式。最後討論胡居仁對讀書的看法。

一、理氣論

胡居仁關於理氣論的發言有：

> 形而上者謂之道，形而下者謂之器；陰陽，形而下之器也，陰陽之理，道也。〔註23〕

> 有此理則有此氣，氣乃理之所爲，故朱子曰，太極者本然之妙，動靜者所乘之機。本然之妙，理也；所乘之機，則此理流行而有氣矣。〔註24〕

> 理是氣之主，氣是理之具，二者元不相離，故曰二之則不是。〔註25〕

> 天地人物，分雖不同，同此一理，形雖不同，同此一氣。〔註26〕

我們可看出胡居仁抱持「理爲形上、氣爲形下」、「理先於氣」、「理一分殊」、「理氣不雜不離」等觀點，而這些觀點幾乎都承自朱子。〔註27〕在《居業錄》中，論理氣的文字要比論主敬涵養的文字少得多，可見理氣論並非胡居仁論學的重心，他也沒有新的創發，大體得之於前人的情形亦可想見。不過，雖說胡居仁的講學內容不以理氣論爲主，但理氣論仍是其思想的基石，這是因爲理氣論所含括的問題，是整個宇宙論和萬物存有的大範疇，故對心性的看法、修養工夫等，也往往相應於此而建構。事實上，我們從胡居仁對陳獻章與佛老學說，一概都以「認氣作理」評之，已可見他是站在自己理氣論的立場來區辨儒家與佛老，任何在學問見解上異於他這套理氣架構的，即被視爲異教。因此，理氣觀點實爲他對學問判準的重要根據，其重要性絕不容忽略。

　　雖然胡居仁的理氣觀幾乎都繼承朱子之說，但是在「理先於氣」的觀點上，卻比朱子更明確，亦即他有比朱子更高舉「理」的傾向。關於這部分的討論，我將提出兩個論點：第一是從胡居仁比朱子更不密契於張載（1020～1077）「氣」

〔註23〕胡居仁，《居業錄》，卷一，頁 30a。
〔註24〕胡居仁，《居業錄》，卷一，頁 38b～39a。
〔註25〕胡居仁，《居業錄》，卷二，頁 32b。
〔註26〕胡居仁，《居業錄》，卷四，頁 8a。
〔註27〕朱子理氣論，見第三章第一節。

的思想，來看胡居仁思想中高舉「理」的傾向；第二是指出胡居仁比朱子更強烈地認為「理直貫生成萬物」，亦更不重視氣在萬物創生中的地位。

張載之學的最大特色在於一種深具本體宇宙論意涵的氣論，此氣論的提出是試圖在形上本體的層次上，對抗佛老「空」、「無」的概念。〔註28〕「太虛」在張載思想中，是一具有形上義的「無形之氣」，又是做為那能成聚萬物之「有形之氣」的根本，故曰：「太虛無形，氣之本體。其聚其散，變化之客形爾」。〔註29〕又說：「知虛空即氣，則有無、隱顯、神化、性命，通一無二」。〔註30〕「太虛」又是一能統合「有、無」、「隱、顯」等對立特質，具神祕性形上意義的氣，亦即是「道體」。對於太虛中陰陽之所以能夠有消長聚散的變化，而生成萬物自然，張載以「一神兩化」來解釋。〔註31〕朱子對張載的氣論，雖然有所批評，但也有相當的契悟。〔註32〕當被問及「太虛何所指」時，朱子回答：「他亦是指理，但說得不分曉」，〔註33〕可見他能洞見太虛在張載思想中所具形上道體的意義。他之所以說「但說得不分曉」，乃因他認為張載講太虛道體時，仍用了氣的概念，故有混淆之嫌。而朱子與張載很大的差別，可以說即是在釐清理、氣之形上、形下的區別，朱子以「理」作為氣之根本，也作為解釋一氣陰陽之種種對立變化的最後根據。〔註34〕

另外，朱子也非常欣賞張載一神兩化之說：

〔註28〕 黃秀璣，《張載》（臺北：東大圖書公司，1987），第二章；張亨，〈張載「太虛即氣」疏釋〉，收入氏著，《思文之際論集——儒道思想的現代詮釋》（臺北：允晨文化，1997），頁192～248。

〔註29〕 張載，《正蒙》，收入《張載集》（臺北：漢京文化事業出版，1983），頁7。

〔註30〕 張載，《張載集》，頁8。

〔註31〕 張載：「一物兩體，氣也；一故神，兩故化，此天之所以參也」；「兩不立則一不可見，一不可見則兩之用息。兩體者，虛實也，動靜也，聚散也，清濁也，其究一而已」。見張載，《張載集》，頁10，233。

〔註32〕 朱子重視本體論及體用二元的思維架構均與張載相近，但他並不滿意張載使用「太虛」這個詞來指涉本體，朱子認為這是「夾氣作一處」。詳細討論，參見張亨，〈張載「太虛即氣」疏釋〉。

〔註33〕 問：「橫渠云：『太虛即氣』，太虛何所指？」曰：「他亦指理，但說得不分曉。」；又說：「如以太虛太和為道體，卻只是說得形而下者，皆是『發而皆中節謂之和』處」；「正蒙說道體處，如太和、太虛、虛空云者，止是說氣。」黎靖德編，《朱子語類》（臺北：華世出版社，1987），卷九九，頁2534；頁2531；頁2532。

〔註34〕 參考安田二郎，〈朱子の「氣」に就いて〉，《中國近世思想研究》（東京：筑摩書房，1976），頁3～61；陳榮捷，〈朱熹集新儒家之大成〉，《朱學論集》，頁1～35。

問：「一故神」。曰：「橫渠說得極好，須當仔細看。……『一故神』，
橫渠親注云：『兩在故不測』，只是這一物，卻周行乎事物之間，如
所謂陰陽、屈伸、往來、上下，以至於行乎什佰千萬之中，無非這
一箇物事，所以謂『兩在故不測』。『兩故化』，注云：『推行乎一』，
凡天下之事，一不能化，惟兩而後能化。且如一陰一陽，始能化生
萬物。雖是兩箇，要之亦是推行乎此一爾。此說得極精，須當與他
仔細看」。〔註35〕

朱子講氣與理的關係，其實於張載「一神兩化」說有極密切的對照性。朱子
以一氣陰陽的運行聚散，來說明天地萬物之生成，此即「兩故化」；又以理作
爲比陰陽之氣更高的原理，即是「一故神」。安田二郎與陳榮捷均指出，張載
以太虛之神來解釋這「一」與「二」之間的神妙關係，朱子則以「理」來說
明。〔註36〕但是，胡居仁對張載這種氣的哲學，並不能契悟，他對張載太虛
觀念的評論如下：

張橫渠言太虛不能不聚而爲萬物，則可；言萬物不能不散而爲太虛，
則不可。聚則生，散則盡，物理之自然，豈又散去爲太虛者，太虛
亦不待萬物散而爲也。〔註37〕

胡居仁之所以認爲不可言「萬物不能不散而爲太虛」，主要是爲避免落入佛教
輪迴之說。他認爲說「太虛聚爲萬物，萬物又散爲太虛」，會落入氣散又復聚
的輪迴觀。此處胡居仁並不像朱子，朱子是就著張載冰水之比喻在性質上無
法契合其理氣觀而言，胡居仁則是指其近乎佛教之輪迴。〔註38〕由胡居仁的
話推想起來，他是認爲太虛全部聚爲萬物，若再說萬物又散爲太虛，則不但
是輪迴之說，也不符合前後邏輯，故曰：「太虛亦不待萬物散而爲也」。而且
胡居仁視「太虛」爲只是「氣」，其中或有神妙之處，但神乃是「氣之發用處」，
〔註39〕故仍無法通於形上義的「理」，這也顯示出他不能像朱子般契悟於張載
以太虛爲道體的思想。陳來指出，朱子理氣觀吸收了相當張載的氣論，〔註40〕

〔註35〕黎靖德編，《朱子語類》，卷98，頁2511～2512。
〔註36〕安田二郎，〈朱子の「氣」に就いて〉；陳榮捷，〈朱熹集新儒家之大成〉。
〔註37〕胡居仁，《居業錄》，卷一，頁45b～46a。
〔註38〕問：「張子冰水之說，何謂近釋氏？」曰：「水性在冰只是凍，凝成箇冰，有
甚造化？及其釋，則這冰復歸於水，便有跡了，與天性在人自不同。」黎靖
德編，《朱子語類》，卷九九，頁2536。
〔註39〕胡居仁，《居業錄》，卷一，頁10a。
〔註40〕陳來，《朱熹哲學研究》（北京：中國社會科學出版社，1987），頁6～7。

朱子言「理氣本不可分先後」，只有推上去說才以理先於氣，〔註41〕而胡居仁則更截然地劃分了理氣的關係。

再者，雖然朱子強調宇宙萬物創造、存在之理，朱子並不以為理能直貫地生成萬物，〔註42〕胡居仁則更多把創生宇宙的根據放在「理」上來說，例如他說：

> 滯於形者有盡，妙於理者無窮，理無窮故形亦生生不息，謂之無盡亦可也。〔註43〕

> 陰陽動靜之理，交感錯綜，而萬殊出焉，此則理之自然，物之不能違者。〔註44〕

> 天地萬物，一理之所為。〔註45〕

> 有理而後有氣，有氣則有象有數。〔註46〕

又如胡居仁說：「理無窮故形生生不息」、「陰陽動靜之『理』，交感錯綜，而萬物出焉」、「天地萬物，一理之所為」、「所乘之機，則此理流行，而有氣矣」，都是把萬物之生發置於「理」上說明。若以之比較朱子所言：「天地間草木禽獸，其生也莫不有種，定不會無種子白地生出一箇物事，這箇都是氣。若理，則只是箇潔淨空闊的世界，無形跡，他卻不會造作；氣則能醞釀凝聚生物也」，則可見胡居仁比朱子更明顯地認定「理直接創生萬物」，此亦是其高舉「理」的一種表現。山下龍二說：

> 在朱子思想中，像周、張的理氣一體的看法、以及理先氣後（重視理）的看法是並存的。至明代的朱子學，更強調理。一旦放棄即物求理的知性探究，而盛行容易的實踐主義，於是單純化的片面理論乃為人所歡迎。而且以仁義忠孝為絕對之理，那也是王朝權力所祈望的。〔註47〕

〔註41〕 或問：「必有是理，然後有是氣，如何？」曰：「此本無先後之可言。然必欲推其所從來，則須說先有是理。然理又非別為一物，即存乎是氣之中，無是氣，則理亦無掛搭處。氣則為金木水火，理則為仁義禮智。」黎靖德編，《朱子語論》，卷一，頁3。

〔註42〕 參看第三章第一節。

〔註43〕 胡居仁，《居業錄》，卷一，頁14b。

〔註44〕 胡居仁，《居業錄》，卷一，頁22a。

〔註45〕 胡居仁，《居業錄》，卷二，頁28a。

〔註46〕 胡居仁，《居業錄》，卷二，頁33b。

〔註47〕 宇野精一主編，洪順隆譯，《中國思想之研究》（一）（臺北：幼獅文化事業公

山下龍二是將明代朱學強調「理」的現象，配合明代思想政策、社會學風來理解。當理學從宋代澎湃發展而來，至朱子而集大成，明初學者在朱子學的強烈籠罩下，很難超出其學說的範圍。學術發展史中，在一位大思想家之後，其他人往往只能在其學問籠罩下繼續一些子題的研究，難能有所創發，或許因此能做得更精微，但也常常更狹隘。以上討論胡居仁理氣觀之於朱子的關係，即是如此。

二、心與萬物之關係

胡居仁承朱子「理一分殊」的觀念，非常強調「物我一理」，因天地萬物共同的根源即是天道，故同有此理。基於此，他也說明人之所以能體驗「萬物與我同體」的根據：

> 天地人物，分雖不同，同此一理；形雖不同，同此一氣。故聖人所以真實懇惻，以仁民愛物，乃其心之自然，非強而爲之也。其所以民安物阜，而上下與天地同流著，亦其效之自然，非有一毫增益於性分之外也。民之所以仰瞻感化者，亦心之自然，而不容過，非有強也，所以然者，理一氣一故也。〔註48〕

既然人與萬物同此一理、同此一氣，故聖人仁民愛物的胸懷，非勉強所得，乃是真實懇切地出於人心之自然。而天地萬物間這種理氣相貫的親切感，正是人之所以能參天地之化育，而達天人合一之境的根據，也是政教中能上行下效的原因。此理想的生命境界與政治成效亦即是胡居仁講物我一理、天地一本的二個重點。他說：

> 所謂一本，天地人物甚事不是一本？孟子言知其性則知天，伏羲仰觀天、俯察地，近取諸身、遠取諸物，參驗錯綜，無一毫不合處。依此寫奇偶卦畫，而天地人物、古今事變，盡在其中。若非一理，只此數畫，如何便能該盡。〔註49〕

> 一本者，無一物不是這箇理，若有私吝蔽固，便隔斷了，成二本去。〔註50〕

司出版，1977），頁161。
〔註48〕胡居仁，《居業錄》，卷四，頁8a～b。
〔註49〕胡居仁，《居業錄》，卷一，頁1a～b。
〔註50〕胡居仁，《居業錄》，卷一，頁22a。

所謂一本，就是物我一理。因天、地、人、物共此一理，故孟子言知性可以知天，聖人可以盡觀天地事變，胡居仁即據此說明人能達致天人合一之生命理想境界。另外，他說到物我一理時，也很強調上行下效的感化作用，如上文所引，聖人之仁民愛物乃心之自然，接著便言民之所效、仰瞻感化亦心之自然。又如：

> 貴賤雖殊，物我一理，能修己必能誨人，能誨人必能格君。〔註51〕

> 物我一理，未有修己而不能治人者，亦未有己不修而能治人者。〔註52〕

「能自新必能新民」這種強調人與其他人間的感染作用，即說明從修身到齊家、治國、平天下的必然性，也是儒家政治、教化的理論與理想。

另外，雖然一本之學也是程顥（1032～1085，字伯淳，明道先生）學問中的重要觀念，〔註53〕胡居仁也極稱讚明道之學自大本流出，又說其求仁之教乃最切要，能與天地萬物血脈相貫通，〔註54〕但這並不意謂胡居仁在修養方法上與程明道相同，重視直接證悟終極義的仁體。胡居仁只以此一本作為成聖境界之保證，在修養論的途徑上他仍導循朱子的途轍。〔註55〕

在胡居仁思想中，真正做為人與萬物連接的觀念是「心具眾理」。「心具眾理」同樣是朱子思想中的重要觀念，胡居仁在內容上幾乎完全承繼朱子之說，沒有創發。「心具眾理」之所以重要，乃因朱學是從理氣論下貫講心性論，卻又以成德的道德課題為學問重心，心具眾理即是連接二者的重要關鍵。〔註56〕朱子理氣論的結構，直接影響了心性論的結構；實然存在中理、氣二元的關係，密切地與其區分本然之性／氣質之性、道心／心的心性論相關，關於此我們在下一章中將有更詳細的討論，此處只說明：因為重視氣質之蔽的實然，故朱子雖有「本心無不善」之說，〔註57〕卻並不主張反心向內

〔註51〕 胡居仁，《居業錄》，卷一，頁 15a。

〔註52〕 胡居仁，《居業錄》，卷三，頁 35a。

〔註53〕 參考牟宗三，《心體與性體》（臺北：正中書局印行，1985），第二冊，第一章。

〔註54〕 胡居仁：「明道天資高，本領純粹，其學自大本上流出」；「孔門學者以求仁為要，真是好，是教他在切要處求。非但自己一身之好，與天地萬物血脈便相貫通。」胡居仁，《居業錄》，卷一，頁 6b，7a。

〔註55〕 胡居仁的修養論在結構上雖有異於朱子，但以主敬窮理並進的為學方法，則與朱子相同，參看第三章第二節。

〔註56〕 朱子思想，見第三章第一節。

〔註57〕 朱熹：「心之本體無不善，其流為不善者，情之遷於物而然者也。」黎靖德編，

以求理，〔註58〕其修養論是以於外在事物上格物而致內在之知爲主。如此之
所以可能，乃因「理在物與在吾身只一般」，〔註59〕亦即形上之「理」同時
是人與天地萬物存在之根本。故「心具眾理」在朱子思想中，是「外在事物
之理」與「心中之理」同質的說明，也成爲從格物到成德之間的連接。我們
可說這是朱子的道德觀念，又可說朱子講心具眾理與他講性善、道心的主旨
一樣，是做爲道德主體性的根源與成聖的理想與根據。但是，他修養論的路
徑，主要並不以此本具之善開展，而是更關注實然之未善，欲通過層層積累
之工夫以達至善的境界。

胡居仁和朱子一樣，都講「心具眾理」，並以此做爲道德內在根據與成聖
的保證。在胡居仁思想中，「心具眾理」也是做爲從理氣論到修養論的連接。
他說：

> 離內外、判心跡，此二本也。蓋心具眾理，眾理悉具於心，心與理
> 一也，故天下事物雖在外，統之在吾一心。應事接物之跡雖在外，
> 實吾心之所發見。故聖人以一心之理，應天下之事，內外一致，心
> 跡無二。〔註60〕

> 心雖主乎一身體之虛靈，足以管乎天下之理，理雖散在萬，用之微妙，
> 實不外乎一人之心。知此則內外體用，一而二，二而一也。〔註61〕

天下事物之理雖散在外，卻也悉具於人心之中；心不只是身體之主宰，也具
備統管天下事物之理，故眞正能統合人與物的即是此心。胡居仁也以此心爲
本體，〔註62〕認爲一切應事接物均此心之發用，　切的工夫也應以「存此心」
爲主。此主敬存心的思想，在胡居仁的學問中佔著最核心的地位，〔註63〕而
涵養的內容又是心所具之理，故「心具眾理」的觀念實爲理氣論到修養論的
連接。胡居仁重視「涵養心中之理使之明」的看法，也較朱子更直接著重在
此觀念上建構其修養論。

《朱子語類》，卷五，頁92。

〔註58〕古清美，〈朱子理學在明代前半期的變化與發展〉，發表於1988年宋代文學與
　　　　思想研討會。

〔註59〕黎靖德編，《朱子語類》，卷十八，頁416。

〔註60〕胡居仁，《居業錄》，卷一，頁2a～b。

〔註61〕胡居仁，《居業錄》，卷一，頁25b。

〔註62〕胡居仁，「蓋人之一心萬理咸備，體也」。胡居仁，《居業錄》，卷一，頁49b；
　　　　54b～55a。

〔註63〕見下文。

三、修養論

　　胡居仁批評陳獻章和婁諒之學是大本不立，故陷入異教去，〔註64〕胡居仁所說的大本爲何？讓我們看他的說明：

> 蓋人之一心，萬理咸備，體也；隨事而應，無不周徧，用也。曾子平日戰兢臨履，忠信篤實，則其心之本體已立；隨事精察，無不詳盡，則心之大用已周。所謂一貫者，固在其中矣。……其後子思發明中和，以爲中也者，天下之大本也；和也者，天下之達道也。〔註65〕

由此可見，胡居仁把工夫分爲大本與達道，大本指內在之涵養心體，達道則是接物的隨事精察。〔註66〕故又可說大本即是靜操、體、中的工夫；達道是動察、用、和的工夫。而胡居仁又以「心有主」爲這兩種工夫的共同基礎。

> 心無主宰，靜也不是工夫，動也不是工夫。靜而無主，不是空了天性，便是昏了天性，此大本所以不立也。動而無主，不是猖狂妄動，便是逐物徇私，此達道所以不行也。已立後自能了當得萬事，是有主也。〔註67〕

人隨動靜接物之不同，工夫也有操存、省察之不同，但若心無主宰，則「靜也不是工夫，動也不是工夫」，可見胡居仁是以「心有主」爲一切工夫的基礎。而能使「心有主」則主要在「主敬」：

> 朱子曰：人纔敬時，心便在身上了。又曰：敬則萬理具在。〔註68〕
>
> 求仁必先主敬者，當體便要存得本心，本心既存，則生理自在。〔註69〕
>
> 主敬只是要得此心專一，專一則內直，中自有主，有主，則事物之來，便能照察斷制。〔註70〕

而論到「主敬」的內容，以下這段話最清楚：

〔註64〕胡居仁：「自家大本不立，見得道理不分明，未有不入異教者，如陳公甫、婁克貞皆是儒者陷入去。」胡居仁，《居業錄》，卷一，頁43b。
〔註65〕胡居仁，《居業錄》，卷一，頁49b～50a。
〔註66〕胡居仁：「靜時只下箇操存涵養字，便是靜中工夫；思索省察是動上工夫」；「中也者，天下之大本也；和也者，天下之達道也。程子序《易》曰：『體用一源，顯微無間』，皆此道也。」胡居仁，《居業錄》，卷一，頁24b～25a；頁50a。
〔註67〕胡居仁，《居業錄》，卷一，頁24a。
〔註68〕胡居仁，《居業錄》，卷一，頁5a～b。
〔註69〕胡居仁，《居業錄》，卷一，頁23a。
〔註70〕胡居仁，《居業錄》，卷二，頁7b。

> 古今聖賢説敬字，曰欽、曰寅、曰恭、曰畏、曰翼、曰戒懼、曰戰
> 兢、曰齊莊，字雖不同，其實一也。洪範「貌曰恭」，是外面之敬也，
> 至曰「恭作肅」，則心亦敬也，內外一致也。「臨深淵、履薄冰」，形
> 容戒懼之意最切。孔子言「出門如見大賓，使民如承大祭」，又畫出
> 一箇敬底樣子出來與人做。程子言「整齊嚴肅」，是入敬處；朱子曰
> 「畏」字，是敬之正意。程子「主一無適」，是就存主處説；謝氏「惺
> 惺法」，是就敬之精明處説。尹氏「收斂身心，不容毫髮事」，又以
> 人到神祠致敬爲喻，即是孔子見大賓、承大祭之意，形容最親切。
> 朱子〈敬齋箴〉説得全備，毫釐有差，便流於禪定，故朱子有三綱
> 淪、九法斁之戒。〔註71〕

他將儒家聖賢的工夫總歸於「敬」，從外表整齊嚴、衣冠容貌、視聽言動，到
內心之湛然純一、戒愼恐懼、心常惺惺，都是「敬」的工夫。因此，「敬」是
一貫乎動靜、內外交致的工夫，胡居仁也把「主敬」視爲靜涵動察之大本達
道工夫的基礎，我們可以説「主敬」實爲胡居仁修養論的核心。《明史》稱其
學：「以主忠信爲先，以求放心爲要，操而勿失，莫大乎敬，因以敬名其齋」；
黃宗羲稱其爲「一生得力於敬，故其持守可觀」，〔註72〕當是至論。

前文論到胡居仁把工夫分爲大本和達道，二者又都以主敬使心有主爲基
礎。然而他又説：

> 存養即所以立本，窮理即所以達道。〔註73〕

換言之，主敬存養又屬大本工夫，格物窮理乃屬達道工夫。這是否意謂著胡
居仁以大本工夫爲首，以達道工夫爲次呢？這兩種工夫的關係又如何呢？胡
居仁説：

> 蓋靜者體，動者用；靜者主，動者客，故曰：主靜體立而用行也。
> 亦是整理其心，不使紛亂躁妄，然後能制天下之動。但靜之意重於
> 動，非偏於靜也。〔註74〕

由「主靜體立而用行」、「靜之意重於動」之説，可見胡居仁以大本工夫比達
道工夫更重要。他又説：

〔註71〕 胡居仁，《居業錄》，卷一，頁 4a～b。
〔註72〕 張廷玉，《明史》，卷二八二，黃宗羲，《明儒學案》，卷二，頁 29。
〔註73〕 胡居仁，《居業錄》，卷一，頁 4b。
〔註74〕 胡居仁，《居業錄》，卷一，頁 4b～5a。

> 敬爲存養之道，貫徹始終，所謂涵養須用敬，進學則在致知，是未
> 知之前先須存養，此心方能致知。又謂識得此理，以誠敬之而已，
> 則致知之後，又要存養，方能不失。蓋致知之功有時，存養之功不
> 息。〔註75〕

可見胡居仁是把主敬涵養，視爲第一序的本原工夫，〔註76〕亦即必須通過主
敬的工夫存養心體，使其湛然清明，如此才能有窮理的能力，故以存養爲不
能止息的本原工夫。而格物窮理則是建立在主敬立本的基礎上，爲有時而止
的第二序工夫。又因「存養所以立本，窮理所以達道」，故在某一意義上可以
說：「大本」即第一序工夫，「達道」是第二序工夫。亦即，就二者的關係言，
要先立心之大本的工夫，才能有心之達用的工夫，且行達道工夫時，大本亦
是已立，故可分主次。然若就心之動靜言，則靜中要操存，屬大本工夫；動
中要省察，屬達道工夫，二種工夫各依動靜而施行，則無主次可分。

　　雖然存養是第一序工夫，窮理是第二序工夫，但要將心中之理具體呈現，
卻不是只靠本原工夫可達致的。胡居仁說：

> 聞見之知雖小，天德良知雖大，然聞見之知亦從良知上來，非有良
> 知，安能聞見而知？但聞見之知，則有眞僞，宜精察而明辨也。得
> 其眞，則合內外之道矣。〔註77〕

他又說：「人之學本於良知良能」、「良知出於天，致知在乎人」，〔註78〕此所
言「良知」即是先天具於人心的「理」，也是人之所以能洞悉道德眞理的根據，
因此說聞見之知亦「從良知來」。而致知工夫則成於人應事接物、窮格其理，
故曰「致知在乎人」。當所聞見能得其眞時，即體現內在天德良知能合於外在
事理，故稱其爲「合內外之道」，故單靠向內的涵養是無法體現眾理的。在事
物上窮究其理的「格物窮理」工夫，可說是一獲得眞正聞見知識的過程；主
敬工夫則是存養此良知心體。故又可說，主敬是對自我行爲動機和意志貞定
的工夫；窮理則是對事理眞僞明辨的衡定工夫。

　　所以當胡居仁論到窮理時，以「在事上窮理」爲主，且有以此做爲與佛

〔註75〕 胡居仁，《居業錄》，卷一，頁18a～b。
〔註76〕 從「未有致知而不在敬者，敬其本」；「敬，成始成終者也」；「存養乃知之本」；
　　　　「未發時，敬以養之；已發時，敬以察之」，都可看出胡居仁以敬爲本原的工
　　　　夫。胡居仁，《居業錄》，卷三，頁30a；卷四，頁30b；40a。
〔註77〕 胡居仁，《居業錄》，卷一，頁47a。
〔註78〕 胡居仁，《居業錄》，卷一，頁46b；48a。

家捨離物累之修持對照的意味，畢竟在事上窮格是很能代表儒家應事接物、人倫日用的修養論特質。

> 致知在格物，從事物上窮究其理便實，若只管思索想像，便是思而不學則殆。〔註79〕

> 理在物上，故須格物方窮得，釋氏遺物，是縣空求理，故只見差去。〔註80〕

> 儒者雖存養，又窮理；異端不窮理，所以差也。〔註81〕

不過這種分際也有不清楚之處，例如他說：「存養工夫，只在吾身上窮理，則不分內外皆當格」。〔註82〕似乎把存養、窮理混為一事，窮理又可以心中之理為對象，如此也使得存養、窮理的主次關係混淆。不過朱子也有類似的說法，〔註83〕我想此處主要是就著這兩種工夫不可截然劃分，彼此有著互相建構的關係而說的。又因為這樣的資料在《居業中》只有一條，〔註84〕我們也可以當之為概略之說，應不會影響前面的分析。

最後我要略論胡居仁對讀書所持的態度。胡居仁對陳獻章「不由積累而至者，不可以言傳，則四書六經不足以載道矣」之言頗不以為然，〔註85〕由此可見他重視經書、認為經書足以的載道。胡居仁說：

> 天地生人物，賴聖人為綜理，然後能遂其性、得其所，……或曰聖人不得位，禮樂政教不可行如何？曰，此聖人之功所以難成也，不得已，傳述先王之典而修明之以垂教於後世，使後世之欲修己而治人者，從此而學焉。故聖人代天而理物，禮樂政教代聖人而行事，

〔註79〕 胡居仁，《居業錄》，卷一，頁53a〜b。

〔註80〕 胡居仁，《居業錄》，卷四，頁40b。

〔註81〕 胡居仁，《居業錄》，卷三，頁6a。

〔註82〕 胡居仁，《居業錄》，卷四，頁47b。

〔註83〕 朱子：「涵養中自有窮理工夫，窮其所養之理；窮理中自有涵養工夫，養其所窮之理，兩項都不相離。」黎靖德編，《朱子語類》，卷九，頁149。

〔註84〕 胡居仁：「窮理格物先從性情上窮究，則見得仁義禮智渾然全具於吾心，惻隱、羞惡、辭讓、是非隨感而發，就從此力加操存省察，推廣擴充，此便是原頭工夫，根本學問。」這裡所謂「在性情上窮究」，是指認識人心本具眾理，即能「見得仁義禮智渾然全具於吾心」，並非指反之於心去求理，故從此以後仍是行操存省察之工夫。此並未將存養、格物混為一談。胡居仁，《居業錄》，卷三，頁10a。

〔註85〕 胡居仁，《居業錄》，卷一，頁50b。

經籍代聖人而傳道，事雖不同，其功一也。〔註86〕

對胡居仁而言，經書是傳述先王禮樂政教，蘊涵修己治人的大道，故經書具有絕對崇尊的地位，是世道所依賴的標準所在。他說：

世道之所賴有二，一則降衷秉彝，不可泯滅；二則賴聖賢遺訓尚存。

有志之士，尚因可以感發用功。〔註87〕

儘管如此，對於經書內容的詮釋，胡居仁並沒有深入探究的興趣，反而完全採信程朱之說。他說：

四書、六經之言，廣大浩博精密，後世無人理會得，至程朱方理會

得。今因程朱之書，以理會四書、五經，如指諸掌。只是人不立志，

不反之於身，所以不奈何。〔註88〕

他所重視的是透過身體去將道理體現出來的成就。

四書、六經皆是吾身上有底道理，但聖賢先我而覺耳，我未覺所以

要讀，若不反躬，則皆成糟粕。〔註89〕

他顯然不認為以未覺之我去讀書而欲獲真理，是困難的事，也不認為經書的內容，經過程朱的開示，尚有可懷疑、可修改之處。他關心的是如何體踐這對他而言已極明顯的真理，認為只有人們反躬實踐，經書的價值才得以真正被實現。如此見解，不僅使其學更關注於身心上的實踐涵養工夫，也使朱子的許多觀點被高舉為絕對的標準，並讓他自己的思想帶有衛道性批判的傾向。

第三節　陳獻章自得之學

本節主要討論陳獻章的思想，分為三個部分：第一部分說明陳獻章的成學歷程；第二部分探討其心體呈露、自然學旨、靜虛工夫的意義，並闡釋他所謂的自得之學；第三部分討論靜坐在陳獻章修養論中的地位。

一、成學歷程

陳獻章之學從朱子學入手，又撤反而出，遂自成一格。〈復趙提學僉憲書〉

〔註86〕 胡居仁，《居業錄》，卷四，頁12b～13a。
〔註87〕 胡居仁，《居業錄》，卷一，頁16a。
〔註88〕 胡居仁，《居業錄》，卷三，頁1a。
〔註89〕 胡居仁，《居業錄》，卷二，頁51a。

一文是探討其成學歷程很重要的一篇文獻，〔註90〕底下分段援引此文並加以
說明：

> 僕才不逮人，年二十七始發憤，從吳聘君學，其於古聖賢垂訓之書，
> 蓋無所不講，然未知入處。〔註91〕

這裡所謂「始發憤」，是指發憤於作聖之學，在此之前，陳獻章曾二次參加
京城會試，但都落第。〔註92〕代宗景泰五年（1454）他到江西臨川從吳與弼
學，據張詡所撰〈行狀〉：「康齋（與弼）性嚴毅，來者絕不與語，先令治田，
獨先生有異，朝夕與之講究」。〔註93〕既然吳與弼的學問既立基於刻苦自勵
的躬耕實踐，此處雖言「朝夕與之講究」、「於古聖賢垂訓之書，無所不講」，
恐非專力於書本義理的闡發。我們從《明儒學案》所記：「晨光才辨，吳氏
手自簸穀，而白沙未起。乃大聲曰：『秀才若為懶惰，即他日何從到伊川門
下？何從到孟子門下？』」。〔註94〕可見陳獻章從吳與弼學時所過躬耕實踐的
生活。

　　這段求學過程只歷經半載，〔註95〕翌年春天，陳獻章便歸白沙村。究其
原因，可能是對作聖工夫仍「未知入處」所致。雖然如此，吳與弼對於陳獻
章在學問上仍有極大的啟發，陳獻章曾自言：「予少無師友，學不得其方，汩
沒於聲利，支離於秕糠者蓋久之。年幾三十，始盡棄舉子業，從吳聘君遊，
然後益歎迷途其未遠，覺今是而昨非，取向所汩沒而支離者，洗之以長風，
蕩之以大波，惴惴焉惟恐其苗之復長也」。〔註96〕而張詡也說陳獻章「激勵奮
發之功，多得之康齋」。〔註97〕可見吳與弼發奮於作聖的精神，雖然未能直接
為陳獻章指點一可行的道路，卻帶給他成聖的信心與決心，此無疑給予他相
當的惕勵與啟發，也是使之能奮力於聖學的內在動力。因此《明儒學案》雖
以為陳獻章「自敘所得，不關聘君，當為別派」，卻又肯定地說：「微康齋，

〔註90〕陳獻章，〈復趙提學僉憲〉，《陳白沙集》，卷二，頁25a～27a。

〔註91〕陳獻章，〈復趙提學僉憲〉，《陳白沙集》，卷二，頁26b。

〔註92〕明英宗正統十三年戊辰（1448），陳獻章二十一歲，赴北京春闈，中副榜，入
　　　國子監讀書。代宗景泰二年辛未（1451），二十四歲，復試下第，乃南歸。見
　　　陳郁夫編，《明陳白沙先生獻章年譜》（臺灣商務印書館，1980），頁12，14。

〔註93〕張詡，〈行狀〉，陳獻章，《陳白沙集》附錄，頁2b。

〔註94〕黃宗羲，《明儒學案》，卷一，頁15。

〔註95〕陳郁夫編，《明陳白沙先生獻章年譜》，頁16～17。

〔註96〕陳獻章，〈龍岡書院記〉，《陳白沙集》，卷一，頁40b～41a。

〔註97〕張詡，〈行狀〉，收入《陳白沙集》附錄，頁13b。

焉得後時之盛哉」。〔註98〕

> 比歸白沙，杜門不出，專求所以用力之方，既無師友指引，惟日靠
> 書冊尋之，忘寐忘食，如是者亦累年，而卒未得。所謂未得，謂此
> 心與此理，未有湊泊吻合處也。〔註99〕

陳獻章回到故鄉之後，即「閉門讀書，窮天下古今典籍，旁及釋老稗官小說」，
用功至「徹夜不寢，少困，則以水沃其足」的程度。〔註100〕但是如此的苦讀
博覽，卻仍無實益，因爲他感受到「此心此理仍未有湊泊吻合處」。這個「未
得」的體驗，終於策動他的學問逐漸脫離朱學，終於創立新說。當陳獻章於
書冊中用功之時，基本上仍走著朱學格物窮理的路線，朱學主張在博學窮理
的積累工夫之後，能豁然貫通於「理一」，而使「心」能朗現全然之「理」。
但是，陳獻章在累年苦讀之後，他所感受的卻是透過讀書、理性分析或聞見
攝取的知識，始終與自身存在著距離，而且這種歙隙顯然不是經由更多的博
覽可以彌補的，因此他轉而另求他法，從此他也正式從朱學中轉手而出。

> 於是舍彼之繫，求吾之約，惟在靜坐。久之，然後見吾此心之體，
> 隱然呈露，常若有物，日用間種種應酬，隨吾所欲，如馬之御銜勒
> 也，體認物理，稽諸聖訓，各有頭緒來歷，如水之有源委也。於是
> 渙然自信曰，作聖之功，其在茲乎。有學於僕者，輒教之靜坐，蓋
> 以吾所經歷，粗有實者告之，非務爲高虛以誤人也。〔註101〕

「靜坐」就是陳獻章放下書冊後，爲求此心此理之湊泊而用的方法，他築了
一座春陽臺，十年靜坐其中，〔註102〕終於經驗到「見吾此心之體，隱然呈露，
常若有物」。而此心體呈露之後，如得一契悟天道的活水源頭，日用應酬、體
認物理、稽諸聖訓，皆有頭緒，能隨吾所欲，所謂自得之學至此始成。

二、自得之學

陳獻章在〈仁術〉篇中曰：

> 天道至無心，比其著於兩間者，千怪萬狀，不復有可及，至巧矣，然
> 皆一元之所爲。聖道至無意，比其形于功業者，神妙莫測，不復有可

〔註98〕黃宗羲，《明儒學案》，卷一，頁14。
〔註99〕陳獻章，〈復趙提學僉憲〉，《陳白沙集》，卷二，頁26b～27a。
〔註100〕張詡，〈行狀〉，收入《陳白沙集》附錄，頁14a。
〔註101〕陳獻章，〈復趙提學僉憲〉，《陳白沙集》，卷二，頁27a。
〔註102〕陳郁夫編，《明陳白沙先生獻章年譜》，頁24。

加，亦至巧矣，然皆一心之所致。心乎，其此一元之所舍乎。昔周公
扶王室者也，桓文亦扶王室也，然周公身致太平，延被後世；桓文戰
爭不息，禍藏于身者，桓文用意，周公用心也。是則至拙莫如意，而
至巧者莫踰于心矣。……聖人未嘗巧也，此心之仁自巧也，而聖人用
之，故天下有意于巧者，皆不得廁其間矣。周公一金縢，大發寤時主，
以後世事觀，至巧矣，周公豈有意耶？亦任心耳。〔註103〕

宇宙萬物間至大至巧的變化，都是此一元天道的作爲，而人心則是能體悟此
至高天道的關鍵，故曰：「心乎，其此一元之所舍乎」；又曰：「（道）此理之
妙，不容言道，……吾或有得焉，心得而存之，口不可得而言之」。〔註104〕
在陳獻章思想裡，此心即是能「通塞往來之機，生生化化之妙」，〔註105〕能於
「樞機造化、開闔萬象」中見「鳶飛魚躍之機」的靈明，〔註106〕亦是「源泉
自涓涓」的活水源頭，〔註107〕更是「至無有至動，至近至神焉」，〔註108〕能
開啓一片生機妙動之宇宙，具有無窮創造力之心體。〔註109〕

　　人世間一切神妙莫測的功業，都是此心之發致；人心若能契悟天道，則
一切人倫日用必能達於依天道而行的境界。故陳獻章宣稱自己在心體呈露之
後，即能達到日用間隨吾所欲的境地，也更自信於此即作聖之功。而這與天
道共消息的境界，也正是陳獻章以自然爲宗的學旨：

此學以自然爲宗，……自然之樂，乃眞樂也。〔註110〕

今日事體所關輕重大小，酌以淺深之宜，隨時屈信，與道消息，若
居東微服，皆順應自然，無有凝滯。孔子曰：「知幾，其神乎」，今
以眾人有滯之心，欲窺聖人至神之用，恐其不似也。〔註111〕

〔註103〕陳獻章，〈仁術〉，《陳白沙集》，卷一，頁69b～71a。
〔註104〕陳獻章，〈論前輩言銖視軒冕塵視金玉〉下，《陳白沙集》，卷一，頁67b。
〔註105〕陳獻章，〈送李世卿還嘉魚序〉，《陳白沙集》，卷一，頁20b。
〔註106〕陳獻章，〈夕惕齋詩集後序〉，《陳白沙集》，卷一，頁14b。
〔註107〕陳獻章，〈答張內翰廷祥書括而成詩呈胡希仁提學〉，《陳白沙集》，卷五，頁
　　　　2a。
〔註108〕陳獻章，〈答張內翰廷祥書括而成詩呈胡希仁提學〉，《陳白沙集》，卷五，頁
　　　　2a。
〔註109〕陳榮捷，〈白沙之動的哲學與創作〉，《王陽明與禪》（臺北：學生書局，1984），
　　　　頁 71；Paul Yun-ming Jiang, *The Search for Mind: Ch'en Pai-sha,
　　　　Philosopher-Poet*（Singapore: Singapore University Press, 1980）, Ch. 7.
〔註110〕陳獻章，〈言湛民澤〉，《陳白沙集》，卷二，頁64a。
〔註111〕陳獻章，〈與張廷實主事〉第三十五書，《陳白沙集》，卷二，頁61a。

對於「自然」，湛若水曾描述如下：「如月之照，如雲之行，如水之流，如天葩之發，紅者自紅，白者自白，形者自形，色者自色，孰安排是？孰作爲是？是謂自然」。〔註112〕陳獻章之學就是欲臻於這種不涉做作、安排，如行雲流水般享受毫無凝滯的自然眞樂。

　　所謂「天道至無心」、「聖道至無意」，即是言人心契悟於天道，與道消息，不應靠私意安排作弄。陳獻章又以周公和桓公爲例，說明用心與用意的差別。用心者乃是順天道、天理而行，其成就亦是延被後世的聖人功業；用意者卻是依人欲私意而行，故引出無窮災禍干戈。基於此，我們當可了解陳獻章之「虛靜」工夫的精神所在。陳獻章又說：

> 古之善學者，常令此心在無物處，便運用得轉耳。學者以自然爲宗，不可不著意理會。〔註113〕

> 人心上容留一物不得，才著一物，則有礙。……是以聖賢之心，廓然若無，感而後應，不感則不應，又不特聖賢如此，人心本體段皆一般，只要養之以靜，便自開大。〔註114〕

> 其未形者虛而已，虛其本也，致虛之所以立本也。〔註115〕

> 至虛元受道。〔註116〕

> 爲學當求諸心，必得所謂虛明靜一者爲之主。〔註117〕

陳獻章學問主要用功處在「心」，有「爲學當求諸心」、「反求諸身，霸柄在手」、「樞杻在方寸，操守決存亡」、「乃知方寸根，中稟天地塞」之言。〔註118〕而用功之方則是要「常令此心在無物處」，才能不爲物蔽、能運用得轉。亦即，應極盡地靜虛屬於人爲的意必固我，使人之心體達「虛明靜一」之境，如此才能「受道」，才能達到「不感不應，感而後應」完全與道消息的境地。

〔註112〕湛若水，〈重刻白沙先生集序〉，收入陳獻章，《白沙子全集》（臺北：臺灣商務印書館，1973），卷首，頁2b。

〔註113〕陳獻章，〈遺言湛民澤〉，《陳白沙集》，卷二，頁63b。

〔註114〕黃宗羲，《明儒學案》，卷五，頁84。

〔註115〕陳獻章，〈復張東白內翰〉，《陳白沙集》，卷二，頁13b。

〔註116〕陳獻章，〈寄題小圓岡書屋和民澤韻〉，《陳白沙集》，卷七，頁42a。

〔註117〕陳獻章，〈書自題大塘書屋詩後〉，《陳白沙集》，卷四，頁69a。

〔註118〕陳獻章，〈示黃昊〉、〈和楊龜山此日不再得韻〉、〈賽蘭〉，《陳白沙集》，卷八，頁69b；卷五，頁1b，10a。

「靜中養出端倪」確實是陳獻章工夫論的關鍵；〔註119〕「以自然爲宗」意指修道的最高境界；「隨處體認天理」則指心體契悟天道後，能見得「夫道，非動靜也，之者，『動亦定，靜亦定，無將迎，無內外』，苟欲靜，即非靜也」，於是「隨動隨靜以施其功」。〔註120〕換言之，從起首之「虛靜」工夫中翻上一層，去掉執虛之蔽，使能達無偏不執、順應天道之功。〔註121〕而「靜中養出端倪」卻是陳獻章爲學工夫的關鍵，因只有透過此至無的靜虛工夫，才能讓心體自然呈露，才能對生生不息、神機妙動的天道有深刻之契悟，後面的學問境界也才可能達致。

　　從以上陳獻章成學的歷程與思想境界看來，所謂「自得之學」可說即是意指「得道」、「臻於自然」。何以如此？我們從陳獻章：「所謂未得，謂此心與此理未有湊泊吻合處也」看來，所謂「自得」之「得」應當指著心體呈露之後，得以湊泊於天理而說的。陳獻章在〈與林郡博〉書中又說道：

> 終日乾乾，只是收拾此而已。此理干涉至大，無內外，無終始，無一處不到，無一息不運。會此則天地我立，萬化我出，而宇宙在我矣。得此霸柄入手，更有何事？往古來今，四方上下，都一齊穿紐，一齊收拾，隨時隨處，無不是這個充塞。色色信他本來，何用爾腳勞手攘？〔註122〕

〔註119〕陳榮捷曰：「先生（白沙）學說之兩大因素，一爲主靜，可謂來自周子與二程子。一爲生機，則來自大程子明道，無可疑者。先生取此二者併合之，爲其『靜中養出個端倪』（與賀克恭）。于此在理學史上開一新生面。端者始也，以時間言，倪者畔也，以空間言，端倪實指整個宇宙。即謂靜中可以養出生生活潑的宇宙之意，先生所謂『宇宙在我』者（與林郡博），即是此意。……請注意『養出』二字，此二字指動的生產與動的成立，即于靜中能發現此生生之宇宙，更可云再造此生生之宇宙」。陳榮捷，〈白沙之動的哲學與創作〉，《王陽明與禪》，頁71。

〔註120〕張詡，〈行狀〉，《陳白沙集》附錄，頁14b。

〔註121〕張詡，〈行狀〉：「其始懼學者障於言語事爲之末也，故恆訓之曰：『去耳目支離之用，全虛圓不測之神』，其後懼學者淪於虛無寂滅之偏也，故又恆訓之曰：『不離乎日用而見鳶飛魚躍之妙』」。可見白沙的涵養是由靜入手，至功深力到後，再向上翻一層去掉執靜之偏，而達隨道動靜之境，此處「其始」、「其後」當不可忽視。而林繼平在〈白沙學的形成〉一文也以白沙學有三階段，第一階段爲靜中養出端倪，第二階段爲隨處體認天理，第三階段是以自然爲宗。見張詡，〈行狀〉，《陳白沙集》附錄，頁15b；林繼平，《明學探微》（臺北：臺灣商務印書館，1984），頁44～59。

〔註122〕陳獻章，〈與林郡博〉第五書，《陳白沙集》，卷三，頁21b～22a。

能會得此「天理」，即能與天地萬物同體，而達「色色信他本來，何用爾腳勞手攘」的自然境地。而此學之「霸柄」則在「反之於身」的「心體」上。〔註 123〕因此我們可以說，陳獻章的自得之學就是對其學問的整體描述，即由「靜虛」之工夫，至「心體呈露」，妙悟於「此心此理」之湊泊，而能「隨處體認天理」，終至能「順應自然」。故自得之含意不僅有自我得道之義，更有泰然眞樂之義。〔註 124〕而「自得」之「自」字，也不止於「有諸己」的切身意義，還含有將整個學問判準放之於己的強烈自信，此亦是心學的重要精神之一。〔註 125〕

另外，陳獻章還有幾段提到「自得」的文字，是從不同的角度來談論這學問的經歷。例如：

> 人要學聖賢，畢竟要去學他。若道只是箇希慕之心，卻恐末梢未易湊泊，卒至廢弛。若道不希慕聖賢，我還肯如此學否？思量到此，見得個不容已處，雖使古無聖賢爲之依歸，我亦住不得，如此方是自得之學。〔註 126〕

這是就作學問的內在動機而言，人須要具備一「不容已」的作聖決心，才可能有所謂自得之學。又說：

> 士從事於學，功深力到，華落實存，乃浩然自得。〔註 127〕

這是就學問之工夫而言，須「功深力到」才可能結出果實，怡然自得。

> 山林朝市一也，死生常變一也，富貴貧賤威武一也，而無以動其心，是名曰自得。自得者，不累於外物，不累於耳目，不累於造次顛沛，鳶飛魚躍，其機在我。知此者，謂之善學，不知此者，雖學無益也。

〔註 123〕「反求諸身，霸柄在手」，〈示黃昊〉，《陳白沙集》，卷八，頁 69b。

〔註 124〕姜允明：「白沙自得的哲學，頗爲微妙複雜，『自得』可以説是自我實現或自我完成（Self-realization），或是自我確信的心境，也可以指心地泰然的境界，是快樂的泉源。但在白沙學中，自得最重要的一項意義是心的創造觀，由涵養靜虛，直接由『直觀』深思悟此心此理的湊泊，領會出『充塞往來之機，生生化化之妙』，是不落言詮的個人體驗。」姜允明，〈明儒陳白沙生平學説概觀〉，《心學的現代詮釋》（臺北：東大出版社，1988），頁 134。

〔註 125〕陳獻章很強調學問要切己，如「疑而後問，問而後知，知之眞則信矣。故疑者，進道之萌芽也，信則有諸己矣。《論語》曰：『古之學者爲己』」。所以自得之「自」，有「有諸己」和由疑、問而到眞知的「自信」義。見黃宗羲，《明儒學案》，卷五，頁 88。

〔註 126〕黃宗羲，《明儒學案》，卷五，頁 84。

〔註 127〕陳獻章，〈李文溪文集序〉，《陳白沙集》，卷一，頁 9b～10a。

〔註128〕
這是就自得之學所達之境界言，所謂「自得者，不累於外物，不累于耳目，不累于造次顛沛，鳶飛魚躍」，其實就是能妙契於道、合於自然的聖人境界。

〔註129〕

> 所未語者，此心通塞來往之機，生生化化之妙，非見聞所及，將以
> 待世卿深思而自得之，非敢有愛于言也。〔註130〕

這是就自得之學非語言、聞見可及而言。

以上這些不同的角度，反映了陳獻章自身的體悟經驗。陳獻章的成學經歷，即是以一顆「不容已」的作聖決心，在長期的摸索中用功，終於功深力到而浩然自得，達致「通塞往來之機，生生化化之妙」、全無物累之境。故此我們可以說，「自得」確實能表現陳獻章學問之真精神，不僅能涵括其思想內容，也是其踐履工夫所開創之境界的寫照。

三、靜坐在白沙修養論中的地位

陳獻章自述其成學經歷是通過「靜坐」才見心體之呈露，而自信「作聖之功，其在茲乎」。但是張詡於〈白沙先生墓表〉中卻說：「（陳獻章）杜門獨掃一室，日靜坐其中，雖家人罕見其面，如是者數年，未之得也。於是迅掃夙習，或浩歌長林，或孤嘯絕島，或弄舟投竿於溪涯海曲，忘形骸，捐耳目，去心志，久之，然後有得焉」；湛若水也說他「習靜於春陽臺，十載罔協於一」，〔註131〕此皆與陳獻章之自述不同。誠然陳獻章的生活及其自得之學的表現，均如〈墓表〉所記，非圍於「靜坐」的工夫，但我們卻不能無視於他自述心體呈露，儼然「得道」的經驗。故此處想進一步追問，對於陳獻章而言，「靜坐」之於「得道」是否為一關鍵且必要的工夫？抑或只是有助於身心收斂的方便工夫？若屬後者，我們將可說張、湛二人之記，雖與其師

〔註128〕黃宗羲，《明儒學案》，卷五，頁89。

〔註129〕此處言自得者能不累於外物，不累於耳目，體悟山林朝市、死生常變、富貴貧賤夷狄患難皆一也，與先生在〈論前輦言銖視軒冕塵視金玉〉一文，由「知道」而論「銖視軒冕塵視金玉」、「君子能自得」主旨相同。故自得之境界，即是此心能契悟於道的境界。

〔註130〕陳獻章，〈送李世卿還嘉魚序〉，《陳白沙集》，卷一，頁20b。

〔註131〕湛若水，〈明故翰林院檢討白沙陳先生改葬墓碑銘〉，收入《陳白沙集》附錄，頁21b。

在文字上有出入，卻不妨其義理上之密契；然若屬前者，則恐怕相違者不僅於文字。

首先，我們可以看到「靜坐」已融入陳獻章的生活的重要部分，即使在春陽臺十年靜坐之後，他也沒有因心體已呈露，而捨離或超越這種修持的工夫。例如他說：「老拙每日飯後，輒瞑目靜坐竟日，甚穩便也」，其詩也言：「坐久頭鳴籟，行遲腳有鵝，林居三十載，一室小維摩」、「隱几一室內，兀兀同坐忘」、「何如此菴中，紅日抱膝坐」。〔註132〕對於後學的教導，也是以靜坐爲主：

> 有學於僕者，輒教之靜坐，蓋以吾所經歷，粗有實效者告之，非務爲高虛以誤人也。〔註133〕

> 爲學須從靜中坐，養出個端倪來，方有個商量處。〔註134〕

> 客來莫問我，北壁有團蒲。〔註135〕

> 先生教人，其初必令靜坐，以養其善端。〔註136〕

雖然「靜坐」與道家之「坐忘」、佛家之「坐禪」有深密的淵源，但陳獻章儒家立場很明確，他強調靜坐在儒家的正統地位。他說：

> 周子〈太極圖〉說：「聖人定之以中正仁義而主靜」，問者曰：「聖可學歟？」曰：「可」。曰：「孰爲要？」曰：「一爲要，一者無欲也。」《遺書》云：「不專一，則不能直遂；不翕聚，則不能發散。見靜坐而歎其善學，曰：性靜者可以爲學。」二程之得於周子也，朱子不言，有象山也，此予之狂言也。〔註137〕

> 伊川先生每見人靜坐，便歎其善學。此一靜字，自濂溪先生主靜發源，後來程門諸公遞相傳授，至于豫章、延平尤專提此教人，學者亦以此得力。晦翁恐人差入禪去，故少說靜，只說敬，如伊川晚年之訓，此是防微慮遠之道。然在學者，須自度量如何。若不至爲禪

〔註132〕陳獻章，〈與光祿何子完〉、〈寄容一之〉、〈和楊龜山此日不再得韻〉、〈題扇〉，《陳白沙集》，卷二，頁41a；卷七，頁19b；卷五，頁1b，40a。
〔註133〕陳獻章，〈復趙提學僉憲〉，《陳白沙集》，卷二，頁27a。
〔註134〕陳獻章，〈與賀克恭黃門〉，《陳白沙集》，卷二，頁15a。
〔註135〕陳獻章，〈洗竹〉，《陳白沙集》，卷五，頁37b。
〔註136〕黃宗羲，《明儒學案》，卷六，頁105。
〔註137〕陳獻章，〈書蓮塘書屋冊後〉，《陳白沙集》，卷四，頁61a～b。

所誘，仍多著靜，方有入處。若平生忙者，此尤爲對症之藥。〔註138〕

綜上所論，陳獻章於生活、教學，及其對儒學傳統之觀照，都與靜坐有極密切的關係。而且，在義理層次上，靜坐也因與「虛靜」的工夫相關而有特殊的重要性。雖然「靜坐」不能完全代表「虛明靜一」的境界，太淪爲靜也不無「虛無寂滅」之偏，但它卻是欲達盡去私意之「虛」，所不能缺少的工夫。而陳獻章論到「靜坐」時，又常與「讀書」的問題相提並論，例如：

> 學勞擾則無由見道，故觀書博識，不如靜坐。〔註139〕

> 朽生何所營，東坐復西坐，搔頭白髮少，攤地青蓑破。千卷萬卷書，全功歸在我，吾心內自得，糟粕安用那？〔註140〕

> 先生教人，其初必令靜坐，以養其善端。嘗曰：人所以學者，欲聞道也，求之書籍而弗得，則求之吾心可也，惡累於外哉。此事定要覷破，若覷不破，雖日從事於學，亦爲人耳。斯理識得爲己者信之，詩文末習，著述等路頭，一齊塞斷，一齊掃去，毋令半點芥蒂於胸中，然後善端可養，靜可能也。始終一境，勿助勿忘，氣象將日佳，造詣將日深，所謂至近而神，百姓日用而不知者，自此迸出面目來也。〔註141〕

「讀書」是吸取見聞、獲得知識最有效的方法，也是人運用文字和理性思考最多的活動。相反的，「靜坐」則是最能代表脫離語言文字思考及感官聞見作用的一種活動。一個人若非經過實際捨離聞見、語言的「靜」的操練，幾乎不可能進入「靜虛默觀」的境地。而陳獻章對「道」之不可言傳性的見解，也使得他對靜坐有更深的肯認：

> 夫學有由積累而至者，有不由積累而至者，有可以言傳者，有不可以言傳者。夫道至無而動，至近而神，故藏而後發，形而斯存。大抵由積累而至者，可以言傳也，不由積累而至者，不可以言傳也。知者能知至無於至近，則無動而非神。藏而後發，明其幾矣，形而斯存，道在我矣。〔註142〕

〔註138〕陳獻章，〈與羅一峰〉，《明儒學案》，卷五，頁83。
〔註139〕黃宗羲，《明儒學案》，卷五，頁83。
〔註140〕陳獻章，〈藤蓑〉，《陳白沙集》，卷五，頁10a。
〔註141〕黃宗羲，《明儒學案》，卷六，頁105。
〔註142〕陳獻章，〈復張東白內翰〉，《陳白沙集》，卷二，頁13a。

此理之妙不容言道，至於可言，則已涉乎麤跡矣。何以知之？曰：

以吾知之，吾或有得焉，心得而存之，口不可得而言之。〔註143〕

陳獻章認為學問可分為兩種，一種可以靠語言文字傳達，可以靠積累而得；另一種則是不能由語言文字傳達，也不能由後天積累而得。而「道」的學問正是屬於後者。既然「得道」不可能經由語言、文字、讀書、思考有直接的助益，反而可能淪為障蔽，只有回到自我的「心」上，修持到外物至無累的境地，受道之本然心體方有可能躍出。因此，陳獻章以「靜坐」為學之端的，正是這種欲捨離外蔽、回復本真之工夫的最佳代表。如前文所論「靜中養出端倪」是一「由無到動」的經歷，沒有「靜」則不可能有本心躍然之「動」的生發，我們還可以說，沒有「靜坐」，則不可能進入真正「靜」的狀態。故靜坐之於陳獻章，實不僅只是欲收斂精神的方便手段，更是欲達到隨道動靜的自然境界，所不可缺少之虛靜工夫的重要部分。越過靜坐的修持而欲講隨處體認天理，並不契於陳獻章之教。因此，我認為湛甘泉和張詡二人的記載，正顯示出他們對陳獻章靜中養出端倪的學問特質，並不十分密契。〔註144〕

第四節　是禪非禪的議題

　　第一節論到胡居仁對陳獻章的主要批評即在指斥其為禪，其實當時也有人提出同樣的批評，〔註145〕而且晚近許多學者論到陳獻章之學，也都討論了是禪非禪這一課題。〔註146〕我在本節雖也觸及這問題，但目的並非在評論陳獻章之學是禪或非禪，而是希望透過對此問題的探討，能更深刻地了解陳獻章學術的精神，以及胡居仁批評的意義所在。希望讓胡、陳二人思想「對話」，

〔註143〕陳獻章，〈論前輩言鍬視軒冕塵視金玉〉下，《陳白沙集》，卷一，頁67b。

〔註144〕侯外廬在《宋明理學史》中說：「陳獻章的及門弟子，《明儒學案》錄十二人，最著者當為湛若水、張詡二人。他二人代表了陳獻章門人闡發江門心學時的兩種不同傾向：吸收融會程朱理學思想和吸收融會佛、老思想。」湛若水和張詡在進一步闡述陳獻章心學時所表現的思想傾向儘管不同，甚至互相對立，但在偏離陳獻章江門心學的主要論題上則是共同的。侯外廬，《宋明理學史》（北京：人民出版社出版，1987），頁196～200。

〔註145〕除了胡居仁外，夏尚樸、羅欽順也批評陳獻章為禪。

〔註146〕容肇祖，《明代思想史》（臺灣開明書店，1962）；章沛，《陳白沙哲學思想研究》，（廣州：廣東人民出版社，1984），頁251～265；黃桂蘭，《白沙學說及其詩之研究》（臺北：文史哲出版社，1981），頁60～63；Paul Yun-ming Jiang, *The Search for Mind*。

突顯二人的獨特個性，再進一步以第三者立場來評議胡居仁對陳獻章的批評內容，討論這些批評是否爲深入了解陳獻章思想而提出，抑或只是以個人立場爲判準而無意於溝通的批判。最後，我也試圖討論胡居仁之批評在學術史上的意義。

一、陳獻章與禪

如果我們只就本體論和終極境界來探討陳獻章的學問與禪的關係，我們可以很清楚地斷定，陳獻章之學不是禪，也可以立刻反駁胡居仁等人的批評。因爲陳獻章的本體論觀點是以「道」爲根本，這與宋明理學家們所言的至高天道並沒有不同，〔註147〕而其學問所達的終極境界，即是心湊泊於理、通塞往來之機、能與道消息的自然境界，〔註148〕基本上與朱子豁然貫通後的順道而行是一致的。〔註149〕故陳獻章之學在形上本體論方面，仍遵從宋明理學家所共遵「生生之易」的天道觀。而禪學本體論的最終實體意義是「空」，即否定一切的獨立實存性，乃一彼此涵攝、事事無礙的法界，所欲達的終極境界則在能見此「空」之明，能脫離虛幻現象界之執，最終能超越輪迴。從儒家的本體論出發，天地間萬事萬物不僅是天道流行的眞實創造，人生存於此天

〔註147〕陳獻章：「道至大，天地亦至大，天地與道若可相侔矣，然以天地而視道，則道爲天地之本，……故至大者道而已」；「天得之（道）爲天，地得之爲地，人得之爲人」。雖然陳獻章學問以「心」爲主，但學問宗旨在「至虛受道」、「心得而存之」，在「心與理湊泊」、「終日乾乾在收拾此理」，可見他除了重視心體，也肯定宇宙本體一至高的天道和天理。這「道」和「理」是「無內外、無始終、無一處不到、無一息不運」，是「至無而動，至近而神」，故成聖即在心得此理，順道消息。因此他所說的天道和理，在內容上並不異於朱子，都是指著宇宙人倫最終根源而說的。山下龍二說：「陳白沙……意識到朱子學成了對立，不過這種對立是方法上的對立，沒有成爲對『理』的見解上的根本的對立。……陳白沙所瞭解的『理』本身的內容幾乎和朱子不差」。陳獻章，〈論前輩言銖視軒冕塵視金玉〉上，《陳白沙集》，卷一，頁65b～66b；頁68；山下龍二之言，見加藤常賢監修，蔡懋棠譯，《中國思想史》，頁152～153。

〔註148〕見本章第三節。

〔註149〕朱子：「遺書云：《易》無思無爲也，此戒夫作爲也。向來欲添非字，以今觀之，似不必然。此意蓋明，聖人之所謂無，非漠然無所爲也，特未嘗作爲耳，只此便是天命流行，活活潑潑地」。又說：「須是都無此意思，自然從容中道，才方純是道心」。可見朱子也是以順天命流行、純任自然爲聖人最高境界。朱熹，〈答林擇之〉、〈答張敬夫〉，《晦庵先生朱文公集》，卷四三，頁33a～b；卷三二，頁8。

地中亦當體悟此至高天道，與天地萬物和諧相處，故儒家生命的最高境界即
在天地萬象、人倫日用中追求並體現。反觀禪家的本體論，天地間萬萬物僅
是一因緣起而有、因緣起而滅的虛幻性存在，人生存此天地中當突破此虛幻
的無明，從業障中解脫，故其生命的最高境界即在捨離此天地萬象、人倫日
用的無明偏執，欲期真智慧的如實照用。由陳獻章與禪在學問最根本處及所
欲達之終極境界的差異看來，我們可以說陳獻章確屬儒家，而非禪家。再從
陳獻章本人的文字來看此問題：

> 禪家語初看亦甚可喜，然實是儱侗，與吾儒似同而異，毫釐間便分
> 霄壤，此古人所以貴擇之精也。如此辭所見，大體處了了如此，如
> 此聞者安能不為之動？但起腳一差，立到前面，無歸宿、無準的。
> 便日用間種種各別，不可不勘破也。〔註150〕

陳獻章的儒家立場鮮明，其所謂「與吾儒似同而異，毫釐間便分霄壤」，意指
儒、佛兩家在工夫論上雖極相近，但在學問的根本處卻絕然不同，學者若不
能在學問立腳處分辨此毫釐之差，終將喪失學問的終極立場。他又說：

> 承喻有為毀僕者，有曰：「自立門戶者，是流於禪學者」。甚者則曰：
> 「亡人率人為偽者」。凡於數者之詆，執事皆不信之，以為毀人者無
> 所不至。……僕又安敢與之強辯，姑以跡之近似者為執事陳之。孔
> 子教人文行忠信，後之學孔氏者，則曰一為要，一者無欲也，無欲
> 則靜虛而動直，然後聖可學而至矣。所謂自立門戶者，非此類歟？
> 佛氏教人曰靜坐，吾亦曰靜坐；曰惺惺，吾亦曰惺惺；調息近於數
> 息；定力有似禪定。所謂流於禪學者，非此之類歟？〔註151〕

陳獻章承認其學問在方法之形跡上確實與禪學有相似處，故屢遭詆毀，然其
學旨不同，主要欲通過「無欲則靜虛而動直」以臻孔子聖學的殿堂。此處不
僅明白表示自己儒者的立場，更在儒學傳統中為自己找到定位，絕無「自立
門戶」之意。他又說：

> 近苦憂病相持，無以自遣，尋思只有虛寂一路，又恐名教由我壞，
> 佛老安能為我謀也，付之一歎而已。〔註152〕

雖然從學問本質和形跡來分析這問題，看似清晰，對於陳獻章歸屬儒家

〔註150〕陳獻章，〈與時矩〉第三書，《陳白沙集》，卷三，頁50a～b。
〔註151〕陳獻章，〈復趙提學僉憲〉第三書，《陳白沙集》，卷二，頁29a～30a。
〔註152〕陳獻章，〈與容一之〉第二書，《陳白沙集》，卷三，頁41a。

的立場也很肯定。然而，本質與方法是否真可以截然劃分，而不彼此影響？事實上，這是不可能的。學問根本立論處的差異，自然會引發方法論上的差異；同樣的，在修養論上吸收另外系統的方法，也會造成義理結構的變化。尤其在學術發展中，往往很難分辨到底是本質的改變影響方法（形跡），或是方法的改變影響本質。我們縱觀整個儒學發展，可以清楚地發現，不同時期儒學內部因著與其他思想的結合，在理論與方法上都呈現很大的差異。因此，此處所涉及的問題包括：真的可以清楚地界定儒家和佛家後，再憑此界定來判準學問心態嗎？誰可以（有權）提出界定的標準？其憑藉為何？如此界定的目的又是什麼呢？這些關係著學術與權力的問題，或可引領我們進一步了解胡居仁對陳獻章的批評。

　　胡居仁顯然也了解儒學和禪學在方法上的相似性，以及不可混跡以為本的原則。事實上，他也曾說過一段與陳獻章相近的話：

> 禪家害道最甚，是他做工夫，與儒家最相似，他坐禪入定工夫，與儒家存心工夫相似；他們心空，與儒家虛心相似；他們靜坐，與儒家主靜相似；他們快樂，與儒家悅樂相似；他性周法界，與儒家萬物一體相似；他光明寂照，與儒家虛靈知覺相似。儒家說從身心上做工夫，他亦專要身心上做工夫；儒家說誠意，他便發誠心；故似是而非，莫過於禪家，所以害道尤甚。〔註153〕

儘管如此，胡居仁仍極力指斥陳獻章為禪，可見他並不認為陳獻章與禪的關係只停留在形跡相似上，而是更為密切；胡居仁所關注的，也不只是對陳獻章之學提出「正確」的評價而已。當時陳獻章已對朱子學提出挑戰，影響著整個儒學的發展趨向，故一生以發揚儒學為己任的胡居仁，實有著不得不辯的心情。〔註154〕另外，若我們著眼於當時學術界中的權力競爭，胡居仁之「誤解」陳獻章亦有鞏固己學、不得不然的政治性，而陳獻章的不言不辯也透露著玄機。底下讓我先討論陳獻章和禪的密切關係。

　　陳獻章的思想以致虛為本，通過靜虛的工夫為使心體呈露，體悟天道、契於自然；又認為得道不可經由積累聞見，故讀書在陳獻章思想中成為不重要的活動，甚至有勞擾之嫌。這一套思想與禪學的「明心見性，直指本心，不立文字」有相當相似處。道既不可由積累而得，根本工夫即無所謂漸修可

〔註153〕胡居仁，《居業錄》，卷四，頁48b。
〔註154〕胡居仁曾任主白鹿洞書院，為當代儒學領袖。

言，只在一「覺」，陳獻章所謂「人爭一個覺，才覺便我大而物小，物盡而我無盡」，〔註155〕也與禪宗所說的「頓悟」接近。又因講求靜虛使心無意無累，故捨於物累也是陳獻章問學的重要工夫，這也和禪學捨離現象界，以及「無念、無相、無住」的修持相似，他也說：「儒與釋不同，其無累同也」。〔註156〕

　　除此之外，陳獻章詩文中也常提及觀覽佛經，或引用佛語，甚至以山僧自譬：

　　　　無奈華胥留不得，起凭香几讀楞嚴。〔註157〕

　　　　胸中一部蓮華經，江雲浩浩江泠泠。〔註158〕

　　　　得法休藏鉢，傳心信有燈。〔註159〕

　　　　白沙詩語如禪語。〔註160〕

　　　　無住山僧今我是，夕陽庭樹不聞鴉。〔註161〕

事實上，陳獻章詩文除了表現與佛學密切的關係外，也含有道家的色彩，又心契陶潛（365～427）、邵雍（1011～1077）。〔註162〕歷來學者對陳獻章思想定位的問題，並沒有一固定的看法，〔註163〕這裡我也無法爲陳獻章的學問在曾點、邵雍、程朱、陸九淵、禪學中找到一定位；我更想探究造成其學問風貌的眞正精神所在。

　　第二節論到胡居仁信服程朱學說，他往往高舉程朱觀點以爲判準，故思想具有衛道性批判的傾向。相對的，陳獻章學問的特點，則是從程朱正統的範圍內解放出來，他把學問眞正的判準留給本心，而不置諸經書傳統。他說：

〔註155〕陳獻章，〈與時矩〉，《陳白沙集》，卷三，頁49b。

〔註156〕陳獻章，〈與太虛〉，《陳白沙集》，卷三，頁32b。

〔註157〕陳獻章，〈午睡起〉，《陳白沙集》，卷九，頁10b。

〔註158〕陳獻章，〈病中寄張廷實用杜子美韻〉，《陳白沙集》，卷八，頁82b。

〔註159〕陳獻章，〈晝睡偶成寄玉臺文定上人〉，《陳白沙集》，卷七，頁25b。

〔註160〕陳獻章，〈次韻張東海〉，《陳白沙集》，卷八，頁66b。

〔註161〕陳獻章，〈得世卿子長近詩賞之〉，《陳白沙集》，卷九，頁41a。

〔註162〕黃桂蘭，《白沙學說及其詩之研究》，第二章。陳獻章也有和陶詩一組，也屢屢稱道邵雍。

〔註163〕章沛指出，明代對陳獻章學術的評價可分爲三個看法：一是指其學不屬儒家，而屬禪家，以胡居仁、羅欽順爲代表；二是以其學與陸王心學一致，以黃宗義爲代表；三是認爲其學既非禪學，亦非心學，乃儒家之一脈，高攀龍即持此見。見章沛，《陳白沙哲學思想研究》，頁6～7。

往古來今幾聖賢，都從心上契心傳，孟子聰明還孟子，如今且莫信
人言。〔註164〕

六經盡在虛無裡，萬里都歸感應中，若向此邊參得透，始知吾學是
中庸。〔註165〕

任何經書和聖賢教訓若不經過自我本心的驗證，只是虛空無益之學；相反的，
心若能湊泊於理，則凡能合於此心之理者，雖不屬儒家之言亦不害其達道中
理。故學問的取捨不是依憑有形的學派或傳統，而是取決於自我的本心。這
是陳獻章學術最突出的特點，此對於心體的重視與信任，不僅在學術發展史
中有重要的意義，更表現出陳獻章不重門戶的闊達胸襟。他說：

詩到堯夫不論家，都隨何柳傍何花，無住山僧今我是，夕陽庭樹不
聞鴉。〔註166〕

撤百氏之藩籬，啓六經之關鍵。〔註167〕

陳獻章學問之所以有許多風貌，除了因其以心爲判準、不重門戶的精神所致，
當然也與他早年的博覽群書有關。〔註168〕雖然早年的經驗沒有直接助其得
道，但對於日後的學問精神必有影響。當然，此處雖然言「許多」學風，卻
絕不能忽視它們是融會於陳獻章自得之學中，其實是以一種嶄新而整合的意
義呈現的。

二、評議胡居仁對陳獻章的批評

本章第二節分析胡居仁的批判內容時，曾試著釐清這整組批評的立論
點，並指出其反映胡居仁的思想模式。本節則將由陳獻章思想出發，試圖回
應這些批評。

讓我先再次簡要陳述陳獻章之學。陳獻章以「道」、「天理」爲天地之本、
造化之原；論到學成之境界，則講「心湊泊理」、「收拾此理」。陳獻章對「天
道」、「理一」的構想與朱子並無不同，「心與理湊泊」與朱子「豁然貫通」同

〔註164〕陳獻章，〈次張廷實讀伊洛淵源錄〉，《陳白沙集》，卷六，頁74b。
〔註165〕陳獻章，〈與湛民澤〉，《陳白沙集》，卷六，頁74a。
〔註166〕陳獻章，〈得世卿子長近詩賞之〉，《陳白沙集》，卷九，頁41a。
〔註167〕陳獻章，〈湖山雅趣賦〉，《陳白沙集》，卷四，頁38b。
〔註168〕張詡：「自臨川歸，……閉戶讀書，盡窮天下古今典籍，旁及釋老稗官小說，
　　　　徹夜不寢。」張詡，〈行狀〉，收入《陳白沙集》附錄，頁14a。

樣是描述契悟天道、與道消息的境界，故其「心湊泊理」與朱子格物致知必須修養到使心與理一的看法，有一致性。所不同的乃是，陳獻章沒有區分人心／道心，而是以全善且具創造力的心體為其思想的核心。他不但以心為能握天地變化之妙的契機，為能體悟天道天理之內容，也將成聖的關鍵置諸此心體之呈露，即是「覺」的作用。故以「一片虛靈萬象存」、「物有盡而我無盡」，指稱此心體能會通於至高無窮之天道，契悟於天地萬物之生化妙境。此處所謂「物有盡」，即是指天地萬物、氣之消長；「我無窮」則意指心體能證悟於一切變化之原的「道」。至於如何能使此心體呈露？陳獻章則指出一條從至靜到至動的工夫途徑，認為只有通過虛靜的工夫，才可能使心體躍然。因此在修養論上，他講求無意、無累，重視靜坐而反對讀書，認為此才是真正的「有本之學」。

由此，我們再看胡居仁對陳獻章的批評，主要根據自己理氣二分、心性二分的觀點出發，批評獻章「認氣作理」，完全忽略陳獻章所說的「道」或「天理」的部分。陳獻章在理氣論上明顯不同於朱子和胡居仁，他泯除理、氣二元的分際，對「心」的信任也強於朱子，故在修養論上也充分展現對心體的重視。而胡居仁根據「物有盡而我無盡」的字面義，批評陳獻章是「物我二理」，實扭曲了陳獻章以心體證悟天道、會通本原故超乎變化而說的無盡之義。

另外，胡居仁以物我一理、心具眾理來說明萬物一體，並批評陳獻章「一片虛靈萬象存」是以精神強包萬物入胸中，故更與萬物乖離，且有張狂烜爀之危。〔註169〕然而，對陳獻章而言，只有令心在無物處，讓心在靜虛中養出純善之端倪，才不會偏滯一處，也才能真正與萬物同體。〔註170〕因此他所謂「一片虛靈萬象存」並非以精神強包萬象，而是對其具創造義之心體的描述。既然成聖的首要關鍵在心，此不僅不會與萬物乖離，更是人能體悟與天地萬物同體的根據，更無關乎張狂烜爀。

胡居仁對陳獻章修養論的批評，同樣不能契於陳獻章的思想，更多反映

〔註169〕胡居仁：「如公甫所說，是常把這天地萬象積放胸中，只弄得這些精神，豈暇再去思量事物之理，故張皇烜爀，自己不勝其大，故下視聖賢，小視天地。」胡居仁，《居業錄》，卷四，頁42b。

〔註170〕陳獻章：「人與天地同體，四時以行，百物以生，若滯在一處，安能為造化之主耶？古之善學者，常令此心在無物處，便運用得轉耳」。陳獻章，〈遺言湛民澤〉《陳白沙集》，卷二，頁63b。

著二人不同的立場。胡居仁以爲不讀書、不窮理、廢棄小學、講求虛靜，等於自絕於明理致知的途轍，是循高蹈空的無本之學；但對陳獻章而言，去耳目之支離、絕心之意必固我、完全虛靜的工夫，卻正是入聖之學的關鍵。讀書窮理的積累工夫，不但不能使人得道，反而可能使人遠離在心上用功，更陷入紛擾。

　　綜上所論，胡居仁並不能深入了解陳獻章思想，而給予公平性的批評，他是以自我學術立場爲出發點，對當代異己的學風提出攻擊性的指斥，所以與其將此批評視作對陳獻章之學的評價，毋寧將之視爲胡居仁藉以積極發揚己學的方法。若我們從胡、陳二人在儒學發展史上所扮演的角色來看，將可更深入瞭解胡居仁批評的意義。

　　在宋明理學發展中，胡居仁主要欲持守住朱學的傳統，陳獻章則試圖從朱學中解放出來，此亦爲明代儒學開創一新的契機。因此，胡居仁批評陳獻章爲禪的主要目的，即是爲抑止程朱理學遭受混淆而變易，這是他自認所當負的學術責任。他指斥陳獻章爲禪，當然不是指獻章之學等同於佛家空的本體論或追求超越輪迴；他更關心陳獻章的學問受了禪學的影響，發展出和朱子學不同的理論和方法。這股新的學術思潮不僅影響當時學風，〔註171〕更可能改變整個儒學走向，甚至撼動胡居仁的學術地位，故胡居仁是爲捍衛他所認同的「正統」儒家而戰。他批判的內容固然有簡陋不公允處，所執的立場也影響他對陳獻章之學有同情的了解，然而我們不該只從單純的學術評價來看他的批評，因爲這些批評是直接參與當時學術發展的一種努力，也具有影響學術發展的力量。故此，即或胡居仁有強烈的主觀立場，但這也是他眞誠面對抉擇時所不可避免的，他對陳獻章的批評也與黃宗羲之後許多學者的評價迥然不同，這種差異正反應了時間的距離和關懷重點的轉移。後代學者不再直接參與過去歷史的發展，論學目的和觀點也因而轉變，站在接納胡、陳二人同爲儒者的立場，研究的重點往往注重理學內部的發展，亦可不再辯論是禪非禪的問題，黃宗羲說：「蓋先生（胡居仁）近於狷，而白沙近於狂，不必以此而疑彼也」即是一例。〔註172〕

〔註171〕胡居仁：「陳公甫曠大，今之有才氣底人多喜之，所以鼓動得人；又氣魄大，中人以上爲其所引，中人以下爲其所驅，爲害尤甚。」可見陳獻章對當時學界影響很大，胡居仁對此則耿耿於懷。見胡居仁，《居業錄》，卷三，頁 16b。
〔註172〕黃宗羲，《明儒學案》，卷二，頁 30。

第五節 同門相契

上文藉著胡居仁對陳獻章的批評，討論了二人思想的相異處。從修養論的角度上看，二人的差異可說主要在「敬」與「靜」的區別。胡居仁一生得力於敬，作聖工夫無論動靜均以敬為根本；陳獻章則從靜坐中悟道，講求無意無的靜虛工夫。我們從底下二段文字更能見此相異處：

> 胡居仁：「程子以必有事焉而勿正，心勿忘勿助長為敬，……此會得則私意不容，天理流行矣，故與鳶飛魚躍，同活潑潑地。」〔註173〕

> 陳獻章：「虛無裡面昭昭應，影響前頭步步迷，說到鳶飛魚躍處，絕無人力有天機。」〔註174〕

同樣欲達到與天理共流行的境界，然而二人工夫的途徑絕不相同。胡居仁以敬的工夫，欲去掉人欲私意、上會於天理，而達與鳶飛魚躍同活潑潑地境界；陳獻章則是要脫離人力聲色的固迷，在虛無至靜中體會全然的天機。

若從二人對學問的判準來看其差異性，又可說胡居仁對成聖的判準是置諸往聖先賢的傳統，以經書為代表，而其對經書的詮釋，主要服膺程朱之說，故程朱的理論即是其學問判準的根據；陳獻章則宣稱捨棄一切外在的傳統和理論，回到自我的本心，以本心為成聖的最後判準。這差異也表現在他們對傳統儒學的看法，以及各自學風的表現。

雖然胡、陳二人之學存在著這許多昭著的差異，但是我們卻也不可忽略二人同處一個時代、同一師門所表現的某種相契精神。胡、陳二人共同師事吳與弼，共同效法其師「絕意科舉，慨然志於道」的作風，在一片功利學風中同樣展現出異乎常人的作聖決心。底下我將先論吳與弼之學，再討論胡居仁、陳獻章學問中所煥發出的相契精神。

我們從《日錄》一書，可見吳與弼作聖的工夫，是從「枕上思」、「夜思」的「靜」中思繹而出的，〔註175〕通過對心之克制涵融，及對天命之感知，而能契悟天道、享受於自然。例如：

> 枕上熟思出處進退，惟學聖賢為無弊，若夫窮通得喪，付之天命可

〔註173〕胡居仁，《居業錄》，卷一，頁41b。

〔註174〕陳獻章，〈贈周成〉，《陳白沙集》，卷五，頁76a。

〔註175〕「觀農因瘠藉芳，閒臥勝間，靜極如無人世，今日雖未看書，然靜中思繹事理，每有所得。」吳與弼，《日錄》，收入《康齋集》，卷十一，頁8b。

也。然此心必半毫無愧，自處必盡其分寸，方可歸之於天。〔註176〕

讀罷思債負難還，生理寒澀，未免起計較之心，徐覺計較之心起，則爲學之志不能專一矣。平生經營，今日不過如此，況血氣日衰一日，若再苟且因循，則學何可向上，此生將何堪，於是大書隨分讀書於壁以自警。窮通得喪、生死憂樂，一聽於天，此心須澹然，一毫無動於中可也。〔註177〕

早枕細思，學德無進，歲月忽晚，回首平生，恍然一夢，可勝悼哉。〔註178〕

中夜思日月逝矣，事業無進，輾轉不寐，以達於旦。〔註179〕

夜坐思一身一家苟得平安，深以爲幸，雖貧窶太甚，亦得隨分耳。夫子曰：不知命無以爲君子也。〔註180〕

枕上細思，從今須進步，不敢絕于天，窮通得喪，聽乎天命，雖餓死溝壑，不可喪此德矣。〔註181〕

學易稍有進，但恨精力減而歲月無多矣，只得隨分用工，以畢餘齡焉耳。〔註182〕

由這些紀錄，我們看見吳與弼從窮困患難中，思繹出「窮通得喪，可付度外」的豁達；凝鍊出「患難中好做工夫」的堅毅；〔註183〕也涵蘊了「雖餓死溝壑，不可喪此德」的氣節。他更能從此默識到心之安頓處即在能領會天命，故能有「眼前隨分好光陰，誰道人生多不足」的眞快樂。〔註184〕從這些文字，我們也看到吳與弼屢屢感嘆多病侵陵、歲月無多，憂思自己學業不進、德業不立，但我們也同時看到他體念出「必盡其分」而「隨分讀書」、「隨分用工」的從容行止。他不以讀書多、窮理博的成就爲學之標的，而以「一日未死，一日要是當」這種死而後已的作聖精神，在萬象生意的自然中竭盡本分，也

〔註176〕吳與弼，《日錄》，《康齋集》，卷十一，頁12b。
〔註177〕吳與弼，《日錄》，《康齋集》，卷十一，頁14a～b。
〔註178〕吳與弼，《日錄》，《康齋集》，卷十一，頁20a。
〔註179〕吳與弼，《日錄》，《康齋集》，卷十一，頁23a。
〔註180〕吳與弼，《日錄》，《康齋集》，卷十一，頁27a。
〔註181〕吳與弼，《日錄》，《康齋集》，卷十一，頁30b。
〔註182〕吳與弼，《日錄》，《康齋集》，卷十一，頁31b。
〔註183〕吳與弼，《日錄》，《康齋集》，卷十一，頁26a～b。
〔註184〕吳與弼，《日錄》，《康齋集》，卷十一，頁26b。

享受人間至樂。〔註185〕

　　不論將此心從患難中超拔而起，或從憂道中釋然而出，都是因著他能體悟「天命」，能順命而行、順命而樂。而這種對天命之感知，對自己之肯認，又完全著力於「心」的工夫，因此吳與弼之學主要在「心」上用功，此亦是劉宗周（1578～1645）所謂的「從五更枕上，汗流淚下得來」。〔註186〕雖然吳與弼好讀書，也說：「應事後即須看書，不使此心頃刻走作」，〔註187〕但基本上讀書是為了涵養此心，藉著聖賢嘉言善行來沃潤己心，〔註188〕故他常藉著「默誦」、「默思」來體驗書中之理。〔註189〕

　　吳與弼這種用功於心的工夫，也體現在胡居仁、陳獻章學問中，可說正是二人同得於師門的相契精神。陳獻章學問得力處在「靜」、用功處在「心」自不必說，而胡居仁學問雖以貫動靜的「敬」為主，但極重視靜中的操存涵養，並以此為大本的工夫，且為第一序的本原工夫。他說：

　　　　周子有主靜之說，學者遂專意靜坐，多流於禪。蓋靜者體，動者用；
　　　　靜者主，動者客，故曰：主靜體立而用行也。亦是整理其心，不使紛
　　　　亂躁妄，然後能制天下之動，但靜意重於動，非偏於靜也。愚謂靜坐
　　　　中有箇戒謹恐懼，則本體已立，自不流於空寂，雖靜何害。〔註190〕

以靜為主、動為客，要在靜中整理其心，然後才能制天下之動，故言「靜意重於動」，此明顯強調靜的工夫。故胡居仁所譏辯於陳獻章的，不是靜坐工夫的外表，而是靜坐中是否有戒謹恐懼、有心有物的問題。胡居仁每每以「心有主」、「靜中有物」等說來闢禪，〔註191〕也做為他自己靜中工夫的說明。由

〔註185〕吳與弼，《日錄》，《康齋集》，卷十一，頁41a。

〔註186〕黃宗羲，《明儒學案》，頁3。

〔註187〕吳與弼，《日錄》，《康齋集》，卷十一，頁18a。

〔註188〕吳與弼：「寄身於從容無競之境，遊心於恬澹不撓之鄉，日以聖賢嘉言善行沃潤之，則庶幾其有進乎」；「心是活物，涵養不熟，不免搖動，只常常安頓在書上，庶不為外物所勝。」亦指以書來涵養心。吳與弼，《日錄》，《康齋集》，卷十一，頁18a；26a。

〔註189〕如「枕上默誦中庸」；「夜徐行田間，默誦中庸」；「枕上思晦庵文集及中庸」。吳與弼，《日錄》，《康齋集》，卷十一，頁10b；22a。

〔註190〕胡居仁，《居業錄》，卷一，頁4b～5a。

〔註191〕如「靜中有物，只是常有箇操持主宰，無空寂昏塞之患」；「今世又有一等學問，言靜中不可著箇操字，若操時又不是靜，以何思何慮為主，悉屏思慮以為靜中工夫，只是如此，所以流於老佛，不知操字是持守之意，即靜時敬也。若無箇操字，是中無主，悠悠茫茫無所歸。」胡居仁，《居業錄》，卷一，頁

此我們當可體會黃宗羲所說：「（敬齋）以有主言靜中之涵養，尤為學者津梁。
然斯言也，即白沙所謂『靜中養出端倪，日用應酬，隨吾所欲，如馬之御銜
勒也』，宜其同門冥契」。〔註 192〕雖然我們不可徑謂胡居仁之「靜中涵養」等
同於陳獻章「靜中養出端倪」，但謂此中有著同承於吳與弼的相似特質，亦即
注重以心體為主的涵養克制工夫，是極有見地的。

　　在讀書的問題上，雖然吳與弼、胡居仁之重視讀書，與陳獻章之不重讀
書，有明顯差異，但是吳、胡二人以書來沃潤此心、涵養此心的態度，〔註 193〕
正反映其用功於「心」上的為學方法，此又與陳獻章無異。只是陳獻章更擔
心讀書使心勞擾，引人遠離為學正確途徑而無助於得道。另外，他們也都反
對訓詁、科舉、文章之學：

　　　胡居仁：「讀書須以身體驗，則書上道理方與自家湊泊，若默識而心
　　　通之，則書與我無間矣。若能忠信，則書在我矣。今人將書作文章，
　　　以資進取；作訓詁，以資口語。宜其不相入也。」〔註 194〕

　　　陳獻章：「莫笑老慵無著述，真儒不是鄭康成。」〔註 195〕

此也再次顯明二人對身心篤行實踐的共同重視。若從明初學界普遍表現不重
博文而講約禮的精神看來，〔註 196〕我們或許更能體會胡居仁、陳獻章二人在
昭然對立中，仍蘊含著某種共同的精神和價值。

　　《四庫全書總目提要》曰：「與弼之學，實能兼採朱陸之長，而刻苦自立，
其及門弟子陳獻章得其靜觀涵養，遂開白沙之宗；胡居仁得其篤志力行，遂啟
餘干之學。有明一代，兩派遞傳，皆自與弼倡之，其端緒未可盡沒」。〔註 197〕
就著胡居仁、陳獻章二人思想的內容與特質而言，學問已然分派，然而二人在
篤踐和靜修上，卻仍隱約渙發著一種同門密契的關係。

1a，25a。
〔註 192〕黃宗羲，《明儒學案》，卷二，頁 30。
〔註 193〕胡居仁屢言讀書要體驗，要做到身上來，要為己，要得義理來悅懌我心，明
　　　諸心等。參見胡居仁，《居業錄》，卷一，頁 17a，19a～20b，44a；卷二，頁
　　　19b，36a。
〔註 194〕胡居仁，《居業錄》，卷一，頁 44a。
〔註 195〕黃宗羲，《明儒學案》，卷五，頁 93。
〔註 196〕見第一章第二節。
〔註 197〕永瑢，《四庫全書總目提要》，卷一七，頁 53a。

第三章　胡居仁、陳獻章在理學發展史中的定位

　　欲了解一個人的思想，除了探索其語言、文字、思想內容和生命風格外，他所生存的時代、社會學風，以及長期學術史的發展，常常能提供另一種視角。尤其論到思想定位的問題，更離不開在學術發展史中觀照。本章主旨在討論胡居仁、陳獻章二人的學術特質與定位，主要置放於「從朱子理學到王陽明心學」的發展脈絡中討論。

　　我在第一章曾概括地說明南宋朱子以後到明初的理學傳承，及主要學風的變化，希望對透過長期學風轉變來突顯胡、陳二人所處的時代背景。本章則希望透過對朱子、王陽明二人思想型態的反省，提供進一步討論胡居仁、陳獻章二人學術特質的對照性觀點，並希望透過思想的比較研究，突顯胡、陳二人的學術特色，及其在學術史上的地位。因此本章的討論涉及二個層次：一是透過交互比較朱熹、王陽明、胡居仁、陳獻章的思想內容，來說明胡、陳二人學問的特色；二是在認識其學問特色的基礎上，再次回到學術史的議題，試圖討論二人在學術史上的定位。

第一節　朱子與王陽明的思想型態

　　朱子、王陽明分別為理學和心學的代表人物，二人學說在許多方面都有顯著的差異，甚至對立的看法。一般認為王陽明與陸象山相近，故有陸王心學之稱，但若就思想發展的過程與內容而言，王陽明與朱子實有更密切的關

係。〔註1〕王陽明從朱學入手，經過長期反思體悟所得出的良知學，在許多論題上都針對朱學而發，而且能夠在思想內容上達到與朱學高度對話、創發新說的程度，也因而將學術發展帶向新的紀元。以下將先概述朱子、王陽明二人思想，把握其思想型態的差異性。

一、朱子思想概述

朱子的思想是一內容豐富、結構謹嚴的龐大體系，此處對其思想作一概述，主要是欲指出其理氣論、心性論、修養論之間緊密的關聯性，討論的重點將集中在如何成聖的「居敬窮理」上。因為朱子的理氣論是其思想中最基本的論題，又是心性論、修養論建構的基礎，且後代學者對於理、氣關係也有不同的見解，〔註2〕故我首先討論朱子的理氣觀。

朱子的理氣觀為何？他是以理一元論或理氣二元論來建構其存在論呢？朱子清楚地以「形上」、「形下」來區分理、氣兩個概念，又以太極為理。雖然他也表示理氣本無先後可言，但若推源而論，則又說當以理為先：

> 理未嘗離乎氣，然理形而上者，氣形而下者。自形而上下言，豈無先後。〔註3〕

> 或問：「必有是理，然後有是氣，如何？」曰：「此本無先後之可言，然必欲推其所從來，則須說先有是理。然理又非別為一物，即存乎是氣之中；無是氣，則是理亦無掛搭處。氣則為金木水火，理則為仁義禮智」。〔註4〕

> 太極非是別為一物，即陰陽而在陰陽，即五行而在五行，即萬物而在萬物，只是一箇理而已，因其極至，故名曰太極。〔註5〕

由此可見，朱子以「理」作為存在論的最高原理，是比「氣」高一層次的，

〔註1〕 唐君毅，〈陽明學與朱子學〉，中華學術院編，《陽明學論文集》（臺北：中華學院印行，1972），頁47～56；陳榮捷，〈從朱子晚年定論看陽明之于朱子〉，《朱學論集》，頁353～383；島田虔次，〈王陽明與王龍溪——主觀唯心論的高潮〉，收入岡田武彥等著，《日本學者論中國哲學史》，頁388～404。

〔註2〕 如馮友蘭以理就邏輯而言在氣之先，見其《中國思想史》（臺北：太平洋圖書公司，1956），頁906。侯外廬認為是氣是理所產生，見氏著，《中國思想通史》（北京：人民出版社，1960），頁606。

〔註3〕 黎靖德編，《朱子語類》，卷一，頁3。

〔註4〕 黎靖德編，《朱子語類》，卷一，頁3。

〔註5〕 黎靖德編，《朱子語類》，卷九四，頁2371。

故以存在之理序言，理是第一義，氣爲第二義。但是，朱子卻不說理能直貫地生成萬物，論及天地萬物之生時，他都是以一氣陰陽之運行、五行之質等「氣」的概念爲主。〔註6〕「氣」在朱子思想中不僅具有質料義，且具有形式，更具有動力；由「氣」所構成的萬物世界，更不是相對於理的世界而爲虛幻的現象。〔註7〕而且，理本身並不具有形質和動力，須靠氣的存在方有掛搭處，〔註8〕故朱子說理不會造作，醞釀生物之過程乃氣之運行凝散所致：

> 而今知得他合下是先有理，後有氣邪；後有理，先有氣邪？皆不可
> 得而推究。然以意度之，則疑此氣是依傍這理行。及此氣之聚，則
> 理亦在焉。蓋氣則能凝結造作，理卻無情意，無計度，無造作。只
> 此氣凝聚處，理便在其中。且如天地間人物草木禽獸，其生也，莫
> 不有種，定不會無種子白地生出一箇物事，這箇都是氣。若理，則
> 只是箇淨潔空闊底世界，無形迹，他卻不會造作；氣則能醞釀凝聚
> 生物也。但有此氣，則理便在其中。〔註9〕

因此，雖然朱子以「理先於氣」的理一元論來建構其存在論，然而每一眞實的存在物，卻都是理與氣共同創生的結果，理無法單獨創生萬物，所以理只是在邏輯的理序上先於物，在實然的存在上二者無先後可言，也是不可相離的。〔註10〕因此我們若從「存在」的角度來看朱子的存在論，則是理氣二元

〔註6〕 朱子：「天地初間只是陰陽之氣。這一氣運行，磨來磨去，磨得急了，便拶許
　　　 多渣滓；裡面無處出，便結成箇地在中央。氣之清者，便爲天，爲日月，爲
　　　 星辰，只在外，常周環運轉。地便只在中央不動，不是在下。」又說：「陰陽
　　　 是氣，五行是質，有這質，所以做物得事出來。五行雖是質，他又有五行之
　　　 氣，做這物事方得，然卻是陰陽二氣截做這五箇，不是陰陽之外別有五行」；
　　　 「陰陽氣也，生此五行之質，天地生物，五行獨先，地即是土，土便包含許
　　　 多金木之類。天地之間，何事而非五行？五行陰陽，七者滾合，便是生物底
　　　 材料。」見黎靖德編，《朱子語類》，卷一，頁6；頁9；卷九四，頁2367～2368。
　　　 亦參見，安田二郎〈朱子の「氣」に就ぁて──主として存在論的側面から
　　　 の解明〉，收於氏著，《中國近世思想研究》，頁1～61。
〔註7〕 有人將朱子的理氣類比於亞理斯多德的形式義與質料義，或將朱子之理類比
　　　 於伯拉圖之理型，但這樣的類比都不恰當。詳細討論，見安田二郎，〈朱子の
　　　 「氣」に就ぁて──主として存在論的側面からの解明〉；勞思光，《中國哲
　　　 學史》（臺北：三民書局，1985），三上，頁286。
〔註8〕 朱子：「此本無先後之可言。然必欲推其所從來，則須說先有是理。然理又非
　　　 別爲一物，即存在是氣之中；無是氣，則是理亦無掛搭處。氣則爲金木水火，
　　　 理則爲仁義禮智。」黎靖德編，《朱子語類》，卷一，頁3。
〔註9〕 黎靖德編，《朱子語類》，卷一，頁3。
〔註10〕 陳來指出，朱子理氣觀乃經過一段發展歷程才形成，中間曾有「理生氣」實

所建構的。〔註11〕朱子說：

> 所謂理與氣，此決是二物，但在物上看，則是二物渾淪，不可分開
> 各在一處，然不害二物之各爲一物也。若在理上看，則雖未有物，
> 而已有物之理，然亦但有其理而已，未嘗實有是物也。〔註12〕

理、氣在概念上可以區分，但就實然存在物言，又始終相即，不可區分。以本原義言，可說理先於氣存在，但是此理無計度、無造作，故無法創造生物。這種以最高存在原理言是理一元論，以實然存在言又是理氣二元論的看法，即是朱子特殊的理氣觀。

我們所生存的自然與人倫世界，做爲一眞實的存有而言，都是理氣互相建構的，當「理」能完全指導「氣」時，則是一應然的理想境界，但實然的情況經常是，氣未能完全接受理的指導、未能臻於至善的景況。然而氣爲何需要受理之指導？人爲何要從實然朝向應然而努力？此正是朱子「理」做爲存在論最高原理的精神，也是學說的基本預設。理賦予氣「意義」（包括法則），故天道、天命、性善之旨也都以「理」闡發，〔註13〕由此亦顯明其「理一元論」的最終道德價值取向。

朱子的心性論與理氣論具同一間架。人之生，稟天地之理爲本性，稟天地之氣爲形體，故相應於理一元論的存在原理，性善、性即理、天命之性是朱子性學說中最根本的命題；而相應於理氣二元的實然存在，人之生必受氣稟影響，故有氣質之性。〔註14〕從存在的理序言，天命之性比氣質之性高一

際創生、具時間上先後關係的說法，但後來又改變爲只在邏輯上言先後。此處所論是以朱子後期的看法爲主。陳來，《朱熹哲學研究》（北京：中國社會科學出版社，1987），頁3～29。

〔註11〕安田二郎：「朱子的存在論，當其重點置於意味時，是理一元論；當其重點置於存在時，即理氣二元論。」安田二郎，〈朱子の存在論に於ける「理」の性質についこ〉，《中國近世思想研究》，頁63～102。

〔註12〕錢穆，〈朱子新學案〉（臺北：三民書局，1971），第一冊，頁247～248。

〔註13〕蜚卿問：「『純亦不已』，是理是氣？」曰：「是理。『天命之謂性』，亦是理。天命，如君之命令；性，如受職於君；氣，如有能守職者，有不能守職者。」朱子：「性即理也，當然之理，無有不善。故孟子之言性，指性之本而言。」黎靖德編，《朱子語類》，卷四，頁63，67。

〔註14〕蜚卿問氣質之性。曰：「天命之性，非氣質則無所寓。然人之氣稟有清濁偏正之殊，故天命之正，亦有淺深厚薄之異，要亦不可不謂之性。舊見病翁云：『伊川言氣質之性，正猶佛書所謂水中鹽味，色裏膠清』」。又問：「孟言性，與伊川如何？」曰：「不同。孟子是別出而言性之本，伊川是兼氣質而言，要之不可離也，所以程子云：『論性不論氣，不備；論氣不論性，不明。』」而某於太

層次，故言性即天理；從實然的存在言，人必有惡之所從來的氣質之性，故面對成聖問題，此即是克制的對象。朱子論到心時，以為心之本體本無不善，〔註15〕但只此一個心，卻又有人心、道心之別，究其因仍在人稟理氣而存在的事實。

> 心之虛靈知覺，一而已矣。而以為有人心、道心之異者，則以其或生于形氣之私，或原于性命之正，而所以為知覺者不同，是以或危殆而不安，或微妙而難見耳。然人莫不有是形，故雖上智不能無人心；人莫不有是性，故雖下愚不能無道心。〔註16〕

從本原義而言，心體是本無不善，完全與理合一的；從人實然的存在言，理氣互相建構，故有道心、人心的區別。道心、人心正是存在狀態應然和實然的表徵。氣應當完全受理之指導，人心亦應當受道心之節制，〔註17〕故云：

> 必使道心常為一身之主，而人心每聽命焉，則危者安，微者著，而動靜云為，自無過不及之差矣。〔註18〕

朱子的心性論與理氣論之間如此緊密的配合，即可見其思想所含括的廣度，以及由宇宙論下貫講心性論的思想特點。〔註19〕

　　既然朱子理解實然存在，都是以理氣互相建構，人之性必有氣質影響，人心必受情欲作用。因此，成聖並非欲脫離氣的作用，而是讓氣完全受理的指導，故做為解答如何成聖的修養論，朱子也是以人生實然景況為出發點，而以應然的理想境界為目標。可以說修養論即是聯繫著兩個世界（實然、應

極解亦云：『所謂太極者，不離乎陰陽而為言，亦不雜乎陰陽而為言』」。黎靖德編，《朱子語類》，卷四，頁67。其他參閱《語類》同卷。

〔註15〕 朱子：「心之本體本無不善，其流為不善者，情之遷於物而然也。」黎靖德編，《朱子語類》，卷五，頁92。

〔註16〕 朱熹，〈中庸章句序〉，《四書集註》（臺北：藝文印書館，1980），頁1a～b。

〔註17〕 朱子有時候也以「從人心變為道心」來表達理想境界，如：「以道心為主，則人心亦化為道心矣」；「蓋堯舜禹授受之際，所以謂人心私欲者，非若眾人所謂私欲者也，但微有一毫把捉底意思，則雖云本是道心之發，然終未離人心之境，所以動以人則有妄。顏子之有不善，正是此間者是也，既曰有妄，則非私欲而何，須是都無此意思，自然從容中道，才方純是道心」朱熹，〈答黃子耕九〉、〈答張敬夫〉，《晦庵先生朱文公文集》（上海：上海書店，1989），卷五一，頁29a；卷三二，頁8a～b。

〔註18〕 朱熹，〈中庸章句序〉，《四書集註》，頁1b～2a。

〔註19〕 錢穆：「朱子之論心性，亦猶其論理氣。其論性，上承伊川性即理也一語，自宇宙論落實到人文界」。錢穆，《朱子新學案》，頁441。

然），能使之轉化的橋樑。而朱子的修養論，主要在講求「居敬窮理」的工夫，他說：

> 學者工夫，唯在居敬、窮理二事。此二事互相發。能窮理，則居敬工夫日益進；能居敬，則窮理工夫日益密。譬如人之兩足，左足行，則右足止；右足行，則左足止。又如一物懸空中，右抑則左昂，左抑則右昂，其實只是一事。〔註20〕

此處居敬、窮理是被視爲兩種工夫。大體而言，居敬指內在心的涵養；窮理指外在理之獲得。但精細而論，又不可截然以內外分之，因爲就人之一身言，是可以有內外之別，工夫也可分內外，但若以理而言，則無內外之別。而居敬涵養心中所具之理，格物窮究事物之理，究其根本，這些理均以天道爲根源，故不可分爲二，故在工夫上也不能完全以內外區別。

舉例而言，朱子以「左足行，則右足止；右足行，則左足止」的行動來譬喻居敬、窮理二事，是將之視爲可區分的兩個工夫，然而這兩個工夫在成聖過程中必須交相運用。居敬、窮理二者均以成聖爲目標，居敬工夫重在心體的涵養，使氣清理明；窮理工夫重在格萬物之理，以期達豁然貫通。但若以成聖的整個歷程而言，又非單靠居敬或窮理可以達致，這也可視爲朱子「知行並進」的一層涵意。

但是，朱子又說：「能窮理，則居敬工夫日益進；能居敬，則窮理工夫日益密」；「主敬、窮理雖二端，其實一本」；「持敬是窮理之本，窮得理明，又是養心之助」。〔註21〕居敬、窮理又非可截然區分爲二種工夫，二者雖各有所重，卻互爲其根。居敬涵養使心能發揮知理的功能，故言「持敬是窮理之本」；而格物窮得之理，不僅能成爲涵養心體的具體內容，更有增益知理能力的作用，故言「涵養中自有窮理工夫，窮其所養之理；窮理中自有涵養工夫，養其所窮之理，兩項都不相離。纔見成兩處，便不得」。〔註22〕故二者互爲其根的交相發用，不僅具有反復擴增的能力，使人知理的能力增強，也使涵養的

〔註20〕黎靖德編，《朱子語類》，卷九，頁150。
〔註21〕黎靖德編，《朱子語類》，卷九，頁150。
〔註22〕問：「程子云：『未有致知而不在敬者』，蓋敬則胸次虛明，然後能格物而判其是非」。曰：「雖是如此，然亦須格物，不使一毫私欲得以爲之蔽，然後胸次方得虛明。只一箇持敬，也易得做病。若只持敬，不時時提撕著，亦易以昏困。須是提撕，才見有私欲底意思，便屏去。且謹守著，到得復來，又屏去。時時提撕，私意自當去也。」黎靖德編，《朱子語類》，卷九，頁149～150；卷十八，頁402。

內容愈實。據此，「知行並進」意指互相依存、互相建構的密切關係，故言：
「聖賢說知，便說行。大學說『如切如磋，道學也』，便說『如琢如磨，自修
也』；中庸說：『學、問、思、辨』，便說『篤行』；顏子說『博我以文』，謂致
知、格物；『約我以禮』，謂『克己復禮』」。〔註23〕

　　朱子有時會說「知先於行」、「致知先於涵養」，如：

　　問致知涵養先後。曰：「須先致知而後涵養」。問：「伊川言：『未有
　　致知而不在敬』。如何？」曰：「此是大綱說。要窮理，須是著意。
　　不著意，如何會理會得分曉。」〔註24〕

這是就著道德行為之完成需要正確的道德內容引導而說的。又如：

　　萬事皆在窮理後。經不正，理不明，看如何地持守，也只是空。
　　〔註25〕

　　論到窮理之前，朱子也肯定須要「著意」，即窮理的行為必須是發自於內
心的立志，〔註26〕故曰：「能存心，而後可以窮理」，「不能存得心，不能窮得
理」。〔註27〕「存心」更是「我欲仁，斯仁至矣」、「為仁由己，而由人乎哉」、
不待學而能的工夫。由此我們可知，何以朱子以「敬」為窮理之本，心的主
體性在朱子思想裡是不容被輕易抹殺的。

　　不過，朱子的修養論並不以居敬涵養心體為開展的重心，而是以格物窮理
做為修養論的首要工夫。這與朱子重視受氣質之蔽的心性實然，以及他思想中
一種貫通主客、統合物理與倫理（真理與道德）的看法有密切關係。〔註28〕因
著人實然心性中具有氣質障蔽，故無法本然地發而皆中理，又因著人不可能完
全脫離外物而存在，心雖具有主宰一身之力量，然心亦是處在「感物而動」的
受動狀態中，故要在這真實人生中，從氣稟私意裡一步步超然、淨化，而達致

〔註23〕黎靖德編，《朱子語類》，卷九，頁148。
〔註24〕黎靖德編，《朱子語類》，卷九，頁152。
〔註25〕黎靖德編，《朱子語類》，卷九，頁152。
〔註26〕問：「立誠意以格之」，曰：「此『誠』字說較淺，未說到深處，只是確定其志，
　　　　樸實去做工夫，如胡氏『立志以定其本』，便是此意」。黎靖德編，《朱子語類》，
　　　　卷十八，頁401。
〔註27〕黎靖德編，《朱子語類》，卷九，頁150。
〔註28〕朱子看重受氣質之蔽的心性之實然，不以為人自然就能把握天理，故其學重
　　　　由博而返約；又因其思想中「理」不僅是自然宇宙構成之理，亦是人倫事理
　　　　之根源，故真理和道德對朱子而言是合一的，也因此向外的格物與向內的涵
　　　　養，在終極意義上是不可分割的。

「本心即理」的理想境界，是不可能脫離與外物之互動而達致的。做爲人最高典範的「聖人境界」，不僅是內在道德主體之充分發揮，更是與外在天地萬物的和諧共處；不只是充分發揮其心之主宰力來克制外物，更是要在天地之中感物受動而全然中節。因此，朱子不在向內涵養心體上開展他的修養論，而以「格物窮理」這心與外物交互的關係中，來建構其成聖之途。

而「格物窮理」這包含知識性的工夫，之所以能夠成爲朱子道德修養論的首要工夫，乃因朱子思想中，「理」正是統合著人與物、主與客、倫理與物理的共同概念。知識和道德是不可割裂的範疇，主觀與客觀也是互相影響的。正如價值的問題是不可能割裂主客而論的，〔註29〕朱子那具有道德價值取向的「理」也是一統合著主客的概念。在他這種道德觀念下，成聖的工夫以「居敬窮理」爲主，其中更以連接物我內外的「格物窮理」爲首務工夫。

二、王陽明思想概述

王陽明的學問歷經長期摸索始得入聖之門，從泛濫於詞章、出入佛老，到至居夷處困、忽悟格物致知之旨，才得入聖之門。對此，湛若水有「五溺」之說。〔註30〕三十七歲前的王陽明，可說是以其異人之天賦、狂沛之生命力，立志學聖賢做第一等人的志向，長期摸索學習。當時的功利學風、朱子後學的徇外窮理、佛道的超脫養生，以及他本身豪邁穎慧的天資和抱負，都使得這一漫長求索的過程既豐富又異常迂曲，其間更經歷了官場的詭變風險、人生的生死關頭，最後在龍場一悟，學問之道立。這一階段雖然迂曲漫長，對王陽明學問之磨練卻有重要的意義。〔註31〕

三十七歲那年，王陽明於貴州龍場大悟「格物致知」之旨，而始知「聖人之道，吾性自足，向之求理於事物者誤也」。〔註32〕此一悟不僅奠立其學之「大頭腦」處，也終於徹反於朱子「求理於事物」之格物途徑。自此以後，

〔註29〕 參考 Risier Frondizi 著，黃藿譯《價值是什麼》（臺北：聯經出版公司，1986），第五章第三節。

〔註30〕 湛若水：「初溺於任俠之習，再溺於騎射之習，三溺於辭章之習，四溺於神仙之習，五溺於佛氏之習，正德丙寅始歸正於聖賢之學。」湛若水，〈陽明先生墓誌銘〉，《世德紀》卷一，收入《王陽明全書》第四冊，頁224。

〔註31〕 參看古清美，〈王陽明致良知說的詮釋〉，《明代理學論文集》（臺北：大安出版社，1990），頁89～139。

〔註32〕 參見《王陽明年譜》卷一，收入《王陽明全書》第四冊，頁84。

王陽明雖陸續有「格物致知」、「知行合一」、「致良知」等新說，〔註33〕錢德
洪和黃宗羲也說後來其教法尚有三變，〔註34〕但新說與教法之變只能視爲王
陽明一生學問不斷精進的展現，〔註35〕而不是學問宗旨的變化上。因爲，後
面諸說均以「聖人之道，吾性自足」的「心即理」爲核心而開展，故學問精
鍊程度固有不同，思想的一致性卻沒有改變。王陽明於宸濠之亂後才提出「致
良知」學說，又形容此是自己「從百死千難中得來」，〔註36〕不過他也說明「致
良知」宗旨與早先龍場悟道間的關係：

> 吾良知二字，自龍場以後，便已不出此意。只是點此二字不出。於
> 學者言，費卻多少辭說。今幸見出此意，一語之下，洞見全體，眞
> 是痛快。〔註37〕

而錢德洪所說的教法三變（即貴州時倡知行合一、滁陽後多教靜坐、江右以
後專提致良知）中的靜坐之法，應該略做說明。王陽明雖認爲靜坐可以在事
物紛拏之際有「補小學收放心一段工夫」之效，〔註38〕但也深體喜靜厭動、
求光影、說效驗之弊，〔註39〕故在王陽明的修養論中，靜坐不是必要部分，
只能看爲權宜之法。王陽明：「是徒知靜養，而不用克己工夫也，如此臨事便

〔註33〕龍場一悟之後至四十九歲間，又陸續提出格物致知、知行合一的理論，至四
十九歲那年始倡致良知說，而爲學說之最高。參閱《王陽明年譜》卷一，《王
陽明全書》第四冊，頁84～125。

〔註34〕據錢德洪所說，王陽明之教有三變，居貴州時倡知行合一之說，滁陽後多教
靜坐，江右以後專提致良知。錢德洪，〈刻文錄敘說〉，收入《王陽明全書》
第一冊，頁10。另外，黃宗羲以爲其學三變，初以默坐澄心爲學，江右後專
提致良知，居越以後，所操益熟，所得益化，開口即得本心。見黃宗羲，《明
儒學案》，卷十，頁181。

〔註35〕秦家懿，《王陽明》（臺北：東大圖書公司，1987），頁43～48。

〔註36〕王陽明：「某於此良知之說，從百死千難中得來；不得已與人一口說盡。只恐
學者得之容易，把作一種光景玩弄，不實落用功負此知耳。」此言繫在辛巳
年（1521），當時王陽明五十歲，在江西。見《王陽明年譜》卷一，《王陽明
全書》第四冊，頁125。

〔註37〕錢德洪，〈刻文錄序說〉，收入《王陽明全書》第一冊，頁11。

〔註38〕王陽明：「前在寺中所云靜坐事，非欲坐禪入定。蓋因吾輩平日爲事物紛拏，
未知爲己，欲以此補小學收放心一段功夫耳。」王陽明，〈與辰中諸生〉，《王
陽明全書》第二冊，頁1。

〔註39〕王陽明：「靜時念念去人欲，存天理；動時念念去人欲，存天理。不管寧靜不
寧靜。若靠那寧靜，不惟漸有喜靜厭動之弊」；「吾輩今日用功，只是要爲善
之心眞切……若只管求光景，說效驗，卻是助長外馳病痛，不是功夫。」王
陽明，《傳習錄》上，《王陽明全書》第一冊，頁11～12；頁22。

要傾倒。人須在事上磨，方立得住，方能靜亦定、動亦定」。〔註40〕故他是以貫通內外動靜的「事上磨練」，即「致吾心之良知於事事物物」的「致良知」為其更積極有本的修養工夫。

「心即理」是王陽明學說最核心的思想，其「格物致知」、「知行合一」、「致良知」說都是據此而發的。王陽明相信人之心體具有道德內涵、充分的主體性和全備的天理，他稱其為良知。論到良知，他說：

> 心之虛靈明覺，即所謂本然之良知也。〔註41〕

> 良知只是個是非之心，是非只是個好惡。只好惡就盡了是非，只是非就盡了萬事萬變。〔註42〕

> 夫良知之於節目時變，猶規矩尺度之於方圓長短也。節目時變之不可預定，猶方圓長短之不可勝窮也。……良知誠致，則不可欺以節目時變。而天下之節目時變不可勝應矣。毫釐千里之謬，不於吾心良知一念之微而察之，亦將何所用其學乎？〔註43〕

這「良知」就是人能判斷是非、適應萬變、成就道德的最重要關鍵。王陽明雖然承認人心會受私慾之蔽，但先天「良知」發用的自然效驗卻是無法被掩蓋的，這點是王陽明充分發揮道德主體性的關鍵，也是其大異於朱子之處。〔註44〕

> 則凡所謂善惡之機，眞妄之辨者，舍吾心之良知，亦將何所致其體察乎？吾子所謂氣拘物蔽者，拘此蔽此而已。今欲去此之蔽，不知致力於此，而欲以外求。是猶目之不明者，不務服藥調理以治其目，而徒悵悵然求明於其外。〔註45〕

> 知是心之本體，心自然會知。見父自然知孝，見兄自然知弟，見孺子入井自然知惻隱，此便是良知，不假外求。〔註46〕

〔註40〕王陽明，《傳習錄》上，《王陽明全書》第一冊，頁10～11。

〔註41〕王陽明，〈答顧東橋書〉，陳榮捷，《王陽明傳習錄詳註集評》（臺北：學生書局，1983），頁176。

〔註42〕黃宗羲，《明儒學案》，卷十，頁215。

〔註43〕王陽明，〈答顧東橋書〉，陳榮捷，《王陽明傳習錄詳註集評》，頁182。

〔註44〕朱子不以為人心能完全正確地掌握理，只有因已知之理而益窮之，方能達眞知的地步。

〔註45〕王陽明，〈答顧東橋書〉，陳榮捷，《王陽明傳習錄詳註集評》，頁174。

〔註46〕王陽明，《傳習錄》上，《王陽明全書》第一冊，頁5。

爾那一點良知，是爾自家底準則。爾意念著處，他是便知是，非便
知非，更瞞他一些不得。〔註47〕

因此，對王陽明而言，入德成聖的關鍵並非在於人能否知道是非善惡之別，
因他確信人擁有眞知的能力，眞正關鍵則在乎人能否充分讓良知發用於事事
物物之間，完全順從良知而行。他說：

良知良能，愚夫愚婦與聖人同。但惟聖人能致其良知，而愚夫愚婦
不能致。此聖愚之所由分也。〔註48〕

知如何而爲溫情之節，知如何而爲奉養之宜者，所謂知也，而未可
謂之致知。必致其知如何爲溫清之節者之知，而實以之溫清。致其
知如何爲奉養之宜者之知，而實以之奉養，然後謂之致知。〔註49〕

將先天本具的良知推致到事事物物上，即是王陽明所說的「致良知」，這是陽
明學所謂簡易的成聖之道。〔註50〕

　　另外，王陽明「格物致知」、「知行合一」說也主要由「心即理」而發，亦
可說是統攝在「致良知」學說中。心既是一純然的道德主體，天理又完全內在
於心，王陽明理解「格物」工夫爲：「以吾心天理去正事之善惡」，〔註51〕並以
朱子窮物之理爲外。也因此，對王陽明而言，「致知」不是爲達致已內具於人心
之知，而是被理解爲具高度行動意味的「推致吾心之良知於事事物物」。他說：

若鄙人所謂致知格物者，致吾心之良知於事事物物也。吾心之良知，
即所謂天理也。致吾良知之天理於事事物物，則事事物物皆得其理
矣。致吾心之良知者，致知也。事事物物皆得其理者，格物也。是

〔註47〕王陽明，《傳習錄》下，《王陽明全書》第一冊，頁77。

〔註48〕王陽明，〈答顧東橋書〉，陳榮捷，《王陽明傳習錄詳註集評》，頁181。

〔註49〕王陽明，〈答顧東橋書〉，陳榮捷，《王陽明傳習錄詳註集評》，頁180。

〔註50〕唐君毅：「陽明之提出致良知之教，原視此爲至簡易眞切之爲學之道，亦愚夫
愚婦五尺童子，皆行得之教，故甘泉嘗以爲太易。……蓋陽明將天下爲學之
道，收歸于致良知三字上至簡，則天下爲學之道之至繁難者，亦隨之而輻輳
于此至簡易者，而使此簡易者，亦化爲人繁難也」。見唐君毅，《中國哲學原
論·原教篇》（臺北：學生書局，1984），頁374。

〔註51〕王陽明：「先儒解格物爲格天下之物。天下之物，如何格得？且謂一草一木亦
皆有理，今如何去格？縱格得草木來，如何反來能誠得自家意？我解格作正
字義，物作事字義。……致知在實事上格，如意在于爲善，便就這件事上去
爲；意在于去惡，便就這件事上去不爲。去惡固是格不正以歸於正，爲善，
則不善正了，亦是格不正以歸於正也。」王陽明，《傳習錄》下，《王陽明全
書》第一冊，頁99。

合心與理而爲一者也。〔註52〕

由此也可見，王陽明「致良知」學說實統攝其「格物致知」說。再者，心既與理爲一，涵養與窮理則必是一事，〔註53〕知行也必須落在同一心體上說方爲究竟，且方能帶動道德行爲之完成。故言：

> 心一而已。以其全體惻怛而言，謂之仁。以其得宜而言，謂之義。以其條理而言，謂之理。不可外心以求仁，不可外心以求義。獨可外心以求理乎？外心以求理，此知行之所以二也。求理於吾心，此聖門知行合一之教。〔註54〕

可見王陽明「知行合一」說，實本諸「心即理」，而所謂「知」即是道德本心的良知，並非指學問思辨的經驗知識，且是做爲道德如何可能之先天根據。而「行」則指道德行爲，道德意願與行動均須由內心而發，故二者均落在同一心的主體上說。〔註55〕所以王陽明不只是在效驗上講知行合一，更在根源上講「知行本體」：

> 知之眞切篤實處，即是行，行之明覺精察處，即是知。知行工夫，本不可離。只爲後世學者分作兩截用功，失卻知行本體，故有合一並進之說。〔註56〕

良知天理屬德性之知而不關乎聞見，而王陽明的思想也主要關注道德修養，故只有德性之知才是成聖的關鍵，其學說也主要闡發此內在良知。儘管如此，聞見之知仍被其收攝於良知之中，具有一種體用和主次的關係：

> 良知不由見聞而有，而見聞莫非良知之用。故良知不滯於見聞，而亦不離於見聞。〔註57〕

〔註52〕王陽明，〈答顧東橋書〉，陳榮捷，《王陽明傳習錄詳註集評》，頁172。

〔註53〕「所以居敬亦即是窮理。就窮理專一處說，便謂之居敬，就居敬精密處說，便謂之窮理。卻不是居敬了，別有箇心窮理，窮理時，別有箇心居敬。名雖不同，功夫只是一事。」王陽明，《傳習錄》上，《王陽明全書》第一冊，頁28。

〔註54〕王陽明，〈答顧東橋書〉，陳榮捷，《王陽明傳習錄詳註集評》，頁167。

〔註55〕牟宗三：「惟致良知中之知行合一，始眞可以扭轉朱子而大不同于朱子，而亦另開闢一境界矣。蓋此知爲良知之知，爲良知之知而且決定指導吾人行爲之是非善惡之當然之理，故良知之知之而決定之也，行亦隨之，行即含在中矣。此知行本不能分說。」見牟宗三，〈王陽明知行合一與致知疑難〉，《中國哲學思想論集・宋明篇》（臺北：牧童出版社，1977），頁265～292。

〔註56〕王陽明，〈答顧東橋書〉，陳榮捷，《王陽明傳習錄詳註集評》，頁166。

〔註57〕王陽明，〈答歐陽崇一〉，《傳習錄》中，《王陽明全書》第一冊，頁58。

格物是誠意的工夫，明善是誠身的工夫，窮理是盡性的工夫，道問
學是尊德性的工夫，博文是約禮的工夫，惟精是惟一的工夫。〔註58〕

從「道問學是尊德性的工夫，博文是約禮的工夫」看，為學的主次關係已很
清楚。至於為學之途徑，我們可以看王陽明如何論一貫工夫：

一如樹之根本，貫如樹之枝葉，未種根，何枝葉之可得？體用一源，
體未立，用安從生！謂「曾子於其用處蓋已隨事精察而力行之，但
未知其體之一」，此恐未盡。〔註59〕

如同樹木的生長，沒有根則無枝葉可得，根本已立，則枝葉生長又是自然之
事。對王陽明而言，良知即是成德的根本，人不能把握自己的良知，即是無
本之學，而欲以無本之學而達日用間隨事精察力行，是絕不可能的。相反的，
若能把握良知本體，則日用間所有行事只是依此良知而行，成聖也是自然的。
此以良知為起手、以體現良知為終點的成聖之道，就是王陽明「致良知」的
修養論。此不僅是王陽明學問最精微之處，也是他由朱學入手，經過長期困
厄、反思、體悟、精進，自得創發的新說，也是明代心學的精華。

三、朱子、王陽明思想型態的比較

我們可簡要整理朱子和王陽明二人的思想如下：朱子的思想是一套理氣
論、心性論、修養論關係緊密的體系，朱子對實然存在的理氣二元觀點，影
響其心性論的內容，他又看重人心性受氣質之蔽的實然景況，注重人與物、
主與客互動的關係，且以「理」作為外在事物與人性稟賦之共同根據，統合
著自然物理與道德倫理，故其學問雖以尊德性為主，卻必然地包含著道問學
的過程。其修養工夫以「居敬窮理」為主，但在為學次第上又以「格物窮理」
為首務工夫，主要是欲從實然的狀況起首，通過居敬窮理的積累工夫，以期
達致「物之表裡精粗無不到，而吾心之全體大用無不明矣」之境。〔註60〕相
對於朱子，王陽明的思想則不以理氣論為建構的核心，而主要在發揮人心內
在的道德主體，即「良知」。外在事物主要也落在道德意義下來觀照，故言：
「心外無物、心外無事、心外無理、心外無義、心外無善」。〔註61〕而此道

〔註58〕徐愛，〈傳習錄跋〉，陳榮捷，《王陽明傳習錄詳註集評》，頁54。
〔註59〕王陽明，《傳習錄》上，《王陽明全書》第一冊，頁27。
〔註60〕朱子，〈大學格物補傳〉，收入《四書集註》，頁6b。
〔註61〕「夫在物為理，處物為義，在性為善。因所指而異其名，實皆吾之心也。心
外無物，心外無事，心外無理，心外無義，心外無善。」王陽明，〈與王純甫

德心體（良知）正是天道性命之貫注、性善之本旨，其至善之本性無法被掩蔽，更具有趨動人行善的動力。故王陽明的工夫論，即以把握良知爲起首，通過在事上磨練的推致實踐，使良知眞誠體現，可以說是一「本於良知，以致於良知」的工夫歷程。對於朱熹、王陽明二人思想型態之比較，安田二郎曾說道：

> 總之，朱子和陽明都具有同一的體驗。朱子是立腳於獲得這個體驗的過程而形成了他的理論，而陽明則是從體驗本身出發而形成了他的理論。他們一個是『自下而上』的理論，一個是『自上而下』的理論。〔註62〕

所謂朱子和王陽明都具有同一的體驗，當指二人學問所構想的終極境界（聖人境界）是相同的。而朱子的學說以著眼於如何達此境界爲主，故重居敬窮理的工夫，希望通過在事事物物上窮格的累積，達到心與理一之境，故是「自下而上」的理論型態。王陽明則以直接體證本具天理的良知爲工夫之起點，再致此良知於事事物物上磨練驗證，故是「自上而下」的理論型態。同樣的問題，我們從二人論一貫工夫的差異，可以看得更清楚。〔註63〕如前所論王陽明的一貫說，是以樹木的生長爲喻：「一如樹之根本，貫如樹之枝葉，未種根，何枝葉之可得？體用一源，體未立，用安從生」。亦即以把握良知爲立大本之工夫，由此而下，一切工夫均能自然地開展。相對地，朱子是以索貫散錢的比喻來說「一貫」：

> 貫，如散錢；一，是索子。曾子盡曉得許多散錢，只是無這索子，夫子便把這索子與他。今人錢也不識是甚麼錢，有幾箇孔。良久，曰：「公沒一文錢，只有一條索子」。又曰：「不愁不理會得『一』，只愁不理會得『貫』。理會『貫』不得便言『一』時，天資高者流爲佛老，低者只成一團鶻突物事在這裡。」〔註64〕

沒有錢、不知如何貫，空有一條繩索是毫無用處的，亦即沒有通過格物窮理等積累博厚的工夫，而欲直接體悟本性，是帶有空幻的危險。故朱子強調「由

〔註62〕引自島田虔次，〈王陽明與王龍溪 ── 主觀唯心論的高潮〉一文中的註2，收在《日本學者論中國哲學史》，頁388～404。

〔註63〕參閱 Edward T. Ch'ien, *Chiao Hung and the Restructuring of Neo-Confucianism in the Late Ming* （New York: Columbia University Press, 1986），pp.254～255.

〔註64〕黎靖德編，《朱子語類》，卷二七，頁673～674。

博歸一」，不同於陽明「由一致博」的看法，這種差異亦即安田二郎所謂的「自下而上」和「自上而下」的差異。這兩個比喻，不僅恰切地反映著朱子、陽明二人學說的差異，也清楚顯明王陽明思想所具的生命動力，〔註65〕和朱子學說注重主客全面的周詳。

第二節　胡居仁與朱子之學

　　《明史》稱胡居仁「篤踐履，謹繩墨，守儒之正傳，無敢改錯」，〔註66〕是一固守程朱矩矱的學者。我們從胡居仁的著作《居業錄》和《胡文敬集》的文字看來，有相當多的部分都直接引用「程子曰」（主要指伊川）、〔註67〕「朱子曰」來申論，特別是發揮其中心思想「主敬」的部分，〔註68〕引用得更多。可以說其思想的原創性並不高，其承繼程朱的部分也相當明顯。而從理氣論、心性論、到主敬窮理並提的修養論等重要思想，胡居仁也幾乎全然承繼自朱子。〔註69〕再看他對程朱聖學之評價：

〔註65〕島田虔次以為陽明學的特色之一即是「動」的性質，即良知和萬物一體之仁結合，在根源上獲得了「生生」的性質，故整體學說充滿性命生機的高度動力。主張「變動周流」，不「屑屑於典要」。牟宗三也說：「良知明覺本身即是私欲氣質等之大剋星，其本身就有一種不容已地要湧現出來的力量。此即王陽明所以言知合一之故。」島田虔次，〈王陽明與王龍溪──主觀唯心論的高潮〉；牟宗三，《從陸象山到劉蕺山》（臺北：學生書局，1984），頁230。
〔註66〕張廷玉，《明史》，卷二八二，頁7222。
〔註67〕《居業錄》中所引「程子曰」並沒有特意區分程顥與程頤，雖然許多地方是指程頤，但卻也有指程顥之處，如「程子曰：以敬直內便不直」；「程子說：雖雛可以觀仁，切脈可以觀仁，是無時不體驗」；「程子天資高，其於義理不用甚窮索，只優游涵永以得之，雖曰反求諸六經，然亦不甚費力，自孔顏以下所造精粹，未有及之者」。以上均為程顥之言。參見胡居仁《居業錄》，卷四，頁15a；54a；卷一，頁42a。這些引文分別在《河南程氏遺書》卷三、十一。不過，胡居仁大部分引「程子曰」以說明主敬心有主的思想（六十六條中有四十條在申論主敬），且其中大多出自伊川的語錄。
〔註68〕《居業錄》中胡居仁引「程子曰」和「朱子曰」的次數，分別是六十六與三十一，這尚不包括對二人學問之評斷或論及政治、天象的部分，而引文大部分都在申論主敬的思想。
〔註69〕胡居仁思想主要承繼朱子，其理氣論、心性論、修養論的觀念幾乎全部承襲朱子之說。理氣論已於第二章第二節中討論，此不再贅述。心性論方面，講本然之性、氣質之性，心屬氣之靈而分動靜、已發未發，工夫也分靜存動察。此部分可參見《居業錄》，卷一，頁24b，25a，25b，28a，卷三，頁23b，24a。修養論方面，也同朱子一樣強調居敬窮理，此部分可參見《居業錄》，卷一，

此道程朱出來，發明已盡，開示工夫甚親切，如何今人甘於自棄，

不自棄者又差却工夫，故此道寥寥。〔註70〕

對胡居仁而言，程朱之學於成聖途徑既已充分發明，故生於程朱之後的儒者，學問之重點即在作聖的實踐工夫上，而非義理之探究。由此我們可說，《明史》對胡居仁的評價是很正確的。

但是第一章已論及，明初的朱學學者已具有相當濃郁的心學色彩，他們多強調躬親實踐，對「心體」相當重視，這又是明代心學萌芽不可忽視的因素，處於此時代的胡居仁也不例外。第二章我也論到胡居仁的修養論，以主敬爲第一序工夫，窮理爲第二序工夫，此於朱子以格物窮理爲首務的修養論實有不同，陳榮捷先生便說：「居仁主要學旨之在心，以及存養之倚重于敬，已確切遠離正統程朱之所守」。〔註71〕故此處我想探討，在何種意義上我們可以連接這兩種觀念，亦即討論胡居仁對朱子思想之繼承與轉化。

除了承繼朱子思想，胡居仁對程顥（明道）的思想也很推崇，甚至稱其爲「孔子以下第一人」。〔註72〕特別值得注意的是，對於明道與朱子這兩家學問的差異，他是有相當清楚的意識：

程子之學，是內裏本領極厚，漸次廓大，以致其極。朱子之學，是外面博求廣取，收入內裏以充諸己。譬如人家，程子是田地基業充實，自然生出財穀以致富；朱子是廣積錢穀，置立田地家業以致富。用力雖異，其富則一也。但朱子喫了辛苦，明道固容易，伊川亦不甚費力。〔註73〕

據牟宗三之論，程明道的學問在本質上較近於陸王心學，而遠於朱子。其天人一本之學，和王陽明心即理的良知學，都是不強調天與人、理與氣之分別，而重在直接對「仁」和「良知」的終極證悟。胡居仁說明道之學是由「大本」

頁 5b，8b，19a，49b，53a；卷二，頁 54b；卷三，頁 43a；卷四，頁 51b，24b，39a，40b。

〔註70〕 胡居仁，《居業錄》，卷三，頁 11a。

〔註71〕 陳榮捷，〈早期明代之程朱學說〉。

〔註72〕 胡居仁，「明道先生本領純、察理精、涵養熟，故不動聲色，天下之事自治，涵育薰陶而天下之心自化，孔子以下第一人也。」胡居仁，《居業錄》，卷三，頁 11a～b。

〔註73〕 此處程子主要指程顥，不過胡居仁認爲二程的學問相近，如他稱程子時不刻意去區分明道、伊川，論到朱子與明道差別時又說：「朱子喫了辛苦，明道固容易，伊川亦不甚費力」。胡居仁，《居業錄》，卷一，頁 26a。

流出，此亦如王陽明之學首重立良知之大本，故牟宗三把程明道和王陽明之學一起歸爲「縱貫系統」。〔註74〕由此我們可以說程明道之學與朱子之學的區別，與我們上一節所論朱子、王陽明「自下往上」和「自上往下」的區分是同一類型的。因此我想問，何以胡居仁對於這兩種學問類型之差異，並不追究，而只以天生稟賦之不同、所達之境地相同（其富則一也）來解釋？〔註75〕其中是否隱含著思想上的矛盾？或者他在何種觀點下能合匯這兩種修養論的型態？這問題所衍生之意義也可顯出胡居仁學問的特質。此即是以下討論的脈絡。

首先，我將從胡居仁關於「一貫」的論題著手討論，因爲透過此論題，可以直接與上一節所論朱子、陽明二人對「一貫」的看法比較，突顯胡居仁學問的特質，進而探討他之合匯朱子、明道是否恰適的問題，也試圖瞭解他的學問與朱學的關係。

胡居仁談到一與貫的工夫，說：

> 曾子一貫工夫皆有，但未悟耳，故夫子呼而告之。一貫即體用也，蓋人之一心，萬理咸備，體也；隨事而應，無不周遍，用也。曾子平日戰兢，臨履忠信篤實，則其心之本體已立，隨事精察，無不詳盡，則心之大用已周，所謂一貫者，固在其中矣。故夫子一喚即悟，不然則應之必不如此之速也。其後子思發明中和，以爲中也者，天下之大本也；和也者，天下之達道也。程子序《易》曰：「體用一源，顯微無間」，皆此道也。〔註76〕

> 曾子當初做工夫全備，一底工夫也到，貫底工夫也到，但未悟也。一是大本，曾子平日戰戰兢兢，盡其忠誠，便是立大本處；貫是達道，隨事窮理，《禮記‧曾子問》篇，精微曲盡，便是體用上理會，但未知得體用是一原，故孔子一喚即悟。〔註77〕

〔註74〕參閱牟宗三，《心體與性體》（臺北：正中書局出版，1985），第一部，第二章。
〔註75〕又如胡居仁：「程子天資高，其於聖賢經義，優游涵泳以得之；朱子天資大，直索窮究到底，不肯放過」；「孟子直是英氣，朱子直是豪氣，天資合下皆大」；「朱子直是勇，窮理便直是窮到底，作事直是做徹底」；「朱子體段大相似孟子，但孟子氣英邁，朱子氣豪雄，孟子工夫直載，朱子工夫周遍」。均是以天資稟賦不同來說明作聖工夫途徑上的差異。胡居仁，《居業錄》，卷三，頁3a，4a，14a；卷四，頁54a。
〔註76〕胡居仁，《居業錄》，卷一，頁49b～50a。
〔註77〕胡居仁，《居業錄》，卷四，頁44b～45a。

胡居仁在這裡是把「一」、「貫」當作兩個工夫看，也就是我們上一章所論的大本和達道的工夫。「一」是存養心體，立大本的工夫；「貫」是隨事體察，遍周用的工夫。而胡居仁所關注的是兩者均重的平衡，以爲曾子二種工夫都到，不像朱子認爲「貫，如散錢；一，是索子」，曾子盡曉得許多散錢，只是無這索子，夫子便把這索子與他」；也不像王陽明所說的「一如樹之根本，貫如樹之枝葉，未種根，何枝葉之可得？體用一源，體未立，用安從生！謂『曾子於其用處蓋已隨事精察而力行之，但未知其體之一』，此恐未盡」。〔註78〕朱子和王陽明都更深入地探究「一」和「貫」二者孰先孰後的問題，因這與他們學說緊密相關。胡居仁則不在「一」和「貫」二者先後、主次的關係上追究，他雖然以「一」是立本工夫，「貫」是達道工夫，但他也說：

> 存養即所以立本，窮理即所以達道。存養後方能窮理，窮理後又須存養，不先存養則心體昏放，大本不立，何能窮理。窮理後若不存養，則理無歸著，隨得而隨失矣，何能爲我有。〔註79〕

胡居仁以爲先有「一」的存養，方能有「貫」的窮理，看似如王陽明主張須先有「一」的工夫，才可能有貫的功夫。然其實並非如此，他又說：

> 一本而萬殊，萬殊而一本。學者須從萬殊上，一一窮究，然後會於一本，若不於萬殊上體察，而欲直探一本，未有不入異端者。〔註80〕

胡居仁並不像王陽明一樣以爲立本的工夫即在自信良知，相信良知「一本」既立就如同樹之根本已立，只要培養，自然能開花結果，故一切的工夫就是要推致此良知於事事物物。胡居仁還是走了朱子的路徑，以爲只有經過在萬殊事物上一一窮格的下學工夫，才可能會於「一本」，若欲直探一本則無不入於異端。因此，胡居仁雖然以存養心體爲學問之大本，然他並未能有王陽明「本心即天理」的自信，所言「大本」也不是王陽明之良知，其工夫也不是「本於良知以致於良知」成始成終的學聖歷程。雖然胡居仁標榜的「主敬」也可說是成始成終的工夫，然而這只意味了在修養的次序上是以「主敬」爲本原工夫，〔註81〕「敬」的工夫卻無法含攝「窮理」工夫，二者終須分別。

〔註78〕 黎靖德編，《朱子語類》，卷二七，頁673～674；王陽明，《傳習錄》上，《王陽明全書》第一冊，頁27。

〔註79〕 胡居仁，《居業錄》，卷一，頁54b。

〔註80〕 胡居仁，《居業錄》，卷三，頁7a。

〔註81〕 「是未知之前，朱須存養此心，方能致知，又謂識得此理，以誠敬存之而已，則致知之後，又要存養，方能不失。蓋致知之功有時，存養之功不息」。此是

　　因此，我以爲胡居仁「主敬涵養」的學旨，基本上還是承襲朱子「居敬」的理路，但是於「居敬」、「窮理」二者所構成的修養論架構上，則又有了變化。這並非意指胡居仁能突破朱子理論的格局，而是指其在修養論的重點上有了改變。朱子雖也說「心具衆理」，但「格物窮理」方是首要工夫；胡居仁則把學說的重點放在一身之修爲，故「主敬涵養具衆理的心體」成爲其學說的核心。如此重視向內涵養心體，使他極欣賞程明道「由大本流出」之學，也以爲程明道、朱子二人所達的境界是相同的，只是爲學路徑不同，而面對這不同的修養途轍，卻不追論孰是孰非或定其高下，反而以一種合匯的態度來肯認雙方。

　　綜言之，無論朱子或王陽明，都十分強調成聖歷程中先後本末的關係，他們的學說也都清楚地顯明自己的看法。朱子以爲只有逐事窮理，如積累得許多散錢，才可能以索子貫之爲「一」，此處「一」意指豁然貫通、會得理一之「一」。王陽明則認爲，只有立得本心良知，如樹之有根，才可能有枝葉之「貫」，此處「貫」則是推致良知於事上、全然中節之「和」。至於胡居仁，他的思路類似朱子，基本上他承襲朱子格物窮理「由博返約」的途轍，〔註82〕但是他又強調人之所以能（應）格物之內在根據，換言之，他更看重朱子思想中屬於格物窮理前的「立志」、「著意」、「存心」之主敬工夫，〔註83〕使之成爲其修養論的基底，而且稱這工夫爲「一」。此也即是他說「一先於貫」的意義。因此，當胡居仁說「一」與「貫」的工夫都到時，其實很近於朱子「居敬窮理，交相發用」之說，胡居仁稱此爲「體用一源，顯微無間」：

> 先儒言合內外之道，又曰表裏交正，曰內外交養，曰本末相資，曰體用一源，顯微無間，曰動靜相涵，曰敬義夾持，此等處最宜理會。
> 〔註84〕

這些說法都沒有離開程朱「涵養」、「格物」二路並進之意，故胡居仁並沒有真的能夠脫離朱學的範圍，或在理論上合匯兩種型態的修養論。然這種將「主

　　　就著爲學之次序和時間上說，存養乃在窮理之先，且有助於窮理之功能的實現。參見第二章第二節。

〔註82〕胡居仁，「窮理不周遍，則不能約要，故先博而後約，博是零碎處，約是總會處，窮理而至於融會貫通則約矣，後世有博學之士，不能造約，何也？此是博雜之學，非真能窮理，不足貴也」。胡居仁，《居業錄》，卷四，頁34b。

〔註83〕參見本章第一節。

〔註84〕胡居仁，《居業錄》，卷一，頁16b。

敬」視爲在時間及重要性上都先於「格物」的看法，削弱了朱子思想中的知識性色彩，也將格物所窮之「理」都指向倫理層次。同時，也因爲更重視「心具眾理」的觀念，使得涵養心體在胡居仁的修養論中成爲最重要的工夫，窮理反落於次要地位。胡居仁又把程明道「由內而外」的修養路徑，牽合上朱子「心具眾理」的理論，故於二人之差異，只以天資之不同來解釋。基於此，我們可說胡居仁的主敬思想，對朱學而言是一偏轉，這種偏轉並沒有帶出理論上的突破，而更多是學問重心的轉移。

從學術史巨觀的角度看，胡居仁這種學問重心的轉移代表著明初普遍以「心體」爲首的學風，對後來王陽明心學的開展，具有相當意義。但若就思想內容而言，胡居仁與王陽明二人在學說精神上則迥然有異。王陽明的心學，是一套在理氣論、心性論、修養論都高度與朱學對話，是有意識反省並欲糾正朱學，並提出不同理論見解的新學說。而胡居仁卻是在十分信服朱子權威的心態下，完全接受朱子學的理論，認爲後人不須更在義理上探究，只須躬身實踐，也因而放大了朱子學中關於涵養的主敬部分。胡居仁無意要偏離朱子之教，但由於時代學風和個人關注點的不同，卻無形中造成偏轉的事實。

既然胡居仁不是眞能在理論上合匯朱子、程明道兩種不同型態的修養論，他在態度上採取兼融的態度，是否妥當？按理論的層次上說，胡居仁確實不如朱熹、王陽明般深刻和徹底，因爲他雖強調心體本明，卻不能推致究極，如程明道的一本說。另一方面，他雖接受朱子思想，但也不能貫徹朱子從理氣論到心性論、修養論一致的「由下而上」思路，反而高舉另一種修養路徑。因此，胡居仁的思想在理論層次上，確實不夠深入，他不能像朱子或王陽明一樣地追究成聖的本末先後途徑，在朱子和王陽明的重要分歧點上，他反而輕略地以稟賦之不同帶過。爲什麼會如此呢？我想這應該與胡居仁不重視觀念理論架構之探索而更重視親身實踐，有極密切之關係。

以窮理最直接主要的途徑——「讀書」而言，胡居仁絕對重視，[註85]但是讀書之重點是爲了「反躬實踐」，[註86]即是爲得先賢所得之義理，[註

[註85] 胡居仁：「孔門之教，惟博文約禮二事。博文是讀書窮理事，不如此則無以明諸心；約禮是操持力行事，不如此無以有諸己」；「修身莫先於窮理，窮理者在於讀書、論事推究到極處。」胡居仁，《居業錄》，卷二，頁19b、25a。

[註86] 胡居仁：「四書六經皆是吾身上有底道理，但聖賢先我而覺耳，我未覺所以要讀，若不反躬，則皆成糟粕」。胡居仁，《居業錄》，卷二，頁51a。

87）做爲自己實踐之準則而已。因此他雖也說「博文約禮」，實際上此「博文」並不能眞如朱子註經，帶有高度懷疑、思索、開創的精神，〔註 88〕反而成爲「剝落博文精神」的讀書明理。這種學問重心集中在實踐的結果，使他對於事情之判斷，更集中於親身的「體認」上，〔註 89〕對於理論之認可也主要重實踐過程中的體認。因此，我們可以想見，胡居仁何以不像朱、王二人深切且貫徹地在理論上探討，而採用「內外」、「一貫」此種相當經驗性的話語來詮釋其修養論。

　　值得注意的是，當我們指出這種在理論架構上不徹底的缺點時，其實正是在胡居仁所不願多談的層面上鑽研。他已經把精力由頭腦的思辨移至身體的實踐，此是他趨進聖學的路徑。他語言的表達，也應該是實踐經驗層次的表達，而非整體思想系統的建構。因此若只以頭腦之思辨來評斷他的學問，其實並不恰切，也不公平。或者我們也可問：對於作聖之學而言，觀念理路的清晰程度眞的是最重要的嗎？在主觀論和客觀論都走入絕境的今天，如何重新思考或結合二者，並重視身體在實然情境下的活動與習慣之培養，已吸引許多學者的研究。胡居仁及明初許多儒者所展現近乎宗教情操的品德鍛鍊，不僅不該被輕意加諸「思想矛盾」這樣貶抑的評斷，反而是提醒今日學者該更多去瞭解明代理學家們注重身體之操練的深刻意義。從歷史的觀點看，有人更以爲正是這種情操影響了有明一代的士風。〔註 90〕

〔註87〕　胡居仁，《居業錄》，卷二，頁 51a。
〔註88〕　狄百瑞：「這種對於其所繼承的傳統加以懷疑的態度，正是整個宋代學問的重大特徵。作爲宋儒對於經典的全盤解釋與重組基礎的，正是宋儒對於漢唐「古典」學的懷疑態度。……這種致疑的態度和批判的方法，就更深深地契入於程朱修身的新傳統了。如《近思錄》及朱子所結集的《四書》，這些深具影響的經典鼓勵了這種自覺批判的態度的發展，而且也具體地把這種精神落實在經典研究之中。」引自狄百瑞（Wm. Theodore de Bary）著，李弘祺譯，《中國的自由傳統》（聯經出版，1983），頁 70。
〔註89〕　胡居仁：「體驗二字，學者最親切。讀書皆須體驗，放自己身上來，不然則書自書，我自我矣，濟甚事？」；「讀書一邊讀，一邊體驗做，做得一兩處到身上來，然後諸處亦漸湊得來，久則盡湊得到身上來，此則是大賢」；「讀書須以身體驗，則書上道理方與自家湊泊」。胡居仁，《居業錄》，卷四，頁 39a；卷一，頁 20a，44a。
〔註90〕　甲凱：「明儒於論學用力極勤，修身持躬也最嚴格，如薛瑄的檢點言動，吳與弼的涵養性情，皆非常人所能及。此外如呂門下，禮教淑身；陳獻章之徒，澹泊明志；章懋的醇樸和厚，陳選的清苦操作，王恕的高風亮節，顧憲成的忠義爲重，胡居仁的鶉衣脫粟，黃道周的餽贈悉絕，都是極崇高的學養和人

第三節 白沙學與朱子學、陽明學的比較

王畿（1498～1583）曰：「我朝理學開端，還是白沙，至先師而大明」；〔註91〕黃宗羲亦曰：「有明之學，至白沙始入精微，……至陽明而後大」。〔註92〕均以陳獻章爲突破明初朱子學風、開啓陽明心學的先驅性人物。後來許多學者也抱持這種看法，以陳獻章爲連繫陸學到王學的重要關鍵。〔註93〕但我們從陳獻章自述成學經過知道，他的學問是從朱學入手，因未能有得，故轉手而出，才開展出一套自己的思想。因此就其所處明初理學和心學交會點上的學術地位而論，我們實在不能輕忽其與朱子的關係。故下文將就其修養論，來看其學問轉手於朱子的部分。特別要由「讀書」的問題，來突顯二人最主要的差異。

黃宗羲雖指明陳獻章之學與王陽明的關係，但他的一句話：「兩先生之學最爲相近，不知陽明後來從不說起，其故何也」，〔註94〕似乎已窺見在這種學術傳承的顯見處，尚有著更多的曲折、源委待詳細考究。事實上，確實已有許多學者致力於此問題的探討，〔註95〕熊十力、山下龍二均以爲此處之不提，

格。……尤其難能可貴的是明代學術門戶分裂，主張各異，但大多數學者均能虛衷受益，很少攻訐之風。……文人相輕，自古以然，唯明儒長於修己，不暇責人，可謂長於內省而近於完美了」。甲凱，〈明代的學風與士習〉，《中國歷史學會史學集刊》第七期（1975），頁179～185。

〔註91〕 王畿，〈復顏沖字〉，《龍谿王先生全集》（臺南：莊嚴文化事業，1997），卷十，頁40b。

〔註92〕 黃宗羲，《明儒學案》，卷五，頁78。

〔註93〕 章沛指出，明代學者對陳獻章思想的看法可分爲三：一是以其爲非儒家思想，屬禪宗思想，如胡居仁、羅欽順；二是以其爲陸王一脈相承，黃宗羲爲代表，王門諸子也都採此說；三是以爲其思想既非屬禪學，亦不屬心學，乃是儒家之一脈，如高攀龍。馮友蘭也稱陳獻章「其初所學爲朱學，其後所自得，爲陸學也」。容肇祖：「（明代）變朱學爲陸學的，實始於陳獻章，成於王守仁」。黃桂蘭：「陽明興起，遙承陸氏」；「王陽明學說發源於白沙」。見章沛，《陳白沙哲學思想研究》，頁6～7；馮友蘭，《中國哲學史》（臺北：太平洋圖書公司，1970），頁946；容肇祖，《明代思想史》（臺北：臺灣開明書局，1982），頁35；黃桂蘭，《白沙學說及其詩之研究》（臺北：文史哲出版社，1981），頁1，101。

〔註94〕 黃宗羲，《明儒學案》，卷五，頁78。

〔註95〕 姜允明指出王陽明曾三次提及陳獻章之名，認爲：「陽明對白沙當有所知，所謂有意不提及者，蓋白沙學受胡居仁等攻擊，指爲趨向黃老，流入禪教，而目之爲異端。明室朱學遺風，科舉進士之習尚瀰漫向下，陽明雖有受啓發於白沙，亦儘量避免予以討論或引用」。陳榮捷認爲王陽明之所以不道及陳獻章，

乃二先生學問終有相異處所致。〔註 96〕故此處比較陳獻章與王陽明之學，主要集中在二人學問之相異處，即心與理的關係上討論，並依此說明二人修養論的差異。

一、白沙學與朱子修養論的比較

　　如前文所論，朱子的學問是一套從理氣論下貫心性論、修養論的龐大體系，因於實然存在講理氣二元的結構，使其論性有本然之性、氣質之性的區分，論心亦有道心、人心的分別。成聖是從實然邁向應然（從氣障蔽理到氣受導於理）的過程。故其學看重氣質之蔽，因此其所謂「性即理」、「道心」等意義，是做為成聖之所以可能的內在根據，以及理想聖人境界的構想。而整體修養的工夫，則是要通過居敬窮理才能達到會通理一、純然道心之境。相對的，陳獻章的學問可以說是以心為主而開展的。雖然他仍以「道」為天地萬物之根本，〔註 97〕論到「理」時也說：「此理干涉至大，無內外，無終始，無一處不到，無一息不運。會此則天地我立，萬化我出，而宇宙在我矣」，是以此天理為充塞宇宙、至高至大的原理，而且認為工夫只是在「收拾此理而已」，〔註 98〕故與朱子的天道、天理觀，似乎沒有差別。但是，陳獻章論到心體時，卻沒有氣質蔽固的「人心」之說，而是以此心為一能完全體悟天道、具有創造動力的主體，故又不同於朱子。

　　論到聖人境界時，朱子說「自然從容中道，才方純是道心」與陳獻章說

是因為未曾看過陳的著作，又認為陳獻章與王陽明皆上承周、程、象山之心學，故王陽明不必通過陳獻章以明其說。熊十力認為王陽明與陳獻章之學必有異處，而終不道及者，正是敬恭老輩，非敢慢也。山下龍二：「陳白沙式的『靜坐』思想也在這時流入他（陽明）的腦海中去，可是如果說他有陳白沙的直接影響，卻是沒有任何證據。只有少年時代接觸過吳康齋門下的婁一齋以及和陳白沙門下的湛甘泉是朋友這種關係而已，而且和後者的接觸可以說反而使他有更清楚的對立意識」。姜允明，〈明儒陳白沙生平學說概觀〉，《心學的現代詮釋》（臺北：東大出版社，1988），頁 115～139；黃敏浩，《湛甘泉的生平及其思想》（臺灣大學中國文學系碩士論文，1988），第四章，註 7；山下龍二，之言，見加藤長賢監修，蔡懋棠譯，《中國思想史》，頁 155；Wing-tsit Chan, "Chan Jo-shui's influence on Wang Yang-ming," *Philosophy East and West*, vol. 23, pp. 9～30.

〔註 96〕參見加藤長賢監修，蔡懋棠譯，《中國思想史》，頁 155～156。
〔註 97〕陳獻章，〈論前輩言銖視軒冕塵視金玉〉上，《陳白沙集》，卷一，頁 65b。
〔註 98〕陳獻章，〈與林郡博〉第五書，《陳白沙集》，卷三，頁 22a。

「聖道至無意」、「隨時屈信，與道消息」，﹝註99﹞同樣描述順天道而行的自然境界。且二人的學問論到成學境界都意指著心能會通天理，即所謂「豁然貫通」和「心湊泊於理」，並且也都認爲欲達此境界，須要一長久的修持。因此，雖然朱、陳二人的思想在整體結構上已有顯著的差異，但在修養論的構想上，仍有著某種相關性。事實上，陳獻章早年爲學就是遵從朱子格物窮理的方法，後來因深感心無法湊泊於理，逐撤反於朱學，以靜坐悟此心此理之湊泊，才得以建立他以心體爲核心的思想。因此其修養論之目標與「由下而上」的歷程之所以類似於朱子，是可以想像的。不過，對於如何達到「心與理一」的涵養工夫，二人的看法全然不同，此處不僅是陳獻章建立新說的關鍵處，也是二人差異最鮮明之處。而突顯二人修養論差異最有明顯之焦點，還是在「讀書」的問題上。

朱子格物窮理的工夫，基本上承襲程頤所說：「今日格一件，明日又格一件，積習既多，然後脫然自有貫通處」。即通過長期積累的工夫而得，最後的「豁然貫通」雖有頓悟色彩，﹝註100﹞然若非前頭之格物的積累，不可能達致。故概括而言，朱子的格物窮理是著重漸修的工夫。朱子雖然也講心之虛明，﹝註101﹞但其工夫進路卻從不與外物捨離，相反的，心只有一事一物地去接觸並窮究其理，才是致知的唯一方法。讀書既然是格物窮理工夫中有效又重要的活動，故可說讀書是幫助心能豁然明理所不可缺少的活動，讀書在朱子涵養論中佔有重要的地位。

﹝註99﹞ 朱熹，〈問張敬夫〉，《朱子文集》，卷三二，頁 8b；陳獻章，〈仁術〉、〈與張廷實主事〉第三十五書，《陳白沙集》，卷一，頁 70a；卷二，頁 61a。

﹝註100﹞ 朱子格物說：「至于用力之久，而一旦豁然貫通焉，則物之表裡精粗無不到，而吾心之全體大用無不明矣，此謂之物格，此謂之知致」，這基本上同於程頤「今日格一件、明日又格一件」之說。格物首先是一積習的工夫，但所終的豁然貫通卻含有神秘主義的頓悟經驗；今日格一件、明日格一件是有意有爲的積累工夫，貫通之後卻是體證太極理一，無意無爲與天命流行的全明之境。用程頤的比喻，則是一爲人執尺丈量，一爲人化而爲尺的差異。故格物窮理並非一連續的工夫，最終貫通的經驗並非積習所能達致的，然卻是非由積習入所不可能達致的。程頤：「其未化者，如人操尺度量物，用之尚不免有差，若至於化者，則己便是尺度，尺度便是己」。見程顥、程頤，《河南程氏遺書》（臺北：漢京文化事業，1983），卷十五，頁 156。

﹝註101﹞ 朱子：「虛靈自是心之本體，非我所能虛也」；「心本是湛然虛明，事物之來，隨感而應」；「聖人之心，瑩然虛明，無纖毫形跡」。黎靖德編，《朱子語類》，卷五，頁 87；卷十六，頁 347，348。

　　陳獻章則不然，其涵養論的關鍵工夫是靜坐，唯有通過靜坐、脫去物累而達至全然靜虛之境，躍然契道之心體才可能呈露。而悟道之學問，只有靠此心之能知，全然不關乎語言、聞見、積累之工夫。故讀書對陳獻章而言，只是自得之後一可有可無之活動，對其得道而言，沒有眞正關鍵性的幫助：〔註102〕

> 夫學，貴乎自得也。自得之，然後博之以典籍，則典籍之言，我之言也。否則，典籍自典籍，而我自我也。〔註103〕

> 致養其在我者，而勿以聞見亂之，去耳目支離之用，全虛圓不測之神，一開卷盡得之矣，非得之書也，得自我者也。蓋以我而觀書，隨處得益；以書博我，則釋卷而茫然。〔註104〕

> 千卷萬卷書，全功歸在我。吾心內自得，糟粕安用那？〔註105〕

> 此心自太古，何必生唐虞，此道苟能明，何必多讀書。〔註106〕

> 吾能握其機，何必窺陳編。〔註107〕

陳獻章認爲人有在自得之後才合適讀書，因爲到了那時，靜虛神妙之心體能契悟書中之理，故才是眞正地以我觀書，也才能隨處得益。事實上，這種益處就是能隨處體認天理的表現，其實到了那時，讀書仍不是一重要活動，因爲朝市山林、江天雲海，隨處都可以體認天理，不必限於書本。故曰：「吾心內自得，糟粕安用那？」、「此道苟能明，何必多讀書」；其詩亦云：「文士弄筆硯，著述勞心神，而我獨無事，隱几忘昏晨」；「老夫無可洗，抱膝洗吾

〔註102〕此處意指讀書在陳獻章修道工夫上的地位，並非指其成學全然無得益於書本。
〔註103〕張詡，〈行狀〉，《陳白沙集》附錄，頁14a。
〔註104〕引文見陳獻章，〈道學傳序〉，《陳白沙集》，卷一，頁26b～27a。又朱子：「山谷與李幾仲帖云：『不審諸經、諸史，何者最熟。大率學者喜博，而常病不精。汎濫百書，不若精於一也。有餘力，然後及諸書，則涉獵諸篇亦得其精。蓋以我觀書，則處處得益；以書博我，則釋卷而茫然』。先生（朱子）深喜之，以爲有補於學者。」其中以我觀書諸句，雖同於陳獻章所說，但含意並不同。此處僅說及讀書當精熟，不可太快汎濫百書，只想於聞見知識上以書博我，並非格物窮理之方，故朱子以爲有補於學者。黎靖德編，《朱子語類》，卷十，頁169。
〔註105〕陳獻章，〈藤蓑〉，《陳白沙集》，卷五，頁10a。
〔註106〕陳獻章，〈贈羊長史寄遼東賀黃門欽〉，《陳白沙集》，卷五，頁16b。
〔註107〕陳獻章，〈答張內翰廷祥書括而成詩呈胡希仁提學〉，《陳白沙集》，卷五，頁2a。

詩。一洗一回疏，相將洗到無」。〔註108〕如果詩是陳獻章自得後利用文字所作一情境式的表達，他仍要一回一回地洗鍊到「無」的境地，將此心此我完全消融於大化自然中。因此我們確實可說，讀書對陳獻章是一可有可無之事；對一未能掌握學問之霸柄在心的人，他必告之以「觀書博識，不如靜坐」。

以上即是就朱子、陳獻章二人在其學問所達之理境的相似性與涵養路徑的差異，來討論二人學問之異同。由此我們可見，陳獻章學問已脫離朱學的範圍，以其自身經歷爲準，建立起一套自己的學說，他不像胡居仁只是在學問側重面上轉移、理論架構完全承襲朱學。陳獻章爲學之霸柄與一切判準均集中於「心」，如此信任心體，更是使其能在明代心學發展史上佔據開創地位的主因。

二、白沙學與陽明學的根本差異

王陽明、陳獻章二人學問有許多相似處，如他們對朱學的批判，對存天理、去人欲之講求，對心體之信任，以心爲主的爲學態度等都很接近。故王畿、黃宗羲均以二人之學有相承的關係，我們也可認定陳獻章對王陽明有相當影響，甚至贊同王畿和黃宗羲之見，把陳獻章置於明代心學開創性的地位。儘管如此，我們仍應辨析陳獻章、王陽明二人在學問根本上的差異。於此差異處，不僅可見王陽明的創發之功，更可見學術發展中微妙多元的繼承與變化。

陳獻章雖強調心體的重要，但其「此心此理之湊泊」在本質上仍不同於王陽明的「心即理」。王陽明以爲心體即是天理，即是本然的良知，是不必待學問、修持而本然即是理。此良知心體亦可隨時呈露，故其涵養論的起點就在把握這個先天而然的「良知心體」，而不必以長期靜虛之工夫待此心體之朗現。也因此在王陽明的修養論中，最重要的不是靜坐，靜坐只是一權宜之法，〔註109〕最重要的乃在「推致吾良知於事事物物上」，在能貫通內外動靜的「事上磨練」。相對的，陳獻章的「此心此理能湊泊」並非一本然即是的境界，心體亦非可以隨時呈露，都是經過長期靜虛修持之結果。此處當然不是指陳獻章之心體沒有先天性，只是它如朱子的道心一般，是要經涵養到最高境界才能體現的。所以在修養論型態上，陳獻章仍不是屬於陽明「由上而下」的型

〔註108〕陳獻章，〈拉馬玄眞看山〉、〈洗竹〉，《陳白沙集》，卷五，頁 13b，37a～b。
〔註109〕見第二章第一節。

態，反而是屬朱子「由下而上」的型態。〔註110〕

　　從陳獻章、王陽明二人學問本質的相異處，我們再來看其涵養論的差異。對陳獻章而言，隨動隨靜體認天理當在心體呈露之後始能；王陽明則以爲此心在起頭處已是全備天理。故陳獻章之涵養重在靜坐以達至虛至無，而能使此心體朗現；王陽明之修持則重在把握全備之良知，隨事隨物磨練。同樣地，雖然在二人思想中，「讀書」之於成聖均非關鍵，然而陳獻章比王陽明有更排斥讀書的傾向。王陽明不必倚靠讀書得道，也不必排斥讀書，因爲讀書與否都無關乎「心即理」的本然事實，而讀書正可以是諸多「事上磨練」之一事。陳獻章則認爲只有在「心」上用功，於虛靜中讓心體呈露，才能達「心與理湊泊」之境，讀書往往會阻擾人於心上用功，使心體陷入紛擾的活動，故陳獻章不僅不重視讀書，且有排斥讀書的傾向。由這些差異，我們可以說，儘管王陽明之學可能受到陳獻章的啓發，然其「心即理」的自得之說，實非陳獻章之學所能涵括，此或即是王陽明從不說起陳獻章之故。

　　另外，若以涵養工夫的外觀而言，我們發現陳獻章脫離物累、講求絕對虛靜的面貌，與朱子居敬格物、王陽明事上磨練之貫乎動靜的面貌絕然不同。但若以整體思想而言，陳獻章則反映著從朱子到王陽明中間的學問風貌。朱子是通過格物和居敬的工夫，才能達心與理一之境；陳獻章則把重心推到人之「心」上用功，但卻是通過至虛至靜至無的工夫，以達致心與理一之境；王陽明之學則從起初就在此心與理一的基礎上建構，故其學重在以此心去應事。因此我們可說，陳獻章之學在心體之創發上，已相當近於王陽明，但在涵養論「由下而上」型態上，卻又似朱子。此亦可視爲由理學到心學發展中的重要環節。

第四節　「心」在理學中的演變

　　此節將綜合上文所論，再一次對朱熹、胡居仁、陳獻章，到王陽明的學術發展作一反省，也試圖爲胡、陳二人的學術做定位。我將以綜觀「心體」在各人學問中所佔的份量，來討論這段學術史的演變。

　　在朱子思想中，「心」並非不重要，相反的，心不僅是人一身之主宰，又有知覺的作用，更稟具眾理，〔註111〕因此人與萬物之接觸、自身的行動與思

〔註110〕安田二郎，〈陳白沙的學問〉，《中國近世思想研究》，頁149～183。
〔註111〕「問：『心是知覺，性是理。心與理如何得貫通爲一？』（朱子）曰：『不須去

維都是出於心之運用，道德意識的根源也在此稟具眾理的心體，而修養論的
重點就是在使此具理的心，能在現實發用上完全達到「心與理一」的境界。
由此可說，「心」是朱子修養論中極重要的關鍵所在，錢穆先生更說：「朱子
之學徹頭徹尾乃是一項圓密宏大之心學」。〔註112〕如果我們只把眼光的焦點放
在朱子論心的內容上，而不去注意其思想的另外論題，事實上並不容易區別
其與陸王心學論心之差異。換言之，朱子思想中是有心學的某些內涵，但這
種相似性並不能掩蓋他們之間存有更大的差異性。學者以朱子爲「客觀唯心
論」、以王陽明爲「主觀唯心論」，也正說明這種現象。〔註113〕

　　但是，在朱子學龐大的體系裡，「心」並不是唯一的重點。前文討論到朱
子思想是一套從理氣論下貫心性論，關注點廣大而複雜的體系，注重人與萬
物間的和諧相處。心不僅要能主宰一身，在感物受動時也要能達如理而發的
境界，因此要使具眾理的心體能達致「心與理一」，並非單以涵養此心爲主，
更要以能連接主容物我之「格物窮理」工夫爲首務。因此我們可以說，朱子
雖重視心，但「心」在朱子整體思想中並非處於最核心的地位。

　　胡居仁的思想幾乎完全承襲朱子，但對朱子學說中各論題的份量，卻有
所偏移。他削弱了理氣、太極、本體論的部分，把學問重心置諸身體修養，
故也更加發揮了涵養主敬的部分，並以此做爲其修養論第一序的本原工夫，
與朱子以格物窮理爲首務的修養論已有不同。此正是胡居仁之學偏離朱子之
處，也是明初朱學學者普遍的學問特色。由於胡居仁學問重心作了如此的偏
轉，雖然他自覺地謹守朱學軌範，就其學問的大體而言，也仍屬朱子學派，
但實際上，「心」在其整體思想中的比重已大大被提升了。

　　陳獻章雖然也從朱學入手，但他最終對朱學偏離的情形要比胡居仁大，
而且有意識地揚棄朱學的修養方法而自創新說，此即其與胡居仁在學術上對
立的原因。陳獻章之學以「心」爲主，他放棄了朱子道心／人心的理氣二元
結構，而賦予「心」能完全契悟天道、掌握宇宙變化之機、具有創造力的內
涵。他的文字充滿了對心之頌讚，對心湊泊天理、悟道自然之境的抒發，但

著實通，本來貫通』」。朱子：「心者，人之所以主于身者也，一而不二者也，
爲主而不客者也，命物而不命于物者也」；「人之心，湛然虛明，以爲一身之
主者，固其本體。」。黎靖德編，《朱子語類》，卷五，頁85；朱熹，〈觀心說〉、
〈答黃子耕〉七，《朱子文集》，卷六七，頁20a～b；卷五一，頁27a。
〔註112〕錢穆編，《朱子新學案》第二冊，〈朱子論心與理〉，頁1。
〔註113〕蒙培元，〈論朱熹理學向王陽明心學的演變〉。

很少對存在論作理論上的剖析。這一點也可說明心體在陳獻章學問中的核心地位。陳獻章修養論的重點即是在「使心與理能湊泊」，亦即讓那能悟道、能創造的心體呈露，而達日用應酬有本有源、如理而發的境界。而修養工夫的唯一入手處，也就在「心」上，他主張排除一切外物之紛擾，要「無意無累」方是大本工夫，而「靜坐」正是使心不陷外物紛擾的重要工夫，故在陳獻章學問中具重要地位。

　　陳獻章、胡居仁學問的主要差異在：胡居仁雖重涵養心體，但沒有放棄在事上格物，他仍蹈循了程朱居敬窮理的修養方法，對學問之判準也以程朱之說為準；陳獻章則已正式脫離了程朱學講格物、重傳統、重經書的格局，一切學問的判準都留給本心。陳獻章是第一位以「心」建立學說的明初學者，心體已經成為核心與用功的唯一霸柄處，由此亦可見「心」的地位與重要性，往前大大地跨了一步。

　　儘管如此，明代真正代表「心學」的精神，卻要到王陽明才達致高峰。因為對陳獻章而言，心體雖然重要，但並非本然地湊泊於理，故心要與理合一仍是經過長期修養的結果。但王陽明「心即理」學說則不然，心即是理，一切對外物的觀照都是從本心良知而發，這種對道德本體的自信與把握，對萬物道德性的觀照都成為王陽明學說的核心。他把朱學中作為存在論最高原理的「理」，完全內放於良知本體，一切原則、判斷、價值都歸於心體。如此才能在理論層次上真正與朱學對話，重新思考朱學中的許多論題，並提出完全不同的理論，故也才能真正代表明代心學學說的完成。概括而言，對朱學的違離程度，從胡居仁、陳獻章到王陽明是一步步地加大距離，對「心」的重視與自信，也是逐漸地加強。當然，我們也不可忽略，王陽明與朱子在終極理想、思考的方式與語彙上，都具有密切的關係，畢竟二者都屬於理學傳統內部的學說，差異和對立也不是絕然的。

　　綜上所論，胡居仁、陳獻章的學問都反映了明初注重心體的學風，也都對心學的發生有所助長，然而這畢竟只就巨觀的學術發展史而言，也是後代回顧式的觀照。若以二人所自覺的學問特質而言，他們確實具有相當大的差異，這差異主要表現在他們對朱子思想執守的程度。胡居仁篤守程朱矩矱，是明初程朱學派的大儒；陳獻章則從程朱學中解放而出，憑著自我摸索和自信本心的經驗，開創了新的學派。

第四章 小 結

　　黃宗羲曰：「先生（敬齋）必欲議白沙爲禪，一編之中，三致意焉，蓋先生近於狷，而白沙近於狂，不必以此而疑彼也」。〔註1〕雖然胡居仁、陳獻章二人學問的差異，不是單單以「狂、狷」可以總括的，但黃宗羲此語，仍然很恰切地點出二人生命與學問的特質。

　　《論語》：

　　子曰：「不得中行而與之，必也狂狷乎！狂者進取，狷者有所不爲」。

　　〔註2〕

　　《孟子》又云：

　　孟子曰：「孔子不得中道而與之，必也狂獧乎。狂者進取，獧者有所不爲也。孔子豈不欲中道哉，不可必得，故思其次也」。「敢問何如，期可謂狂矣」？曰：「如琴張、曾晳、牧皮者，孔子所謂狂矣」。曰：「何以謂之狂也」？曰：「其志嘐嘐然，曰古之人，古之人，夷考其行而不掩焉者也。狂者又不可得，欲得不屑不潔之士而與之，是獧也，是又其次也」。〔註3〕

從「狂者進取；狷者有所不爲」、「狂者，志極高而行不掩；狷者，知未及而守有餘」看來，〔註4〕確實是陳獻章和胡居仁學風的很好寫照。陳獻章奮然於學問自得的氣魄、勇於破除朱學之範圍、歌頌契悟自然的眞樂、撤除門戶藩籬之見，和胡居仁的遵循名教禮法、篤守程朱矩矱、致力下學工夫、捍衛儒

〔註1〕黃宗羲，《明儒學案》卷二，頁30。

〔註2〕朱熹，《論語集註》卷七，收入《四書集註》，頁7b。

〔註3〕朱熹，《孟子集註》卷十四，收入《四書集註》，頁13b～14a。

〔註4〕朱熹，《論語集註》卷七，收入《四書集註》，頁7b。

學正統，在在都是鮮明的對比。二人對於聖學追求的方式也確實表現了「進取」與「有所不為」的精神差異。

狂者的「進取」使他們往往更富有開創性的精神，也勇於創造新的學風；而「志高」也使他們傾向以生命去追求、歌頌最高境界的美善與至樂。這種專注在天人合一之最終境界的追求，使他們較輕看學派間的異同之辯，學問也較寬廣而駁雜，故容易引來許多醇正儒者的批評。不僅陳獻章如此，曾點、邵雍、甚至王陽明，以及後來的泰州學派，都或多或少表現了這種「狂」者的精神風貌。〔註5〕黃宗羲也說：

> 蓋自夫子川上一嘆，已將天理流行之體，一日迸出。曾點見之而為暮春，康節見之而為元會運世，故言學不至於樂，不可謂之學。至明而為白沙之藤蓑，心齋父子之提唱，是皆有味乎其言之。然而此處最難理會，稍差便入狂蕩一路，所以朱子言曾點不可學，明道說康傑豪節之士，根本不貼地，白沙亦有說夢之戒。〔註6〕

陳獻章之學以體會天道流行之至樂為目標，文字語言也多表達對這境界的讚頌。他的詩多作於心體呈露、學問成立以後，〔註7〕故詩中充滿描寫天理流行、天人合一的快樂情境，例如：

> 真樂何從生，生於氤氳間。氤氳不在酒，乃在心之玄。行如雲在天，止如水在淵。靜者識其端，此生當乾乾。〔註8〕

> 若道眼中惟見水，老狂何意向詩傾。〔註9〕

> 人間一種惟予樂，只在溶溶浩浩間。〔註10〕

詩的語言是作為這種境界表達的最佳媒介，故學問風格傾向曾點氣象的學者，均往往喜歡作詩讚頌，邵雍、陳獻章如此，王陽明也如此，例如他說：「老夫今夜狂歌發，化作鈞天滿太清」、「鏗然舍瑟春風裏，點也雖狂得我情」。〔註11〕這種狂者的精神與他自信良知、契悟天理的經驗應該有關。

〔註5〕關於陽明的狂者精神，參見秦家懿，《王陽明》，頁27～52。
〔註6〕黃宗羲，《明儒學案》卷三二，頁719。
〔註7〕據陳郁夫，白沙詩多作於五十二歲以後。陳郁夫，《明陳白沙先生獻章年譜》，附錄年表。
〔註8〕陳獻章，〈真樂吟效康節體〉，《陳白沙集》卷九，頁48a。
〔註9〕陳獻章，〈題山泉為林節推〉，何九疇編，《白沙子全集》卷六，頁60a。
〔註10〕陳獻章，〈夢中作〉，《陳白沙集》卷九，頁36a～b。
〔註11〕王陽明，〈月夜二首〉，《王陽明全書》第二冊，頁204。

然而，太多去描摩天理流行、萬化合一這種高妙的境界，對於爲學工夫並沒有太大助益，反而可能流於空幻，故黃宗羲說：「稍差便入狂蕩一路」。此也就是那些注重「下學上達」爲學次第、篤守名教禮法的儒者所最不喜輕言的。從程頤、朱子，到胡居仁，我們都看見他們對曾點氣象的批評，而胡居仁之所以竭力抨擊陳獻章之學，也正因爲此。胡居仁：「如公甫所說，是常把這天地萬象積放胸中，只弄得這些精神，豈暇再去思量事物之理，故張皇烜嚇，自己不勝其大，故下視聖賢、小視天地」，〔註12〕正表達了他對這種高妙境界之說是「有所不爲」的。

與狂者相反的，狷者的「有所不爲」常使他們在動盪的社會中，能保有操守，在變化的學風下，能持守學問之綱紀大分。或許就著學術的開創而言，他們較缺乏建樹，就學問的表達而言，他們也不夠高妙精闢，然而若以學術傳統的維繫而言，他們卻具有穩定持守的影響力，也是對「狂者進取」的一種持衡作用。在未能達「中行之道」的社會裏，「狂」與「狷」往往是一對能互相激盪、反照，且具有制衡功能的兩股精神風貌與力量，而胡居仁、陳獻章二人之學對當時學界的影響也正是如此。然而不論「狂」或「狷」，總不是爲學的最後目標。朱子說：「不若得此狂狷之人，猶可因其志節，而激厲裁抑之以進於道，非與其終於此而已也」，〔註13〕超狂狷而入聖人之境，才是儒學的最終目標。即使胡居仁與陳獻章在生命風格與學術表現上均有明顯差異，二人致力於「作聖」的心志是一致的，以儒家聖人爲終極理想也是一致的。

〔註12〕 胡居仁，《居業錄》，卷四，頁42b。
〔註13〕 朱熹，《論語集註》卷七，收入《四書集註》，頁7b。

附錄：胡居仁與陳獻章年表

胡　　居　　仁	陳　　獻　　章
明宣宗宣德三年戊申（1428）生	
	陳獻章（字公甫，號石齋，又號石翁、白沙子、碧玉老人、玉臺居士、江門漁父、黃雲老人、紫水歸人、南海病夫等）生於廣東新會縣都會村，生時（十月二十一日）爲其父卒後之一月。先生系出河南太丘，先世仕宋，金人南下，避居廣東雄珠璣巷，度宗咸淳年間，其高祖判卿南下至新會，居都會。祖永盛，爲人不省世事，好讀老氏書、嘗慕陳希夷之爲人。父琮，號樂芸居士，少穎悟，讀書一目數行，尤善詩，隱居不仕，年二十七卒，著有《樂芸詩集》。母林氏，年二十四即孀居，終身守節，兄名獻文。
生 　　明宣宗宣德九年甲寅（1434）	
胡居仁（字叔心，號敬齋）生於江西餘干。始祖檢閱公，泰州人，隨宋高宗南渡，居進賢之歸仁鄉，後徙臨川白玕。六世祖斗南公，徙餘干鄒店，九世祖日新公，徙梅溪。父子儀，讀書教授鄉里，號竹友先生，母王氏，兄名居安。	
明英宗正統元年丙辰（1436）　　　　九歲	
	先生幼時體弱多病，「至於九歲，以乳代哺」（〈乞終養疏〉）。又「警悟絕人，讀書一覽輒記」（〈行狀〉）。
七歲　　　　明英宗正統五年庚申（1440）	
受學於家塾，言動類成人，塾師異之。	
十三歲　　　明英宗正統十一年丙寅（1446）　　十九歲	
移居記作：「予年十二三，隨親居安仁之大原」。	充邑庠生，其師見其所爲文，異之曰：「陳生非常人也，世網不足以羈之」。（〈行狀〉）
明英宗正統十二年丁卯（1447）　　二十歲	
	中鄉試第九名。
明英宗正統十三年戊辰（1448）　　二十一歲	
	赴北京春蘭，中副榜進士，入國子監讀書

	明代宗景泰二年辛未（1451）	二十四歲
	先生復試下第，乃南歸。南歸後，遷白沙村，居小廬山下，設帳授徒，志道向學（〈改創白沙家祠碑記〉云：「白沙先生生都會里，里俗悍，先生長，遷白沙小廬山下」。遷居年月不可考，大略在南歸後，故繫此。）	
十九歲	明代宗景泰三年壬申（1452）	
從于世衡先生準，受春秋學。		
二十一歲	明代宗景泰五年甲戌（1454）	二十七歲
是歲讀《小學》有感，於是往受教於臨川吳康齋先生門下，乃知古聖賢之學，以存心窮理為要，躬行實踐為本	聞江右吳聘君康齋先生，講伊洛之學於臨川之上，遂棄其學，從之遊。一日，晨光才辨，吳氏手自簸穀，而白沙未起，乃大聲曰：「秀才若為懶惰，即他日何從到伊川門下？何從到孟子門下？」（《明儒學案》）康齋性嚴毅，來學者絕不與語，先令治田，獨待先生有異，朝夕與之講究。（〈行狀〉）後先生自言：「康齋於古聖賢垂訓之書，無所不講」，但先生當時「未知入處」。（〈復趙提實僉憲〉），故受業半年，翌年春便歸白沙。
	明代宗景泰六年乙亥（1455）	二十八歲
.	春，歸白沙，閉門讀書，益窮古今載籍，旁及佛老經典，甚至稗官野史，無所不窺，有時徹夜不寢，少困則以水沃足。久之，乃悟前非，歎曰：「學貴自得也，自得之，然後博之載籍，則典籍之言，我之言也。否則典籍自典籍，而我自我也。」（〈行狀〉）
二十三歲	明代宗景泰七年丙子（1456）	二十九歲
冬從吳康齋先生往閩。	築春陽臺，日靜坐其中，雖家人罕見其面，以期徹悟自得，如是者數年。先生〈復趙提學僉憲〉云：「所謂未得，謂吾此心與此理未有湊泊脗合處也。於是舍彼之繁，求吾之約，惟有靜坐。久之，然後見吾此心之體，隱然呈露，常若有物；日用間種種應酬，隨吾所欲」，以靜坐而悟道。而張詡撰〈白沙先生墓表〉則云：「暨歸，杜門獨掃一室，日靜坐其中，雖家人罕見其面，如是者數年，未之有得也。於是迅掃夙習，或浩歌長林，或孤嘯絕島，或弄艇投竿於溪涯海曲，忘形骸、捐耳目、去心志，久之，然後有得焉。」
二十九歲	明英宗天順六年壬午（1462）	
吳康齋先生至其居所，賜扁曰「禮吾書舍」。		
三十一歲	明英宗天順八年甲申（1464）	
與好學之士，構麗澤堂相與講學。文集書信未記年日，此依楊希閔著《年譜》繫於此年。		

三十二歲	明憲宗成化元年乙酉（1465）	三十八歲
移居梅溪南五、六里地。	在春陽臺用功至此凡十年，自得之學至此有成。	
三十三歲	明憲宗成化二年丙戌（1466）	三十九歲
二月丁父憂。執親之喪，水漿不入口，柴毀骨立，非杖不能起，三年不入寢室，動依古禮。	與門人於講學之暇，習射。流言四起，誣以聚兵謀反。眾皆危之，而先生處之泰然，行若無事。時順德令翰林院侍讀學士錢溥，勸晉京，勿貽太夫人憂，亦明哲保身之道。遂北上，重遊太學。一日，國子監祭酒邢讓試先生，以「和楊龜山『此日不再得韻詩』」爲題，大驚曰：「龜山不如也」，明日颺言於朝，謂眞儒復出，由是名震京師，一時公卿賢士皆從之遊。未幾，出太學歷事吏部文選司，先生日捧案牘，與群吏雜立廳下，朝往夕返，不少怠。郎中等官皆勉令休，對曰某分當然也。侍郎尹旻聞其賢，遣子從學，先生力辭，凡六七往，竟不納。	
三十四歲	明憲宗成化三年丁亥（1467）	四十歲
二月葬父於梅溪下。	春，辭官南歸，作〈湖山雅趣賦〉。	
三十五歲	明憲宗成化四年戊子（1468）	四十一歲
父服闋後，僉事潮陽李公（李齡）延主白鹿書院，講席甫定規約，會母憂，歸。續白鹿洞學規六則：一、正趨向以立其志，二、主誠敬以存其心，三、博窮事理以盡致知之方，四、審察幾微以爲應事之要，五、克治力行以盡成己之道，六、推己及物以廣成物之功。	復入京師	
	明憲宗成化五年己丑（1469）	四十二歲
	禮闈再下弟，群公往慰，先生大笑，莊詠曰：「他人戚戚太低，先生大笑太高，二者過不及」，先生頷之。門人林光拜先生於神樂觀，從歸江門。三月，行李出北京。五月，過南京，與羅倫諸友相會，歡聚三日。六月，過清江，以手書問吳與弼。秋，南歸，杜門不出潛心道學，居碧玉樓，日與弟子輩講論。四方來學者益眾，譽滿天下，乃營小廬山書屋，以處四方學者。雖中官、釋、道、士、農、工、商來謁者，悉傾意接待，有叩而無不告。	
	明憲宗成化六年庚寅（1470）	四十三歲
	九月，作〈李文溪文集序〉，言自得之學。陳郁夫按〈論前輩銖視軒冕塵視金玉〉文三篇，或作於此時。	

	明憲宗成化七年辛卯（1471）	四十四歲
	〈襪詩序〉：「予自成化辛卯秋九月以來，絕不作詩，值興動，輒遇之，……」（陳郁夫說先生五十二歲以前詩作不多，而四十四歲至五十二歲間詩作尤少。）	
三十九歲	明憲宗成化八年壬辰（1472）	四十五歲
復訪婁諒於芸閣中，極論累日，得所未得者甚多。	正月，娶羅氏女	
	明憲宗成化十二年丙申（1476）	四十九歲
	夢觀化，書六子壁間曰：「造物一場變化」。	
	明憲宗成化十三年丁酉（1477）	五十歲
	春，羅一峰弟養明奉兄命來白沙。歸，先生作〈送羅養明還江右序〉贈。偕門人周鎬、周京遊綠護屏之聖池，作〈雲潭記〉。	
四十六歲	明憲宗成化十五年己亥（1479）	五十二歲
寄晏溥書中云：「居仁自丙戌年喪父，戊子年喪母，至辛卯年後疾病，纏綿八年方愈，故血氣早衰，不能精進，今又喪妻，無一好況」。楊希閔案：（胡居仁）患病八年，大概在家講學，喪妻不定何年，玩語氣總在己亥之間。	作〈吳川縣學記〉，〈李德孚輓歌〉。	
四十七歲	明憲宗成化十六年庚子（1480）	
主白鹿書院講事，正月二十六日起行，二月初三到院。不幸因舊疾復作，故於六月初二日回家醫治。〈奉祈參政種憲副莊僉憲〉、〈奉祈大參鍾憲副〉、〈與陳大中書〉、〈辭祈大參鍾憲副〉等書可參考當時學風及居仁教育政策。〈貫道橋記〉、〈延賓館記〉也作於白鹿洞。		
四十八歲	明憲宗成化十七年辛丑（1481）	五十四歲
三月游浙江西湖，有游西湖記。	江西有司藩臬布政使等修復白鹿書院，遺李、劉二生至粵，聘先生任山長。先生以不能勝任爲由，報書以辭。	
	明憲宗成化十八年壬寅（1482）	五十五歲
	廣東左布政使澎紹疏薦先生於朝，曰：「國以仁賢爲寶，臣才德不及獻章萬萬，猶叨厚祿。顧獻章醇儒，乃未見收用，誠恐國家坐失爲賢之寶。請以聘吳與弼故事起之。」疏聞，憲宗皇帝可其奏，命有司以禮勸駕。先生以母老并久病辭，時巡撫右都御史朱英，懼先生終不起，疏末曰：「臣已趣獻章就道矣」，因告之曰：「先生萬一遲遲其行，則予爲誑君矣」，先生不得已，遂於九月起行至京師。十月，過永豐祭亡友羅倫，有〈告羅一峰墓文〉。十一月，道出劍江，躬往吳康齋墓，致祭如禮，有〈祭先師康齋墓文〉。	

五十歲	明憲宗成化十九年癸卯（1483）	五十六歲
番陽余子積來從學，年十九，公以女妻之，後登宏治二年進士，至吏部右侍郎。	春正月，訪莊定杲山於江浦，提學南畿侍御上饒婁克貞讓來會，三人相與於白馬寺論學賦詩，浹辰而別。三月，抵京師，吏部尙書即令赴吏部應試，會疾，不果赴。八月，上〈乞終養疏〉，憲宗親閱再三，大爲其孝感動，明日，授翰林院檢討，俾親終疾愈，仍來供職。此年作〈書蓮塘書屋冊後〉一文。	
五十一歲卒	明憲宗成化二十年甲辰（1484）	五十七歲
二月十二日，公卒。	南歸，居家傍母，講學不倦。爲侍御史李昆作〈永慕堂記〉、爲縣令丁積作〈關西丁氏族譜序〉。	
	明憲宗成化二十一年乙巳（1485）	五十八歲
	閏四月，作〈道學傳序〉。	
	明憲宗成化二十三年丁未（1487）	六十歲
	春夏間疫作，先生之孫亦遭而亡一人。	
	明孝宗弘治元年戊申（1488）	六十一歲
	四月，門人李承箕裹糧而來，先生築楚雲台居之。先生與之登臨弔古，賦詩染翰，投壺飲酒，凡天地間耳目所聞見，古今上下載籍所存，無不語。作〈六十一自壽詩〉二首，十二月作〈送李世卿還嘉魚序〉。	
	明孝宗弘治二年己酉（1489）	六十二歲
	作〈送張進士廷實還京序〉。九月，作〈九日廬山示諸友〉詩，蓋李承箕、張廷實去後，時在先生側者有潘漢、葉宏、謝佑等人。	
	明孝宗弘治四年辛亥（1491）	六十四歲
	冬十月，與大夏等泛舟至厓門，有建慈元廟之議。前此，先生嘗夢一女人后飾立于大忠祠之上曰：「請先生啓之」。十年後，果建廟於大忠祠以奉太后楊氏。楊敷過白沙，與先生唱和，留數月而返。	
	明孝宗弘治五年壬子（1492）	六十五歲
	門人張希載、鄧琨來從學。	
	明孝宗弘治六年癸丑（1493）	六十六歲
	三月，作〈羅倫傳〉；九月，作〈增城劉氏祠堂記〉。	
	明孝宗弘治七年甲寅（1494）	六十七歲
	二月，湛若水來白沙從學，迄先生下世。尹鳳同來。夏，作〈肇慶府城隍廟記〉。十月，作〈跋清獻崔公題劍閣詞〉（即宋之崔菊坡，爲先生平生心儀者）。冬，慈元廟成。	

明孝宗弘治八年乙卯（1495）	六十八歲
	正月，部書復至，通判顧叔龍以兩司命來勸駕，先生辭不就。二月十六日，林太夫人去世。服闋，絕不衣錦繡，曰：「向為親娛耳」。四月八日，葬林太夫人於小廬山。四月，表兄何處素卒。
明孝宗弘治九年丙辰（1496）	六十九歲
	正月，先生遷先考之墓與先妣同處。按察使李白洲傚富鄭公故事，破數百金買園一區於羊城，欲奉先生，先生力辭。 嘉會樓成。 李承箕自嘉魚來，與湛甘泉往遊羅浮。七月，感風，手足不仁。 門人陳莪烈奉使廣東，來白沙受業。
明孝宗弘治十年丁巳（1497）	七十歲
	春，作〈丁知縣廟記〉。冬，作〈韶州風采樓記〉。
明孝宗弘治十一年戊午（1498）	七十一歲
	三月，作〈重修梧州學記〉。十月，與門人刑部主事蘭谿姜麟祭林太夫人之墓，有〈祭林夫人文〉。
明孝宗弘治十二年己未（1499）	七十二歲
	夏，病小愈，作〈慈元廟記〉。
明孝宗弘治十三年庚申（1500）	七十三歲卒
	有京官疏薦於朝，命將及門，先生於二月十日逝世。 元配張氏早逝，有二子，長景雲，歲賀；次景暘，邑庠生，先卒。女二，孫三，曰田、曰晼，皆邑庠生；曰夅，尚幼。繼室羅氏，無所出。
明神宗萬曆十三年乙酉（1558）	
詔以先生從祀孔廟，追諡文敬。	詔以先生從祀孔廟，諡文恭。

註 1：《明史》與《明儒學案》皆言胡居仁與羅倫、張元順友善，會於戈陽之龜峰，餘干之應天寺，又講學貴溪桐源書院，然皆不繫年月，莫定何時，故不繫之於上表。

註 2：參考資料：楊希閔編，《胡文敬公年譜》，收入《十五家年譜》第四冊（臺北：中國文獻出版社印行，1966）；陳郁夫編，《明陳白沙先生獻章年譜》（臺北：臺灣商務印書館發行，1980）。

參考書目

專書（民國以前）

1. （元）吳澄，《吳文正公集》，臺北：新文豐出版社，1985。
2. （元）金履祥，《書經注》，臺北：新文豐出版社，1981。
3. （元）許衡，《魯齋遺書》，臺北：臺灣商務印書館，1983。
4. （元）許謙，《讀論語叢說》，臺北：臺灣商務務書館，1981。
5. （宋）陳淳，《北溪大全集》，臺北：臺灣商務印書館，1983。
6. （宋）陳淳，《北溪字義》，臺北：臺灣商務印書館，1983。
7. （元）黃溍，《金華黃先生文集》，臺北：藝文印書館，1971。
8. （宋）朱熹，《四書集註》，臺北：藝文印書館，1980。
9. （宋）朱熹，《晦庵先生朱文公文集》，上海：上海書店，1989。
10. （宋）何基，《何北山先生遺集》，上海：商務印書館，1935。
11. （宋）眞德秀，《大學衍義》，濟南：山東友誼書社出版，1991。
12. （宋）眞德秀，《西山先生眞文忠公文集》，上海：上海書店，1989。
13. （宋）張載，《張載集》，臺北：漢京文化事業出版，1983。
14. （宋）程顥、程頤，《河南程氏遺書》，臺北：漢京文化事業，1983。
15. （宋）黃榦，《勉齋先生黃文肅公文集》，北京：線裝書局，2004。
16. （宋）魏了翁，《鶴山先生大全文集》，上海：上海書店，1989。
17. （元）脫脫，《宋史》，北京：中華書局，1977。
18. （元）程鉅夫，《雪樓集》，臺北：國立中央圖書館，1970。
19. （明）方孝孺，《遜志齋集》，上海：上海書店，1989。
20. （明）王守仁，《王陽明全書》，臺北：正中書局，1979。

21. （明）王畿，《龍谿王先生全集》，臺南：莊嚴文化事業，1997。
22. （明）吳與弼，《康齋集》，臺北：臺灣商務印書館，1983。
23. （明）宋濂，《元史》，北京：中華書局，1976。
24. （明）宋濂，《文憲集》，上海：古籍出版社，19910。
25. （明）宋濂，《宋景濂未刻集》，上海：古籍出版社，1991。
26. （明）胡居仁，《胡文敬集》，臺北：臺灣商務印書館，1986。
27. （明）胡居仁，《居業錄》，台北：廣文書局，1991。
28. （明）陳獻章，《白沙子全集》，臺北：臺灣商務印書館，1973。
29. （明）陳獻章，《陳白沙集》，臺北：商務印書館，1986。
30. （明）黃宗羲，《明儒學案》，臺北：華世出社版社，1987。
31. （明）黃宗羲撰，全祖望補，《宋元學案》，臺北：中華書局，1984。
32. （明）薛瑄，《讀書續錄》，濟南：山東友誼書社出版，1991。
33. （明）羅欽順，《困知記》，臺北：廣文書局，1991。
34. （清）永瑢，《四庫全書總目提要》，臺北：臺灣商務印書館，1983。
35. （清）皮錫瑞，《經學歷史》，臺北：文海出版社，1964。
36. （清）容肇祖，《明代思想史》，臺北：臺灣開明書局，1982。
37. （清）張廷玉，《明史》，北京：中華書局，1995。
38. （清）嵇璜，《續文獻通考》，臺北：臺灣商務印書館，1983。
39. （清）楊希閔編，《胡文敬公年譜》，臺北：中國文獻出版社，1966。

專書（民國以後）

1. 王懋竑，《朱子年譜》，臺北：世界書局出版，1984。
2. 加藤常賢監修，蔡懋棠譯，《中國思想史》，臺北：學生書局，1978。
3. 古清美，《明代理學論文集》，臺北：大安出版社，1990。
4. 宇野精一主編，洪順隆譯，《中國思想之研究一》，臺北：幼獅文化事業公司出版，1977。
5. 安田二郎，《中國近世思想研究》，東京：筑摩書房，1976。
6. 牟宗三，《中國哲學思想論集・宋明篇》，臺北：牧童出版社，1977。
7. 牟宗三，《心體與性體》，臺北：正中書局出版，1985。
8. 牟宗三，《從陸象山到劉蕺山》，臺北：學生書局，1984。
9. 狄百瑞（Wm. Theodore de Bary）著，李弘祺譯，《中國的自由傳統》，臺北：聯經出版，1983。
10. 林繼平，《明學探微》，臺北：臺灣商務印書館，1984。

11. 侯外廬編,《宋明理學史》,北京:人民出版社,1987。

12. 姜允明,《心學的現代詮釋》,臺北:東大出版社,1988。

13. 柯紹忞,《新元史》,臺北:藝文印書館,1951。

14. 唐君毅,《中國哲學原論‧原教篇》,臺北:學生書局,1984。

15. 秦家懿,《王陽明》,臺北:東大圖書公司,1987。

16. 張建仁,《明代教育管理度研究》,臺北:文津出版社,1993。

17. 陳來,《朱熹哲學研究》,北京:中國社會科學出版社,1987。

18. 陳郁夫編,《明陳白沙先生獻章年譜》,臺北:臺灣商務印書館,1980。

19. 陳榮捷,《王陽明傳習錄詳註集評》,臺北:學生書局,1983。

20. 陳榮捷,《王陽明與禪》,臺北:學生書局,1984。

21. 陳榮捷,《朱學論集》,臺北:學生書局,1982。

22. 章沛,《陳白沙哲學思想研究》,廣州:廣東人民出版社,1984。

23. 勞思光,《中國哲學史》,臺北:三民書局,1985。

24. 馮友蘭,《中國哲學史》,臺北:太平洋圖書公司,1956。

25. 馮琦原編,陳邦瞻纂輯,《宋史記事本末》,臺北:臺灣商務印書館,1956。

26. 黃秀璣,《張載》,臺北:東大圖書公司,1987。

27. 黃桂蘭,《白沙學說及其詩之研究》,臺北:文史哲出版社,1981。

28. 蒙培元,《理學的演變:從朱熹到王夫之戴震》,福州:福建人民出版社,1984。

29. 蔣伯潛,《理學纂要》,臺北:正中書局,1953。

30. 黎靖德編,《朱子語類》,臺北:華世出版社,1987。

31. 錢穆,〈朱子新學案〉,臺北:三民書局,1971。

32. 錢穆,《中國學術思想史論叢 七》,臺北:東大圖書出版,1978。

33. 錢穆,《宋明理學概述》,臺北:學生書局,1984。

34. Ch'ien, Edward T., *Chiao Hung and the Restructuring of Neo-Confucianism in the Late Ming.* New York: Columbia University Press, 1986.

35. Tillman, Hoyt Cleveland, *Confucian Discourse and Chu Hsi's Ascendancy.* Honolulu: University of Hawai'i Press, 1992.

36. Jiang, Paul Yun-ming, *The Search for Mind: Ch'en Pai-sha, Philosopher-Port.* Singapore: Singapore University Press, 1980.

論 文

1. 山井湧著,徐遠和譯,〈經書與糟粕〉,收入岡田武彥等著,《日本學者論中國哲學史》(臺北:駱駝出版社,1987),頁 405～426。

2. 古清美，〈朱子理學在明代前半期的變化與發展〉，發表於 1988 年宋代文學與思想研討會。

3. 甲凱，〈明代的學風與士習〉，《中國歷史學會史學集刊》，期七（臺北：1975），頁 179～185。

4. 唐君毅，〈陽明學與朱子學〉，收入中華學術院編，《陽明學論文集》（臺北：中華學院印行，1972），頁 47～56。

5. 島田虔次，〈王陽明與王龍溪 —— 主觀唯心論的高潮〉，收入岡田武彥等著，《日本學者論中國哲學史》（臺北：駱駝出版社，1987），頁 388～404。

6. 張亨，〈張載「太虛即氣」疏釋〉，收入氏著，《思文之際論集 —— 儒道思想的現代詮釋》（臺北：允晨文化，1997），頁 192～248。

7. 蒙培元，〈論朱熹理學向王陽明心學的演變〉，《哲學研究》，期六（北京：1983），頁 61～69。

8. Chan, Wing-tsit, "Chan Jo-shui's influence on Wang Yang-ming," *Philosophy East and West*, 23.1～2（1973）.

9. Elman, Benjamin A., "Political, Social, and Cultural Reproduction via Civil Service Examination in Late Imperial China, "*The Journal of Asian Studies* 50.1（1991）, pp.7～28.

10. Liu, James T.C., "How Did a Neo-Confucian School Become the State Orthodoxy?" *Philosphy East and West* 23.4（1973）, pp.483～505.

博碩論文

1. 黃敏浩，《湛甘泉的生平及其思想》，臺北：臺灣大學中國文學系碩士論文，1988。

後　記

　　這本論文是代表我在台大中文所研讀三年的成果，當年是在張亨老師和何佑森老師的課堂上，首次接觸到宋明理學的課題，困惑難懂實在多於清晰理解，但卻也在兩位老師的啓蒙之下知道一些重要的論題。論文是在古清美老師的指導下完成的，古老師一直很熱心地幫助，也耐心地詳讀每一個字，指導糾正，對於初踏入研究領域的我，能遇到如此熱心的老師，實在受益良多。除了在此表示對這三位老師的感謝之外，我也感謝更懷念當年台大研究所的同班同學，與那批優秀用功的同學共學，我不僅在學識上獲益，更享受純眞可貴的友誼。

　　現在我正撰寫我的博士論文，仍是關於明代學術文化史方面的論題，希望能夠更恰切掌握個人的思想與當代政治社會和制度間密切的連繫。此時重讀這篇碩士論文，雖然它關注的層面狹隘，並未論及當時政治、經濟、社會的影響，但已考慮學術傳承和個人思想間的關係。不僅對我個人今日的研究是個重要的起點，希望對於讀者也是個有興趣的論題。

　　再版後記：
　　本論文承蒙林慶彰先生選入「中國學術思想研究輯刊」，由花木蘭文化出版社再次出版。我在出版前重讀全文，不僅校正一些引文的錯誤和格式，也忍不住潤飾修改部分原文。其實應該增補和改正的工作太龐大了，不是短時間內可完成的，而且恐怕二十年來所累積的學術研究成果，也讓這樣的工作不再有意義，故目前此書仍保留原先論文寫作的架構和論證。（2008.8.25）

湛若水與明代心學

潘振泰　著

作者簡介

潘振泰，臺師大歷史系學士、碩士、英國愛丁堡大學哲學博士。現任嘉義大學史地系助理教授。著有：〈明代江門心學的崛起與式微〉（《新史學》，7 卷 2 期，1996 年 6 月）、〈清代「漢宋之爭」的宋學觀點初探－以方東樹的《漢學商兌》為例〉（《政大歷史學報》，20 期，2003 年 5 月）、*Liu Tsung-chou*（1578 ～ 1645）*and His Reconstruction of Ming Neo-Confucianism*（PhD Dissertation, The University of Edinburgh, 2004）、〈劉宗周（1578 ～ 1645）對於「主靜」與「靜坐」的反省———個思想史的探討〉（《新史學》，18 卷 1 期，2007 年 3 月）。譯有：理查・伊凡斯著《為史學辯護》著（臺北：巨流，2002 年）。

提　　要

　　王陽明心學的興起在明代中期取代程朱舊學成為學術的新典範，其實，在陽明之前已有陳獻章開啟了心學新說，然而就其學說的流衍而言，依《明史》的說法，陳獻章的「江門之學」是「孤行獨詣，其傳不遠。」而王陽明的「姚江之學」則是「門徒遍天下，流傳逾百年，其教大行。」本書乃從學術思想的時代性問題出發，不聚焦於陳、王二位深具原創力的心學巨擘的學說之闡釋，而以置身心學陣營中，既受心學新說影響又難擺脫程朱舊學規範的學者湛若水的學行思想為研究的焦點。湛若水既是陳獻章學說最重要的傳人、又是王陽明論學的諍友，藉由他與陳、王二人的互動，我們可以了解明代心學在程朱舊學的壓力下如何從隱微走向興盛的過程。依此研究取徑，本書首先探究陳獻章所開啟的江門心學在理學內部所產生的典範轉移作用，以及程朱舊學對於此一新典範的質疑。其次說明湛若水的生平與思想，了解湛若水對於陳獻章學說的繼承與宣揚的歷程，以及他與王陽明的交往始末和論學的重點，從而申論湛若水本人的學說特色。最後，討論湛若水為回應程朱舊學對於陳獻章學說的質疑所作的辯護，以及因此所產生的改造江門的效果；還有湛若水以趨近程朱舊學的立場對於王陽明學說所作的批判，以及因此所產生的針砭王學的作用。

目

次

序

　　《湛若水與明代心學》一書是我十幾年前的舊作，缺陋之處必然難免，亟待專家不吝指正，但是，本書可以說開啓了我日後對於思想史研究的興趣，對於個人的學術生涯意義殊為重大，寫作期間最應感謝的當然是我的指導教授王家儉老師，此外，在碩士班就讀以及日後出國留學期間，鄭瑞明老師、鄭師母、林麗月老師、吳文星老師不斷給予我的鼓勵，也是我在學術這一條路上能夠勇往直前莫大的動力。最後感謝花木蘭文化出版社所有工作人員的努力，讓本書得以順利出版。

潘振泰

2008 年 7 月 21 日

第一章 緒 論

　　理學的發展到了明代中期出現了關鍵性的轉變，王陽明（守仁，1472～1529）學說的興起導致了沈寂多時的陸象山（九淵，1139～1193）學說的復甦。他們二人的哲學均主張「心即理」之說，以與程朱學派「性即理」之說相對峙。研究宋明理學的學者每每將陸王並論，稱其學爲心學。〔註1〕從此，程朱、陸王兩派界分嚴明，而有程朱理學與陸王心學的區別。〔註2〕

　　心學的風潮雖然是因爲王陽明學說的崛起才盛行於明代中期，但是，追根究底，明初的程朱學派內部的某些學者卻早已出現走向心學的跡象。〔註3〕此外，出身於程朱學派門下的學者陳獻章（字公甫，號白沙，1428～1500）亦在陽明之前即已開啓了心學新說。《明儒學案》嘗云：

> 有明之學至白沙始入精微，其喫緊工夫全在涵養，喜怒未發而非空，
> 萬感交集而不動，至陽明而後大。〔註4〕

〔註1〕陳榮捷：〈從朱子晚年定論看陽明之于朱子〉收入氏著〈朱學論集〉（臺北：學生書局，民國71年），頁361。

〔註2〕晚近學者如陳榮捷亦延用此一分法，參閱：Wing-tsit Chan, "The Hsing-li ching-i and the Cheng-Chu School of the Seventeenth Century" in Wm. Theodore de Bary and the Conference on Seventeenth-Century Chinese thought ed.,*The Unfolding of Neo-Confucianism* (New York: Columbia University Press,1975), p.542，錢穆雖然認爲這種分法未爲恰當，但是仍不否認陸王心學與程朱理學間實有偏重人生界和兼重人生界與宇宙界的區別，參閱氏著《朱子新學案》（臺北：三民書局，民國71年再版）（一），頁55。

〔註3〕Wing-tsit Chan, "The Cheng-Chu School of Early Ming" in Wm. Theodore de Bary and the Conference on Ming thought ed., *Self and Society in Ming thought* (New York: Columbia University Press,1970), pp.29-51.

〔註4〕黃宗羲：《明儒學案》（臺北：華世出版社，民國76年景印，以下本書簡稱《學

強調陳獻章心學與王陽明心學在哲學內涵上的關連。但是，徵諸史實，陳、王二人思想似乎並爲直接傳承的關係，而王陽明對陳獻章這位心學先軀的學說也始終未有詳論。因此王門後學對此頗表疑惑，如黃宗羲（梨洲，1610～1695）即云：

> 兩先生（陳獻章、王陽明）之學最爲相近，不知陽明後來從不說起，其故何在？〔註5〕

其實，陳、王二人年紀相差不遠，陳獻章的學說曾經風行一時，陽明自非全然無聞。〔註6〕所以，對肇端時期的王學來說，白沙心學對之必有推波助瀾之效，殆可斷言。

晚近學者對於明代心學的研究，成果頗爲豐碩，有關陳、王二人心學內容的闡釋亦甚爲周詳。〔註7〕但是這些研究的成果大多著力於哲學內涵的詳釋，強調陳、王二人學說的精湛、完備，以表彰他們在思想史上的開創之功。這種研究取徑的形成大致可以溯自黃宗羲的《明儒學案》對陳、王心學的評價。〈白沙學案〉云：

> 有明儒者不失其矩矱者亦多有之，而作聖之功，至先生而始明，至文成而始大。向使先生與文成不作，則濂洛之精蘊，同之者固推見其至隱，異之者亦疏通其流別，未能如今日也。〔註8〕

〈姚江學案〉亦云：

〔註5〕案》）卷五〈白沙學案上〉，頁78。

〔註5〕同前註。

〔註6〕據陳榮捷的考證，王陽明亦曾兩度提及陳獻章，但是只提及其名，未詳論其學，參閱 Wing-tist Chan, " Chan Jo-shui's influence on Wang Yang-ming", *Philosophy East and West* (January-April,1973), vol.23, p.10.

〔註7〕有關王陽明心學的研究著作數量甚多，前輩學者有關宋明理學的著作無不詳及，重要的如：唐君毅：《中國哲學原論‧原教篇》（臺北：學生書局，民國73年全集校訂版），錢穆：《宋明理學概述》（臺北：學生書局，民國66年），牟宗三：《從陸象山到劉蕺山》（臺北：學生書局，民國79年再版）。另有專題研究成書，如：Tu Wei-ming, *Neo-Confucian Thought in Action: Wang Yang-ming's Youth（1472-1509）*（Berkeley: University of California Press, 1976）Julia Ching, *To Acquire Wisdom: The Way of Wang Yang-ming*（New York: Columbia University Press,1976）。有關陳獻章心學的研究著作，相形之下雖然比較少，但亦已專題研究成書，如：簡又文：《白沙子研究》（香港：簡氏猛龍書屋，民國59年），Jiang, Paul Yun-ming, *The Search for Mind: Chen Pai-cha*, Philosopher-Poet.（Singapore: Singapore University Press 1980）

〔註8〕《學案》卷五〈白沙學案上〉，頁79。

有明學術，從前習熟先儒之成説，未嘗反身理會，推見至隱，所謂「此
亦一述朱，彼亦一述朱」耳。高忠憲云：「薛敬軒、呂涇野《語錄》
中，皆無甚透悟。」亦爲是也。自姚江指點出「良知人人現在，一反
觀而自得」，便人人有個作聖之路。故無姚江，則古來之學脈絕矣。
〔註9〕

身爲心學的後進，黃宗羲推崇陳、王二人的心學在成聖工夫理論上的日趨完
備，以彰顯他們二人在學術上的開創性地位。並進而專意於心學義理的闡揚，
以及對心學立場的護持，於此灼然可見。

　　與黃宗羲的《明儒學案》相對照，晚近學者的研究雖然皆是奠基於嚴謹的
理論評析，而非心學立場的門戶之見，但是他們卻詳於闡釋義理內涵，而疏於
探究學說形塑過程的演變，幾與黃宗羲的《明儒學案》無異。檢討這種根深蒂
固的研究取徑，我們發現近代西方人文科學在方法上的爭議頗能提供我們一些
改進的參考。1950 年代科學實證論大爲盛行，學者多相信人文科學的理論可以
仿效自然科學，經由客觀的檢驗過程以評定其是非、對錯。最典型的代表是哲
學家 Karl Popper 所提出的「否證論」（the test of falsifiability），他認爲歷代盛行
的學術理論之所以被人接受，乃是因爲它精湛、完備經得起嚴密的否證測試。
可是到了 1970 年代，學者經過長久的反省，對科學本質的看法卻大異於往昔，
如科學史學者 Thomas S. Kuhn 即從西洋科學史的研究中，發現各種科學理論之
所以擅場一時，並非緣於它們理論的周延完備，而是它們爲當時的時代性問題
提拱了一時的解決之道，成爲同一科學社群（scientific community）的學術典範
（paradigm），而 Kuhn 即據此一「典範說」以質疑 Popper 的「否證論」。〔註10〕
Kuhn 與 Popper 所持的相對觀點，究竟孰是孰非，一時難有定論，但是 Kuhn
對 Popper 的質疑提醒我們對學術思想的研究除了從事義理內涵的辨析外，也可
以從觀察學術思想的時代性問題上另闢蹊徑。

　　從探究學術思想的時代性問題這種研究取徑的立場來看，我們對明代心
學研究的焦點，便不能侷限在陳獻章、王陽明這類深具原創力的心學巨擘身
上，而應顧及置身於心學陣營中，既受心學新說影響又難擺脫程朱舊學規範
的學者，這類學者的思想脈動往往最能深刻地反映明代心學家所面臨的時代

〔註 9〕同前書，卷十〈姚江學案〉，頁 179。
〔註 10〕參考：Quentin Skinner, "The Return of Grand Theory" in Quentin Skinner ed., *The
　　　　return of Grand Theory in the Human Sciences.* (Cambridge: Cambridge
　　　　University Press, 1985), pp.5-11.

性問題。

　　在明代心學的陣營中，與陳、王二人關係最密切的莫過白沙門人，而且是陽明學侶的湛若水（字民澤、元明，號甘泉，1466～1560）。他的心學立場，從他與陳、王二人間的關係可見一斑。就他與陳獻章的關係而言，他在白沙門下的地位相當重要，陳獻章對他十分器重，曾經贈詩三首，以示期許，詩云：

　　　小坐江門不記年，蒲褥當膝幾回穿。如今老去還分付，不賣區區散

　　　帶錢。

　　　皇王帝伯都歸盡，雪月風花未了吟。莫道金針不傳與，江門風月釣

　　　臺深。

　　　江門漁父與誰年，慚愧公來坐榻穿。問我江門垂釣處，囊裏曾無料

　　　理錢。

　　　達磨西來，傳衣爲信，江門釣臺亦病夫之衣鉢也。茲以付民澤，將

　　　來有無窮之託，珍重、珍重。〔註11〕

陳獻章竟欲仿效禪門之例，託付湛若水以傳世衣鉢，而日後湛若水果然亦不負所託，畢生致力闡揚師說，「平生足跡所至，必建書院以祀白沙，從遊者殆遍天下。」〔註12〕可以說陳獻章死後，他儼然成爲江門心學的代言人。

　　至於他與王陽明之間的論學交遊，以及他們在當時學界分立並峙的盛況，從黃宗羲《明儒學案》中對明代中期以後的學界，於王門各派分立學案外，又另闢〈甘泉學案〉，以記湛若水學說傳衍一事，即可窺出端倪。而且在〈甘泉學案〉的卷首，黃宗羲還作了以下的概述：

　　　王、湛兩家各立宗旨，湛氏門人雖不及王氏之盛，然當時學於湛者，

　　　或卒業於王；學於王者，或卒業於湛，亦猶朱、陸之門下，遞相出

　　　入也。其後源遠流長，王氏之外，名湛氏學者，至今不絕，即未必

　　　仍其宗旨，而淵源不可沒也。〔註13〕

他以朱、陸比擬王、湛。則王、湛二門的論交對明代中期以後學術思想的重要性，自然不言可喻。而且，由於當時的學界出現了「學於湛者，或卒業於王；學於王者，或卒業於湛」的情形，湛、王關係之密切亦可想見。這種情

〔註11〕陳獻章：《陳獻章集》（北京：中華書局，1987年）卷六〈江門釣瀨與湛民澤收管三首〉，頁644。

〔註12〕《學案》卷三七〈甘泉學案一〉，頁876。

〔註13〕同前註。

形竟至使後世學者常有湛、王不分，而一體視之的現象。如明清之際的史家談遷（孺木，1594～658）竟稱：

　　湛氏出新建（陽明之封號）之門。〔註14〕

而清初的學術史家全祖望（謝山，1705～1755）則云：

　　甘泉始有書院生徒之盛，游談奔走，廢棄詩書，遂開陽明一派。

〔註15〕

此外，尚有許多學者相信，陽明之學雖多自得，但亦深受湛若水的啓發或影響。〔註16〕

　　湛若水與心學的關係雖然密切，但是在心學的陣營中，他的立場卻屢遭質疑。就他對白沙心學的作用而言，他雖然不遺餘力地闡揚師說，但是白沙心學終究並未因而顯揚。〔註17〕因此，明末的心學家李贄（卓吾，1527～1602）即指責他「實實未得白沙之傳也。」〔註18〕再就他與陽明心學的關係而言，他與陽明雖然論學交往二十餘年，情誼深厚，但是終究各立宗旨，難以融合。〔註19〕黃宗羲即認爲他「仍爲舊說所拘也。」〔註20〕晚近從事心學研究的學者亦據此一現象，深入剖析他的學說，錢穆、唐君毅都指出他的學說與程朱學派的學說相近之處。〔註21〕

　　從湛若水在心學陣營中的地位來看，他一生的學行正好可以提供我們一條有利的線索，來探究明代心學發展的動向。本文擬透過對湛若水的研究，從其對白沙心學的改造，及其與陽明心學的互動關係，突顯明代心學所面臨的時代性問題，以說明明代心學由隱微到昌盛的發展過程。

〔註14〕談遷：《國榷》（臺北：鼎文書局，民國67年）卷五五，頁3455。
〔註15〕全祖望：《鮚埼亭集》（臺北：華世出版社，民國66年）卷二八〈陸桴亭先生傳〉，頁351。
〔註16〕參看 Wing-tist Chan：前引文，Tu Wei-mig：前引書，pp.91-92，Julia Ching：前引書，p.41。
〔註17〕《明史》（臺北：鼎文書局，民國64年）卷二八二〈儒林一〉，頁7222。
〔註18〕李贄《續焚書》（樹林：漢京文化事業有限公司，民國73年）卷一〈答馬歷山〉，頁2。
〔註19〕《學案》卷三七〈甘泉學案一〉，頁877。
〔註20〕同前註。
〔註21〕參看錢穆：《宋明理學概述》，頁295。唐君毅：《中國哲學原論・原教篇》，頁356～357。

第二章 明初理學的新方向

第一節 舊學與新說

有關明代初期的學術思想,《明史・儒林傳》曾作如下的概述:

> 原夫明初諸儒,皆朱子門人之支流餘裔。師承有自,矩矱秩然。曹
> 端(月川,1276~1434)、胡居仁(敬齋,1434~1484)篤踐履,謹
> 繩墨,守儒先之正傳,無敢改錯。學術之分,則自陳獻章、王守仁
> 始。〔註1〕

這明確地標示出陳獻章、王陽明二人掙脫了程朱學派的藩籬,及他們在學術
思想史上的開創性地位。但是卻留給後世一個錯誤的印象,讓學者以為明初
的程朱學派是一成不變的。

其實,早在明代開國之初,程朱學派內部的某些學者就已出現了走向心
學的跡象,試以明初的學者宋濂(潛溪,1310~1381)為例。宋濂乃是朱子
(熹,晦庵,1130~1200)虔誠的信徒,他曾推崇朱子道:

> 自孟子之歿,大道晦冥,……天生濂洛關閩四夫子,始揭白日於中
> 天,……而集大成者,唯考亭朱子而已。〔註2〕

宋濂在明代開國之初地位相當顯赫,據《明史》云:

> 在朝,郊社宗廟山川百神之典,朝會宴享律曆衣冠之制、四裔貢賦

〔註 1〕《明史》(臺北:鼎文書,民國 64 年影印本)卷二八二〈儒林傳一〉,頁 7222。
〔註 2〕宋濂:《宋學士全集》(臺北:臺灣商務印書館,民國 58 年)卷五,〈理學纂
　　　言序〉,頁 154。

—7—

賞勞之儀，旁及元勳巨卿碑記刻石之辭，咸以委濂，屢推爲開國文
臣之首。士大夫造門乞文者，後先相踵。〔註3〕

以他在政界、學界顯赫的地位，對程朱學的推廣當然有莫大的助益。但他本身的爲學取徑，便折衷儒佛，調和朱陸，窮究本心。〔註4〕以至於後世的程朱學者對他甚不以爲然。例如，明代中期的羅欽順（整菴，1465～1547）即云：

國初，深於理學者，殊未多見，禪學中卻儘有人。儒道之不融，雖則有數存焉，吾人不得不任其責，當時宋潛溪爲文臣之首，文章議論，施於朝廷而達之天下者，何可勝述？然觀其一生受用，無非禪學而已。以彼之聰明博洽，使於吾道誠加之意，由博而約，當有必至之理，其所成就，豈不偉然爲一代鉅儒哉！棄周鼎而寶康瓠，吾不能不深爲潛溪惜也。〔註5〕

明初程朱學的心學傾向，在宋濂之後的學者亦明顯地延續著。當代學者陳榮捷研究曹端、吳與弼（康齋，1391～1469）、薛瑄（敬軒，1392～1464）、胡居仁四位明初程朱學者的學術思想指出，這四位學者已經對形而上學及格物窮理諸論的知性層面較乏興趣，而於心的存養與居敬諸功夫則較多關注。他們正導引程朱學駛往一新方向，預先製造了一種有利於陳獻章、王守仁的心學興起的知識氣氛。〔註6〕

了解明初程朱學派這種心學傾向爲明代心學製造生長的環境之後，我們要繼續考察，除了哲學內涵的類似之外，明初的程朱學派與明代心學的時序發展上的連繫性，進而探究明代心學如何從程朱舊學中脫穎而出，開創新知。關於這一點，我們可以從明代心學的開啓者陳獻章的求道經驗中窺出端倪。

陳獻章早年即親身受教於程朱學派學者吳與弼的門下，而其心學的創見，其實也是因爲遊學吳門的經驗所引發，他曾自述這段就學以至悟道的經歷：

僕才不逮人，年二十七始發憤從吳聘君學。其於古聖賢垂訓之書，

〔註3〕《明史》，卷一二八〈宋濂傳〉，頁3787～3788。

〔註4〕有關宋濂的學術思想，參閱：侯外廬、邱漢生、張豈之：《宋明理學史》（北京：人民出版社，1987年）下卷，頁55～76。

〔註5〕羅欽順：《困知記》（北京：中華書局點校本，1990年8月）卷下39條，頁34～35。

〔註6〕Wing-tist Chan, "The Ch'eng-Chu School of Early Ming" in WM. Theodore de Bary ed., *Self and Society in Ming Thought.* (New York Columbia University ,1970), pp.29-51.

蓋無所不講，然未知入處。此歸白沙，杜門不出，專求所以用力之
方。既無師友指引，惟在靜坐，久之，然後見吾此心之體隱然呈露，
常若有物。日靠書冊尋之，忘寢忘食，如是者亦累年，而卒未得焉。
所謂未得，謂吾此心與理未有湊泊吻合處也。於是舍彼之繁，求吾
之約，惟日用間種種應酬，隨吾所欲，如馬之御銜勒也。體認物理，
稽諸聖訓，各有頭緒來歷，如水之有源委也。於是渙然自信曰：「作
聖之功，其在茲乎！」〔註7〕

從陳獻章這段經驗來看，顯然地，橫梗在他求道的歷程上，讓他經年累月苦
學，而未覺有得的難題是所謂「此心與理未有湊泊吻合處」。這一問題萌生後，
他毅然地拋棄書冊，專事靜坐，竟而卒感自得。陳獻章的靜坐而自得，其實
即已開創了一種與前儒截然不同的修行悟道方式。明末的劉宗周（蕺山，1587
～1645）曾敏銳地察覺到陳氏的靜坐之教與古人不同處，他說：

先生學宗自然，而要歸於自得。自得故資深逢源，與鳶魚同一活潑，
而還以握造化之樞機，可謂獨開門戶，超然不凡。至問所謂得，則
「靜中養出端倪」。向求之典冊，累年無所得，而一朝以靜坐得之，
似與古人之言自得異。孟子曰：「君子深造之以道。」欲其自得之也，
不聞其以自然得也。靜坐一機，無乃淺嘗而捷取之乎！自然而得者，
不思有得，不勉而中。從容中道，聖人也，不聞其以靜坐得也。先
生蓋亦得其所得而已矣。〔註8〕

這是認定陳獻章的靜坐之教是拋卻了深造的功夫而謀自然而得。如此，靜坐
而自得便與古人深造所得不可等量齊觀。

陳獻章所以會發展出不同於古人的靜坐之教，追根究底，其實就是那種
「此心與理未有湊泊吻合處」的困擾所引起的，實際上，「心與理不一」本是
一種典型的儒家成聖困境。傳統的儒者皆深信人都具有成聖的潛能，亦即在
本體上心與理是一體的。但是，這種信念又與實際上人不易成聖，亦即人在
現實的生活上所懷有的「心與理不一」的焦慮糾纏在一起，乃使他們陷入一
種基本的成聖的困境之中。〔註9〕所以，追求心與理湊泊吻合，使心與理合一，
可以說是每一個儒家學者共同的理想。

〔註7〕《陳獻章集》卷二〈復趙提學僉憲〉，頁145。
〔註8〕《學案》〈師說〉，頁4～5。
〔註9〕Thomas A. Metzger, *Escape form Predicament*. (New York, Columbia University Press, 1977), p.49.

　　宋代的理學家因爲面對佛道二家的挑戰，乃積極地從事於「理」的形上學建構。相形之下，有關心與理分合的論述便隱晦不彰。但是，這個問題仍是潛存著，而且常是居於關鍵地位。例如：朱熹與陸象山學術之異趨，其間的關鍵即在於：雖然求心與理合一是朱陸共許之義，但所以致一的功夫則異，朱子認爲人心因有氣稟物欲之雜，而恆不合理，故當先尊此理，先有自去其氣稟物欲之雜的功夫，方能使心與理合一；象山則自信本心即是理，重視正面的教人自悟其即同此理的本心。〔註10〕

　　時移勢異，明初的程朱學者在客觀環境的影響及主觀心態的驅動下，學風轉向個人躬行踐履之學。從客觀的環境而言，明初政府致力將程朱之學官學化的結果，普遍引起學者的反感。以成祖永樂年間編定《四書》、《五經》、《性理》三部大全而言，看似在發揚程朱學說，其實「《四書》、《五經》大全，皆元儒成業，懸爲一代之功令，當時諸儒不免心生鄙厭。」〔註11〕而《性理大全》雖包含程朱學派的主要著作以及宋元理學家的語錄，但編輯此書，主要並非爲發揚理學，而只是將欽定的外衣套在理學之上，程朱理學早已成爲國家意識型態及僵滯的教條。〔註12〕再從學者主觀心態而言，明初的程朱學者大多相信程朱學說已臻完備，不必再著作發揮，只須實踐即可。如薛瑄即云：

　　　　自考亭以還，斯道大明，無煩著作，直須躬行耳。〔註13〕

另一位程朱學者章懋（楓山，1437～1522）在面對他人勸他著述時，亦回答道：

　　　　經自程朱後不必再註，只遵聞知行。〔註14〕

明初程朱學派的這股新興學風，乃使追求心與理合一這個問題異常地突顯。因爲，在個人躬行踐履的經驗中，心與理間的差距，以及合一之道，便不再只是理論上的爭議，而是現實生活裏切身待解的難題。陳獻章的業師吳與弼一生的學行風格，便爲此作了最好的詮釋。

　　吳與弼自十九歲放棄舉業後，便以居鄉耕讀終其餘生。〔註15〕他的一生雖然平凡無奇。但從他日常行事中所展現的一股異常的求道精神，即不難看

〔註10〕唐君毅：《中國哲學原論‧原性論》（臺北：學生書局，民國78年全集校訂版），頁552。
〔註11〕錢穆：〈明初朱子學流衍考〉收入《中國學術思想史論叢（七）》（臺北：東大圖書公司，民國67年），頁6。
〔註12〕同註6，p.45。
〔註13〕《明史》卷二八二〈儒林傳一〉，頁7229。
〔註14〕《學案》卷四五〈諸儒學案上三〉，頁1078。
〔註15〕同前書，卷一〈崇仁學案一〉，頁14。

出他在追求心與理合一理想所作的努力，《明儒學案》載：

> 一日刈禾，鐮傷厥指，先生（指吳與弼）負痛曰：「何可爲物所勝？」
> 竟刈如初。〔註16〕

傷指之痛即心爲所動，但於理則不可爲物所勝，忍痛而行不啻在求此心之不
違於理。此外，他又有《日錄》一書，專記個人言行的得失。其中便常流露
出聖賢難能之嘆。例如：

> 文公謂：「延平先生終日無疾言遽色」，與弼常歎何修而至此？又自
> 分雖終身不能學也。〔註17〕

> 去冬今春，用功甚力，而日用之間，覺得愈加辛苦，疑下愚終不可
> 以希聖賢之萬一，而小人之歸，無由可免矣。〔註18〕

> 數日家務相因，憂親不置，書程間斷，胸次鄙吝，甚可愧恥。竊思
> 聖賢吉凶禍福，一聽於天，必不少動於中。〔註19〕

廣義言之，聖賢不啻爲理的化身，他之自歎弗如，實在亦即爲心未與理合一
的困境所苦。而面對這樣的困境，吳氏的反省通常不是對聖賢或理的質疑，
而是更進一步地自我要求，他說：

> 吾之所以不能如聖賢，而未免動搖於區區利害之間者，察理不精，
> 躬行不熟故也。〔註20〕

這樣的自省，乃使他對聖賢的言行仍抱持莫大的信心，而虔誠、熱切地在典
籍中尋求修行之法，處困之方。從《日錄》所載的讀書經驗中可見一斑，如：

> 看《近思錄》，甚有所得，鄙吝之懷爲之豁然。〔註21〕

> 夜觀《晦庵文集》，累夜乏油，貧婦燒薪爲光，誦讀甚好，爲諸生授
> 孟子辛，不勝感激，臨寢猶謹詠〈明道先生行狀〉，久之，頑頓之資，
> 爲之惕然興起。〔註22〕

> 昨日於《文集》中又得處困之方，夜枕細思，不從這裏過，眞也做

〔註16〕同前註，頁15。
〔註17〕吳與弼：《康齋先生日錄》（日本明治三年和刻本影印，京都：中文出版社，？
　　　　年），頁2下。
〔註18〕同前書，頁下3～4上。
〔註19〕同前書，頁5上。
〔註20〕同前註。
〔註21〕同前書，頁16下。
〔註22〕同前書，頁17上。

人不得。「增益其所不能。」豈虛語哉？〔註23〕

他這種修行的方式，使他在追求心與理合一的理想上，最終仍求之於「持敬窮理」，不失程朱學派的風貌。一如《日錄》云：

> 枕上思《晦菴文集》及《中庸》，皆反諸身心性情，頗有意味。昨天卻書戒語云：「溫厚和平之氣，有以勝夫暴戾逼窄之心，則吾學庶幾少有進耳。」今日續之云：「欲進乎此，舍持敬窮理之功，則吾不知其方矣。」蓋日來甚覺此二節工夫之切，而於《文集》中玩此話頭，益有味也。〔註24〕

從以上對吳與弼學行風格的概觀中，我們已可清楚地看出，陳獻章早年「此心與理未有湊泊吻合處」的強烈感受，可能亦是承自吳與弼。而他之所以走向拋棄書冊，專意靜坐之途，即是由於他謹遵師訓，埋首書冊，終未有得，因而窮變求通的結果。程朱學者吳與弼與明代心學開啓者陳獻章師徒二人對於儒家基本的成聖困境，亦即「心與理不一」的共同感受，正是明初程朱學派與明代心學在發展上緊密相連的最佳寫照。

陳獻章的靜坐之教雖然是異軍突起，但這並不意味他的教法即絕然獨創，未獲益於師門。其實，吳與弼雖然謹守「持敬窮理」的程朱舊規，但是他的學行風格並非全然了無新意，他對「自得」一念的宣揚，便是日後陳獻章心學開展的張本。〔註25〕他早年毅然作下拋棄舉業，讀書求道的決定，正是一種為日後明代學者競相效法的「自得」典型。由於這種「自得」意念，使得他對讀書在求道過程上的地位，曾作了較為寬鬆的解釋，他說：

> 大抵聖賢授受緊要，惟在一敬字。人能衣冠整肅，言動端嚴，以禮自持，則此心自然收斂。雖不讀書，亦漸有長進，但讀書明理以涵養之，則尤佳耳。〔註26〕

這意味著讀書對修行而言只具有輔助性作用，而非絕對必要，這種說法便為日後陳獻章拋棄書冊，專事靜坐的作法預留發展的空間。

其次，陳獻章的靜坐之教，事實上亦是得自於宋儒的舊法，例如：程顥

〔註23〕同前書，頁 20 下。

〔註24〕同前書，頁 18 上。

〔註25〕狄百瑞著，李弘祺譯《中國的自由傳統》（臺北：聯經出版事業公司，民國 72 年），頁 83～87。

〔註26〕吳與弼：《康齋集》（文淵閣四庫全書本，臺北：臺灣商務印書館，民國 72 年）卷八〈壬寅與友人書〉，頁 25 下。

（明道，1032～1085）、程頤（伊川，1033～1107）兄弟對靜坐皆曾有正面的
評價，據載：

> 謝顯道（良佐，1050～1103）習舉業，已知名，往扶溝見明道先生
> 受學，志甚篤。明道一日謂之曰：「爾輩在此相從，只是學某言語，
> 故其學心口不相應。盍若行之？」請問焉。曰：「且靜坐。」伊川每
> 見人靜坐，便歎其善學。〔註27〕

此外，朱子之師李侗（延平，1088～1163）亦教學者「默坐澄心，體認天理。」
〔註28〕而朱子對靜坐之教尤備加致意，認為靜坐有助於持敬，他曾言道：

> 今人皆不肯於根本上理會，如「敬」字，只是將來說，更不做將去。
> 根本不立，故其他零碎工夫無湊泊處。明道延平皆教人靜坐。看來
> 須是靜坐。〔註29〕

在日常生活中，朱子亦時常靜坐，並依因材施教的原則，有限度地鼓勵門人
靜坐涵養。〔註30〕

　　儘管如此，對程朱學派而言，靜坐終究只是讀書力行之餘的輔助之方。
他們畢竟未主張教人拋棄書冊，放下俗務，專意靜坐。於此，陳獻章的靜坐
之教便顯然別具新意。他不但自為之，而且是毫不考慮學者的材質、狀況，
即以之為普遍的教法，在〈復趙提學僉憲〉書中言：

> 有學於僕者，輒教之靜坐，蓋以吾所經歷粗有實效者告之，非務為
> 高虛以誤人也。〔註31〕

而且，更重要的是他對靜中的心靈活動，作了更積極的規範，他說：

> 為學須從靜坐中養出個端倪來，方有商量處。〔註32〕

陳榮捷特別指出其「養出」二字的開創性意涵，他認為「此二字指動的生產
與動的成立，即于靜中能發現此生生之宇宙，更可云再造此生生之宇宙。此

〔註27〕 程顥、程頤：《二程集‧外書》（樹林：漢京文化事業有限公司，民國72年影
印）卷一二，頁432。

〔註28〕 朱熹：《晦庵先生朱文公文集》（京都：中文出版社，1977年）卷九七〈延平
行狀〉，頁30下。

〔註29〕 朱熹：《朱子語類》（臺北：華世出版社，民國76年影印本）卷一二，頁210。

〔註30〕 有關朱子的靜坐之教，參閱：錢穆：《朱子新學案》（臺北：三民書局，民國
71年再版）（二），頁277～297。及陳榮捷：《朱子新探索》（臺北：學生書局，
民國77年），頁299～313。

〔註31〕 《陳獻章集》卷二，〈復趙提學僉憲〉，頁145。

〔註32〕 《學案》卷五〈白沙學案上〉，頁84。

點為前人所未說過，先生始說之。」〔註33〕

陳獻章心學汲取程朱舊學而發展新知，奠定了他在思想史上的開創性地位，大抵如斯。此外，值得一提的是，晚近學者的研究，常留意到陳獻章心學與陸象山心學的相似之處，容肇祖及余英時都曾指出，陳獻章對讀書窮理抱持懷疑的態度，論學注重「求之吾心」，與倡言「學苟知本，六經皆我註腳」，教人「先立乎其大者」的陸象山相似。〔註34〕此說固然不誤。但是陸、陳二人學問風格的同調，其實乃是相對於程朱學派重視「道問學」的性格而呈現的。若細究之，陸、陳二人無論個人為學，或教人之方都有明顯的歧異。陸象山曾自述自己平日為學的狀況云：

> 某皆是逐事逐物，考究練磨，積日累月，以至如今。不是自會，亦不是別有一竅子，亦不是等閒理會，一理會便理會，但是理會與他人別。某從來勸理會，長兄每四更一點起時，只見某在看書，或檢書，或默坐。常說與子姪以為勸，他人莫之。〔註35〕

陸象山這種每日勤讀書的習慣，即與「每飯食後，輒瞑日靜坐竟日。」〔註36〕大嘆「學勞攘則無由見道，故觀書博識，不如靜坐。」〔註37〕的陳獻章絕不相類。而陸象山教人之方，他自己雖無明說，但據朱子的批評則說他：

> 專務踐履，卻於踐履之中，要人提撕省察，悟得本心。〔註38〕

這種「專務踐履」的教法與陳獻章「從靜坐中養出個端倪來」的教法，又顯然有別。陸、陳間的這些差別，更確切突顯了陳獻章的開創性地位。

陳獻章在明初開啟了心學的契機，其心學創見與日後倡行的王學雖無明顯的傳承關係。但是陳獻章的靜坐之教，「從靜坐中養出個端倪來」、「見吾此心之體隱然呈露，常若有物。」的特殊心靈經驗，竟一再重現於王門諸子的

〔註33〕陳榮捷：〈白沙之動的哲學與創作〉收入氏著《陳榮捷哲學論文集》（與 Wing-Tsit Chan, *A Source Book in Chinese Philosophy*（Princeton: Princeton University Press 1963）合刊），頁 73。

〔註34〕容肇祖：《明代思想史》（臺北：台灣開明書店，民國 71 年 7 月臺六版），頁 36～40，余英時：〈從宋明儒學的發展論清代思想史〉收入氏著《歷史與思想》（臺北：聯經出版事業公司，民國 68 年），頁 96。

〔註35〕陸九淵：《象山先生全集》（臺北：臺灣商務印書館，民國 58 年）卷三五，〈包揚顯道錄〉，頁 467。

〔註36〕《陳獻章集》卷二〈與光祿子完〉，頁 156。

〔註37〕同前書，卷三〈與林友〉，頁 269。

〔註38〕《晦庵先生朱文公文集》卷 31〈答張敬夫〉，頁 17 上。

求道經驗中。王陽明謫居龍場，始悟「格物致知」之旨的經驗即是個顯著的
例子，據《王陽明年譜》載，他：

> 日夜端居澄默，以求靜一，久之，胸中灑灑。……忽中夜大悟「格
> 物致知」之旨，寤寐中若有人語之者，不覺呼躍，從者皆驚。〔註39〕

其後陽明立教亦嘗以靜坐為法〔註40〕雖然日後另闢「致良知」之教，但是王
門後學對陽明的靜坐教法，似乎情有獨鍾，備加致意。王畿即曾申述陽明習
靜的過程云：

> 先師……自謂嘗於靜中內照形軀，如水晶宮，忘己忘物，忘天忘地，
> 與空虛同體，光耀神奇，恍惚變幻，似欲言而忘其所以言，乃真境
> 象也，及至居夷處困，動忍之餘，恍然神悟，不離倫物感應，而是
> 是非非，天則自見。〔註41〕

此外，又有對靜坐中的特殊心靈經驗極力宣揚者，如聶豹（文蔚，1487～
1563），他亦曾立靜坐教法，據《明儒學案》載：

> 先生（指聶豹）之學，獄中閒久靜極，忽見此心真體，光明瑩徹，萬
> 物皆備，乃喜曰：「此未發之中也，守是不失，天下之理皆從此出矣。」
> 及出，與來學立靜坐法，使之歸寂以通感，執體以應用。〔註42〕

聶豹靜坐歸寂的教法雖曾引起同門諸子的責難，但是最終亦不乏肯定支持者。
〔註43〕羅洪先（念菴，1504～1564）即與他甚為契合，謂「雙江所言，真是霹
靂手段，許多英雄瞞昧，被他一口道著，如康莊大道，更無可疑。」〔註44〕羅
洪先於是一意習靜，嘗謂：「聖學者亦須靜坐中恍見端倪始得。」〔註45〕日後更
有「因靜坐十日，恍恍見得」的經驗。〔註46〕對這種靜坐所得他亦曾申述曰：

〔註39〕 王守仁：《王陽明全書》（臺北：正中書局，民國59年台四版。以下本書簡稱
　　　　《王全書》）（四），〈年譜〉，武宗正德三年條，頁84。

〔註40〕 同前書（一）〈刻文錄敘說〉，頁10：「先生之學凡三變，其為教也亦三變。……
　　　　居貴陽時，首與學者為知行合一之說。自滁陽後，多教學者靜坐。江右以來，
　　　　始單提致良知三字，直指本體，令學者言下有悟，是教亦三變也。」

〔註41〕 王畿：《龍谿王先生全集》（日本江戶時間和刻影印本，京都：中文出版社，？
　　　　年）卷二〈滁陽會語〉，頁7下～8上。

〔註42〕 《學案》卷一七〈江右王門學案三〉，頁372。

〔註43〕 同前註，頁393。

〔註44〕 同前註。

〔註45〕 同前書，卷一八〈江右王門學案三〉，頁390。

〔註46〕 羅洪先：〈念菴文集〉（文淵閣四庫全書本，臺北：臺灣商務印書館，民國72
　　　　年）卷三〈與尹道輿〉，頁34下。

當極靜時，恍然覺吾此心中虛寂無物，貫通無窮，有如氣之行空，無有止極，無內外可指，動靜可分，上下四方，往古來今，渾成一片，所謂無在而無不在。吾之一身乃其發竅，固非形質所能限也。〔註47〕

他的靜坐教法及自得的經驗皆與陳獻章相近。除此之外，羅洪先的弟子萬廷言（思默，？～？）亦承襲其師的靜坐教法，他曾自敘靜坐的心靈經驗曰：

始學靜坐，混混嘿嘿，不著寂、不守中、不數息，一味收攝此心，所苦者此念紛飛，變幻奔突，降伏不下，轉轉打疊。久之，忽覺此心推移不動，兩三日內如癡一般，念忽停息，若有一物胸中隱隱呈露，漸發光明。自喜此處可是白沙所謂「靜中養出端倪」？此處作得主定，便是把握虛空，覺得光明在內，虛空在外，以內合外，似有區宇，四面虛空，都是含有這些子。〔註48〕

這是明確地以陳獻章「靜中養出端倪」的論學宗旨來驗證自己的靜坐所得。

依上所述，這就難怪身逢王學興起的學者還會追溯心學根源至陳獻章，例如與陽明同時的程朱學者羅欽順即云：

近世道學之倡，陳白沙不爲無力，而學術之誤，亦恐自白沙始，至無而動，至近而神，此白沙自得之妙也。愚前所謂徒見夫至神者，遂以爲道在是矣，而深之不能極，而幾之不能研，雖不爲白沙而發，而白沙之病，正恐在此。〔註49〕

與羅欽順約同時稍後的學者楊慎（升庵，1488～1568）亦曾感慨道：

陳白沙詩曰：「君若問鳶魚，鳶魚體本虛，我拈言外意，六經皆虛無」香山益庵陳夢祥辯之曰：「道具體用，體則天命之性，用則率性之道也，性道皆實理所爲。故曰：『誠者，物之終始。』體何嘗虛耶？六經所以載道，一字一義皆聖賢實理之所寓，實心之所發。以之發言，則言必有物；以之措行，則行有必恆。故曰：君子學以致道，書何嘗以實爲虛幻，以有爲爲妄也？其曰言外意，即佛老幻妄之意，非聖人之蘊也。」嗚呼陳公此言，鑿鑿乎聖賢之眞傳，不待曲説傍喻而切于日用，是眞知道明理之學也。近日講理學者多諱言之，惟整

〔註47〕同前書，卷四〈答蔣道林〉，頁1下。
〔註48〕《學案》卷一二〈浙中王門學案二〉，頁254。
〔註49〕《困知記》卷下49條，頁39。

庵羅公與之相合而未相聞也。……凭虛者易高，而摭實者反下；翼
飛者騰譽，而特立者蔑聞，是可慨也。〔註 50〕

　　綜上所述，我們可以說陳獻章心學正是因應著長久以來宋明理學家所面
對的成聖困境，「心與理不一」的問題未獲徹底地紓解而生。明初的學者偏向
個人躬行踐履之學，已使這一問題從理論的爭議轉變爲個人現實生活上切身
待解的難題。面對這一困境，明初的程朱學者在程朱舊規「主敬窮理」原則
的指導下，除了讀書踐履外，始終難有新意。而陳獻章則毅然背棄了程朱舊
規，開創了全新風格的靜坐之教，教人直求本心。當然這種儒家基本的成聖
困境亦並未因而徹底地紓解。但是，重要的是，他爲這困擾前人已久的舊問
題提出一新的解題方向，日後興盛的心學風潮大致亦依循這個新方向發展，
專事心性內涵的辨析，而輕於對「主敬窮理」的講求，程朱學派舊有的權威
地位遂因之瓦解。陳獻章心學的崛起在明代思想史上實在具有典範轉移
（paradigm-shifts）的效果。〔註 51〕

第二節　舊學對新說的質疑

　　陳獻章心學的崛起雖然爲明初學術界開創了一個新氣象，帶動了典範轉
移的新契機，但在明初程朱學派餘威猶存的情況下，陳獻章的公然背棄程朱
舊規，另立新說，卻不免要淪爲眾矢之的。甚至連理學門外的學者丘濬（仲
深，1420～1495）都曾譏議他爲異學。〔註 52〕

　　陳獻章心學招致最大的批評，莫過於其學與禪學太過相似。章懋即明白

〔註50〕楊愼：《升菴全集》（臺北：臺灣商務印書館，民國 57 年）卷四五〈鳶飛魚躍〉，
　　　　頁 453～454。

〔註51〕有關典範說，參閱：Thomas S. Kuhn, *The Structure of Scientific Revolutions.*
　　　　（Chicago, University of Chicago Press 1962）本文所採的要點主要來自 A.C.
　　　　Graham.對該說的應用，A.C. Graham 在所著"What was new in the Ch'eng-Chu
　　　　Theory of Human Nature?" in A.C. Graham, *Studies in Chinese Philosophy &
　　　　Philosophical Literature.* (Singapore:National University of Singapore Press，
　　　　1986), pp.412-435 一文指出人性善惡的問題，自孟子以降即眾說紛紜，程朱爲
　　　　了辯護性善的主張尋求形上的基礎，致力於「理」的形上建構，以重新詮釋
　　　　天、人之際。作者強調程朱以「理」的建構來重新探究人性善惡的問題，未
　　　　必徹底而永恆地解決該問題，但卻爲此提出一新的解題方向，化解了紛議的
　　　　局面，這種情形可與 Kuhn 在西洋科學史中所謂的典範轉移相比擬。

〔註52〕參看《困知記》卷下條 50，頁 39。

地「以禪學目之。」〔註 53〕而他的同門學者胡居仁也就這點對其學做徹底的駁斥。胡居仁直斥其學曰：

> 陳公甫說物有盡而我無盡，分明異端釋氏語，即釋氏見性之說。他妄想出一箇不生不滅底物事在天地間，是我之真性，謂他人不能見，不能覺，我能獨覺，故曰：「我大物小，物有盡而我無盡。」殊不知物我一理，但有偏正清濁之異。以形氣論之，生必有死，始必有終，安得我獨無盡哉？以理論之，則生生不窮，人與物皆然。〔註 54〕

他更直接把陳獻章對性體的誤解，歸咎於他的靜坐之習云：

> 釋氏自認精魂爲性，專一守此。以此爲超脫輪迴。陳公甫說物有盡而我無盡，亦是此意。程子言至忙者無如禪客，又言其如負版之蟲，如抱石投河。朱子謂其只是作弄精神，此真見他所造只是如此模樣，緣當他當初只是習靜坐，屏思慮，靜久了，精神光彩，其中了無一物，遂以爲真空。言道理只有這箇極玄極妙，天地萬物，都是這箇做出來，得此，則天地萬物雖壞，這物事不壞，幻身雖亡，此不亡。所以其妄愈甚。〔註 55〕

胡居仁在此提及的「見性之說」或「認精魂爲性」的說法固然是佛家之言，但是這類的說法乃是根據佛家「諸行無常，緣起性空」的宇宙觀而成立。佛家這種宇宙觀與儒家「物我一體、道德創生」的宇宙觀所體悟到的宇宙實體是絕然不同的。其差別在後者是「道德創造的」，前者是「非道德創造的」。〔註 56〕就此而言，他排斥佛家是可以理解的。但是儒佛亦有所同，其同「在同悟一真心，同悟一圓頓的表示。」〔註 57〕如此，則他逕以陳獻章「我大物小、物有盡我無盡」的說法即是佛家「作用見性」、「認精魂爲性」，便有待商榷。

　　陳獻章「我大物小，物有盡我無盡」的說法乃出於他的〈與林時矩書〉，書云：

> 宇宙內更有何事，天自信天，地自信地，吾自信吾；自動自靜，自闔

〔註 53〕同前書，卷下 49 條，頁 39。

〔註 54〕胡居仁：《居業錄》（日本江戶年間和刻本影印，京都：中文出版社，？年）卷三，頁 283～284。

〔註 55〕同前書，卷四，頁 435。

〔註 56〕參看牟宗三：《心體與性體》（臺北：正中書局，民國 76 年）（二），頁 129～131。

〔註 57〕同前書，頁 131。

自闔，自舒自卷；甲不問乙供，乙不待甲賜；牛自爲牛，馬自爲馬；
感於此，應於彼，發乎邇，見乎遠。故得之者，天地與順，日月與明，
鬼神與福，萬民與誠，百世與名，而無一物奸於其間。烏乎，大哉！
前輩云：「銖視軒冕，塵視金玉。」此蓋略言之以諷始學者耳。人爭
一個覺，纔覺便我大而物小，物盡而我無盡。夫無盡者，微塵六合，
瞬息千古，生不知愛，死不知惡，尚奚暇銖軒冕而塵金玉耶？〔註58〕

此書前半段表現他對個體自得的強烈自信，後半段則對人心之「覺」的功能
予以高度評價，認爲人心能覺，即能超越渺小的肉身形體，與天地同大。他
對人心之覺的頌揚，即是力圖悟一眞心，悟一圓頓的表示，實與佛家無異。
然而，從前半段所述自得後人與天地萬物融合無間的理想來看，實在很難想
像他能接受佛家「諸行無常，緣起性空」的宇宙觀。

　　其實，陳獻章對儒家「物我一體、道德創生」宇宙觀的信持是無庸置疑
的，他的哲學論著甚少，但是他曾作〈無後論〉一文，對此即有充分的發揮，
其論云：

君子一心足以開萬世；小人百感足以喪邦家。何者？心存與不存也。
夫此心存則一，一則誠；不存惑，惑則偏。所以開萬世、喪邦家者
不在多，誠偏之間而足耳。夫天地之大，萬物之富，何以爲之也？
一誠所爲也。蓋有此誠，斯有此物；則有此物，必有此誠。則誠在
人何所？具於一心耳。心之所有者此誠，而爲天地者此誠也。天地
之大，此誠且可爲。而君子存之，則何萬世之不足開哉！〔註59〕

此論所稱述的人心之「誠」，正好可以爲前文所言心之「覺」的內容作最好的
說明。他所恃以暢談「我大物小，物有盡而我無盡」的人心之「覺」，正是覺
此深具道德創生能力的「誠」。

　　如上所述，從思想的本質而言，陳獻章的心學與禪佛仍有根本的差異，
當時的學者若經過深刻的理論析辨，也許就不會輕易地指責他近禪了。然而，
對於任何學術思想的評價，往往亦因其特殊的時代背景所致。就此而言，學
術史家黃宗羲在評論陳獻章之近禪問題時，對他即較能同情地理解，而論及
其說的處境。他說：

或者謂其（指陳獻章）近禪，蓋亦有二，聖學久湮，共趨事爲之末，

〔註58〕《陳獻章集》卷三〈與林時矩〉，頁241～243。
〔註59〕同前書，卷一〈無後論〉，頁57。

有動察而無靜存，一及人生而靜以上，便鄰于外氏，此庸人之論，不足辨也。〔註60〕

黃宗羲所提到的當時學界流弊，與陳獻章同時代的程朱學者章懋在他所作的〈原學〉一文中即有深刻的論述，論曰：

佛、老之教行於世久矣，後之儒者，非不倡言以排之，而卒不能勝之者，學之不明，性之未盡也。老氏以無名爲天地之始，無欲觀人心之妙，無爲爲聖人之治；而佛家者流，則又生其心於無所住，四大不有，五蘊皆空，其道以性爲心之體，吾惟修吾心煉吾性而已，明吾心吾性而已，不必屑屑於其外也。是以其學陷於自私自利之偏，至於天地萬物爲芻狗，爲幻化，棄人倫遺物理，不可以治天下國家焉。今之學則又異於是矣。心性之教不明，而功利之私遂淪浹而不可解，傳訓詁以爲名，誇記誦以爲博，侈辭章以爲靡，相矜以智，相軋以勢，相爭以利，相高以技能，相取以聲譽，身心性命竟不知爲何物。間有覺其謬妄，卓然自奮，欲以行能功實表見於世，則又致飾於外，無得於內，莫不以爲吾可以修身也，可以齊家也，可以治國平天下也，又莫不以爲吾不學佛、老之夢幻人世，遺棄倫理也。然要其所爲，不過爲假仁襲義之事，終不足以勝其功利之心，其去聖學也遠矣。猶幸生於今之世，毋使佛、老見之也。使佛、老生今世，而見吾人所爲，其不竊笑者幾希！是求免於佛、老之不吾闢，不可得也，暇闢佛、老哉？〔註61〕

佛、老心性之學的猖獗，與儒學日趨訓詁、記誦、辭章、功利之習，確實是令究心理學的儒者憂心忡忡的時代弊端。但任何嘗試探究心性的學者，都不免予人以鄰接佛、老外氏的印象。所以，連深察時弊的章懋尚不免譏諷陳獻章之學爲禪學，這多少反映了陳獻章身處的兩難困境。

雖然如此，但當時的學者對他近禪的譏議也絕非是無的放矢。這與他對自己教法太過自信，以及不究理論析辨的詩人風格有密切的關係。他對儒家與禪佛的分際可說是了然於胸的，這可從其論學書簡中清楚的看出，在〈與林時矩〉書中云：

禪家語，初看時亦甚可喜，然實是儱侗，與吾儒似同而異，毫釐間

〔註60〕《學案》卷五〈白沙學案上〉，頁79。
〔註61〕同前書，卷四五〈諸儒學案上三〉，頁1080。

便分霄壤。此古人所以貴擇之精也。……但起腳一差，立到前面，

無歸宿，無歸宿，無準的，便日用間種種各別，不可不勘破。〔註62〕

只可惜他在論儒佛分際時大多似此隻字片語，未及深入即戛然而止。而且這類的論述在他的文集內又屬鳳毛麟角，予人以漫不在意的印象。更嚴重的是，他對於自己的教法與禪佛似同而異之處，又不正面辯解，他自言：

佛氏教人靜坐，吾亦曰靜坐；曰惺惺，吾亦曰惺惺。調息近於數息，

定力有似禪定，所謂流於禪學者，非此類歟？〔註63〕

不只如此，他甚至不諱言自己與禪佛之同處，如其詩云：

白沙詩語如禪語。〔註64〕

他對自己的靜坐之教自信滿滿，且引宋儒為奧援，但對於程朱提倡「主敬」以防患學者墮禪，雖能同意，卻不甚在意，關於「主敬」或「主靜」間的抉擇，乃訴諸學者自身量度，他說：

伊川先生每見人靜坐，便嘆其善學。此一靜字，自濂溪先生主靜發路

源，後來程門諸公遞相傳授，至於豫章，延平二先生，尤專提此教人，

學者亦以此得力。晦庵恐人差入禪去，故少說靜，只說敬，如伊川晚

年之訓。此是防微慮遠之道，然在學者須自量度何如，若不至為禪所

誘，仍多靜方有入處。若平生忙者，此尤為對症藥。〔註65〕

此外，他還曾勸苦學不悟的門人讀佛書。〔註66〕他如此地輕忽釐清儒佛分際的工作，使得其心學的創見亦因涉及儒佛之間，令人難窺見其精義。他明末的心學同調劉宗周即帶著強烈懷疑的口氣論其說曰：

靜中養出端倪，不知果是何物？端倪云者，心可得而疑，口不可得

而言，畢竟不離精魂者近是。今考先生證學諸語，大都說一段自然

工夫，高妙處不容湊泊，終是精魂作弄處。蓋先生識趣近濂溪而窮

理不逮，學術類康節而受用太早，質之聖門，難免欲速見小之病者。

似禪非禪，不必論矣。〔註67〕

〔註62〕《陳獻章集》卷三〈與林時矩〉，頁243。

〔註63〕同前書，卷二〈復趙提學僉憲〉，頁147。

〔註64〕同前書，卷五〈次韶張東海〉，頁499。

〔註65〕同前書，卷二〈與羅一峰〉，頁157。

〔註66〕湛若水：《湛甘泉先生文集》（清同治五年丙寅重刊本，以下本書簡稱《湛文
集》）卷二三〈語錄〉，頁27下言：「曾記白沙先生為賀克恭黃門許多年不悟，
因書勸之讀佛。」

〔註67〕《學案》〈師說〉，頁5。

劉宗周站在心學後學的立場，當然極不願承認陳獻章心學近禪，但他因陳獻章不細心立說的論學風格所引發的不滿情緒，即已躍然紙上。劉宗周尚且如此不滿，遑論陳獻章同時的程朱學者逕譏他近禪了。

陳獻章心學除了招致近禪之譏外，亦予人以輕忽下學功夫的印象，胡居仁嘗譏評之曰：

> 公甫天資太高，清虛脫灑，所見超然，不爲物累，而不屑爲下學，故不覺流於黃老。反以聖賢禮法爲太嚴，先儒傳義爲煩贅，而欲一切虛無以求道眞。雖曰至無而動，如以手捉風，無所持獲。〔註68〕

所謂「下學」，若依上言「聖賢禮法」及「先儒傳義」來推斷，大致可分存養與讀書兩方面的問題來說。首先，就存養問題而言，時人對陳獻章心學功夫論即曾有所不滿，如章懋曾針對其學宗自然的特色。〔註69〕質疑他在存養功夫的疏忽，他說：

> 若曰：「是性也，吾有自然之體也。」不能戒懼愼獨，以求必得，而欲以虛悟入，則意見之障，終非自得，縱使談說得盡，亦與訓詁、記誦、辭章、功利者等耳。而何以爲學也？〔註70〕

此言「不能戒懼愼獨」，即指其存養功夫不實。而章懋竟因此將陳獻章心學與訓詁、記誦、辭章、功利等時弊等同而論，評價之低可以想見。

其次，就讀書問題而言，陳獻章對讀書問題的態度所引發外界的批評，比起前一問題似乎更嚴重。與陳獻章、胡居仁齊名，同時受業於吳與弼門下的程朱學者婁諒（克貞，1422～1491）對於陳獻章的批評正可以說明這一事實。根據《明儒學案》的記載，婁諒爲學「以收放心爲居敬之門，以何思何慮、勿助勿忘爲居敬要旨。」〔註71〕所以比起胡居仁婁諒應該能夠較爲諒解陳獻章心學的宗旨。但是，婁諒對讀書問題的態度卻與陳獻章迥異，他以著書造就後學爲職志，勤於著述，故曾斥責陳獻章不讀書。〔註72〕此後陳獻章

〔註68〕 胡居仁：《胡敬齋集》（臺北：臺灣商務印書館，民國 55 年）〈復張廷祥〉，頁 17。

〔註69〕 從學宗自然的特色爲中心來論述陳獻章學說，可參閱 Jen Yu-Wen, "Ch'en Hsien-Chang's Philosophy of the Natural" in Wm. Theodore de Bary ed., *Self and Society in Ming Thought.* pp.53-92 及 Paul Yun-ming Jiang, *The Search for Mind: Ch'en Pai-sha, Philosopher-Poet*, pp.115-135.

〔註70〕 《學案》卷四五〈諸儒學案上三〉，頁 1080～1081。

〔註71〕 同前書，卷〈崇仁學案二〉，頁 44。

〔註72〕 同前註，頁 43～44。

不讀書的惡名傳衍不斷，最為人詬病者莫過於他的「糟粕六經」的說法，明代中期的程朱學者陳建（清瀾 1497～1567）即評之曰：

> 陳白沙詩云「古人棄糟粕，糟粕非真傳。吾能握其機，何用窺陳編？」又曰：「吾心內自得，糟粕安用邪？」愚按糟粕之說，出自老莊。王弼、何晏之徒，粗尚虛無，乃以六經為聖人糟粕，遂致壞亂天下。
>
> 白沙奈何以為美談至教，與象山註腳之說相倡和哉？〔註73〕

對他輕蔑輕籍的態度頗不以為然。

以上程朱學者對陳獻章下學功夫的批評雖都言之鑿鑿，卻不意味他全然不務下學，這些評價多少亦是與程朱學派固守的「主敬窮理」之教相對而生的。其實，就存養功夫而言，陳獻章在〈與林郡博〉書中亦嘗論及，如云：

> 終日乾乾，只是收拾此而已。此理干涉至大，無內外，無終始，無一處不到，無一息不運。會此則天地我立，萬化我出，而宇宙在我矣。得此霸柄入手，更有何事？往古來今，四方上下，都一齊穿紐，一齊收拾，隨時隨處，無不是這個充塞。色色信他本來，何用爾腳勞手攘？舞雩三三兩兩，正在勿忘勿助之間。曾點些兒活計，被孟子一口打併出來，便都是鳶飛魚躍。若無孟子工夫，驟而語之以曾點見趣，一似說夢。會得，雖堯舜事業，只如一點浮雲過目，安事推乎？此理包羅上下，貫徹終始，滾作一片，都無分別，無盡藏故也。自茲已往，更有分殊處，合要理會。毫分縷析，義理儘無窮，工夫儘無窮。書中所云，乃其統體該括耳。〔註74〕

由上文可見，陳獻章雖然學宗自然，對悟道後的自得情趣固大加稱頌，但是對徒說景象，不務存養工夫的謬誤，仍有戒心，而提醒門人於統體的體悟外更應注意分殊處的理會，實作析理工夫。

再就讀書問題而言，他對讀書問題所抱持的激切態度，亦有其時代因素值得分說，從他所撰〈道學傳序〉一文中便可一窺究竟，該序曰：

> 抑吾聞之：「六經，夫子之書也。」學者徒誦其言而忘味，六經一糟粕耳，猶未免於玩物喪志。今是編也，采諸儒行事之迹與其論著之言，學者苟不但求之書，而求諸吾心，察於動靜有無之機，致養其

〔註73〕陳建：《學蔀通辨》（景寬文三年（1633）刊本，京都中文出版社）後編卷中，頁 12 下。

〔註74〕《陳獻章集》卷二〈與林郡博〉，頁 217。

> 在我者，而勿以聞見亂之，去耳目支離之用，全虛圓不測之神，一
> 開卷盡得之矣，非得自我者也。蓋以我而觀書，隨處得益，以書博
> 我，則釋卷而茫然。〔註75〕

陳獻章「糟粕六經」這一激切的反智態度，最為明代程朱學者所不滿。〔註76〕
但是，從〈道學傳序〉的脈絡來看，他的「糟粕六經」也是激於「學者徒誦其
言而忘味」的時弊而發，故強調「不但求之書而求諸吾心。」也肯定觀書得益。

　　儘管陳獻章對於「下學功夫」並非全然漠視，但是，學者對他的批評亦有
其道理。首先，在功夫的內涵上，他所重視的存養，其實仍是在靜坐的形式中
下功夫，即他即謂的「靜坐中養出個端倪」，本質上，仍是冥想妙悟，與程朱學
派強調在日常事務上躬行踐履，是絕然不同的。而讀書問題，在他雖非全然無
視，可是相對於他對自得的要求，讀書亦只是淪為附屬、旁證的地位，這與程
朱學者虛心求知，從書冊中尋求處困之方的態度，又是大不相同的。

　　其次，從他傳世的詩文作品來看，他對「下學功夫」的內容闡釋無多。他
善於頌贊悟道境界，而拙於分說存養功夫，難怪現代學者牟宗三認為「他雖知
道『若無孟子工夫，驟而語之以曾點見趣，一似說夢』，然其本人實並無真正孟
子工夫也。」〔註77〕此外，他對著述之事興趣缺缺。〔註78〕論學的內容亦罕見
有典籍義理的講習。他的學行風格如斯，自然也就無法杜悠悠眾口了。

　　陳獻章心學的崛起隨即招致程朱學者的強烈的批評，一方面固然反映了
當時心學發展最主要的阻力程朱學派勢力猶大，面對心學的挑戰，程朱學派
尚能有力地回應，使心學聲勢未能過度張揚。這是日後陳獻章的傳人湛若水
在傳播師說時，不得不適度地重新詮釋其說的重要原因。另一方面則暴露出
陳獻章心學創見的一些嚴重缺陷。其一，是他於心學的本體內涵未及詳論所
引發的心學是否近禪之疑慮。其二，是他的心學之功夫論與程朱學派拘謹的
「主敬窮理」之教對照之下，略顯寬鬆，所給予人的心學空疏之印象。這些
問題也就自然是繼承其學的湛若水必須代為澄清的疑難。

〔註75〕同前書，卷一〈道學傳序〉，頁20。
〔註76〕余英時：〈從宋明儒學的發展論清代思想史〉，頁100。
〔註77〕牟宗三：《從陸象山仙劉蕺山》（臺北：學生書局，民國79年再版），頁286。
〔註78〕據《明史》卷二八三〈陳獻章傳〉，頁7262云：「或勸之著述，不答。」

第三章　湛若水的生平

第一節　早年與求學

　　湛若水是明代中期聲名顯赫的大儒，其一生論學相交的學者、官宦很多，他們之間往來酬答的文字，可供撰述湛氏傳記的資料亦不少。〔註1〕但是，現存最重要，也是最直接記載其生平言行的傳記資料，則是羅洪先（念菴，1504～1564）所撰的墓表及洪垣（覺山，1533年進士）所撰的墓誌銘。〔註2〕羅、洪所撰二文內容雖然簡略，還是提供了我們了解湛氏一生的基本線索。

　　湛若水的祖生原本是福建莆人。元代時，他的遠祖湛露官居德慶路（按：在廣東境）內總管府治中，始遷居於廣東增城甘泉都沙貝村。傳至他的高祖湛懷德時，適值元季，天下大亂，懷德乃親率地方義兵保衛鄉土。〔註3〕他以恩信帶兵，留下這樣一段佳話：當時，其部屬有犯典當處死者，懷德讓他們返家辭親，約期就死。後來，犯者竟然如期悉至，他遂寬免了他們的死罪，後人感服其德，便立義士祠來紀念他。〔註4〕湛氏一族在地方上的聲望大概亦在其時建立。懷德之後，湛氏一族的發展如何，未有資料詳載，但據日後《廣

〔註1〕參見《明人傳記資料索引》（臺北：國立中央圖書館，民國67年），頁626～627。

〔註2〕羅、洪二文收入《湛文集》卷之三二〈外集〉，另據王寶先編：《歷代名人年譜總目》（台中，東海大學圖書館，民國54年），頁97載，有關湛若水的傳記資料尚有湛若水自述，陳謨編，蔣信續編：《甘泉先生年譜言行錄》六卷（明嘉靖間刊本），此書遍尋不獲，可能已佚。

〔註3〕《湛文集》卷一三二《墓表》，頁2上，《墓誌銘》，頁9上。

〔註4〕同前書，卷三二《墓表》，頁2上。

東通志》云：「自其（湛若水）祖江以來，田連阡陌，世爲士豪」〔註5〕的情形推斷，湛若水出生前，湛若水出生前，湛氏家道應是非常興盛。

與許多成名的儒者一樣，湛若水出生前後都有異徵，據說在他出生前數月，「有中星見于越之分野，識者以爲文明之象。今午會屬嶺南。當有聖賢生于其間。」〔註6〕這類傳說，後人附會的可能性很大，眞僞難辨。此外，洪垣所撰「墓誌銘」又說他出生後即面呈異相，「顙中雙臚隆然，若輔弼，兩耳傍，各有黑子，左七，類北斗；右六，類南斗。」〔註7〕這則傳說則頗爲耐人尋味。自明代起即傳說朱子面有七黑子，如列星，陳獻章行狀的作者即稱陳獻章「右臉有七黑子，如北斗。」以附應朱子，白沙門人林光（緝熙，1439～1519）曾辨明其非。〔註8〕此說又見於湛若水，自是可疑。洪垣以湛門弟子的身份述之，或許是想藉此強調其師在白沙門下正統的繼承地位。

湛若水早年的生活及求學的經歷，也留下一些特立獨行的軼事。在他幼年時期，家中屢遭變故。〔註9〕父親湛瑛因爲爲人耿直，嫉惡如仇。得罪小人，終爲群盜搆誣，一時悲憤，發病而死。〔註10〕當時湛若水只有十歲，父親臨終前乃殷殷囑附年幼的他說：「必以顯吾世。」〔註11〕這事對他幼小的心靈衝擊必然不小。他的個性傾向深沈內斂，凝然如愚。〔註12〕應是其來有自，他十四歲才入小學，十六歲學爲文，進入府學爲弟子員。某次，都憲臨省視學，府學的教官乃率諸生於門外跪迎，他卻以門外非衣冠跪迎之地爲由，不願從眾，而獨自昂立。後來在二十七歲那年，他參加鄉試，依當時的慣例，參試的士人必須赤足聽侯檢閱，他正好是第一位受檢場，但他卻認爲此非所以禮士之舉，執不肯從。竟使御史特別爲之廢法。鄉試結果，他以鄉薦第四名中舉。接著，在慶賀士人中舉的宴會上，他又對賀宴間演奏優樂不以爲然，抱

〔註5〕 《廣東通志》（臺北：華文書局，民國57年，據清同治三年重刊本）卷二七四〈列傳七〉，頁20上。

〔註6〕 《湛文集》卷三二《墓表》，頁2上～2下。

〔註7〕 同前書，卷三二《墓誌銘》，頁9上。

〔註8〕 《朱子新探索》，頁80～90。

〔註9〕 《湛文集》卷三二《墓誌銘》，頁9上。

〔註10〕 《王全書》（四），〈贈翰林院編修湛公墓表（壬申）〉，頁55，何喬遠，《名山藏》（臺北：成文出版社，民國60年）卷二〇〈臣林記〉，頁6444。

〔註11〕 《王全書》（四），〈湛賢母陳太孺人墓碑（甲戌）〉，頁57。文中言湛母「在孀居者餘四十年。」按：湛母卒於正德九年（1514），則湛父約卒於成化十一年（1475），湛若水時年十歲。

〔註12〕 《湛文集》卷三二《墓誌銘》，頁9上。

怨說：「賓與盛典而可戲耶？」〔註13〕湛若水這一連串的舉動，或可視作他在面對明初以來儒學形式化、科舉虛文化的時弊，所引發的一種不滿世道淪喪而力圖恢復儒學原貌的返本主義（Fundamentalism）式的反應。〔註14〕

　　鄉試中舉後次年，弘治六年（1493），他即赴京參加會試，但不幸落榜，〔註15〕這時在他的求學生涯出現了一次重大的轉變。落榜後，他便絕意仕進，甚至焚毀會試部檄以示決心。〔註16〕在他自京師南歸的途中，他曾偕友六、七人拜會了當時隱居在定山的學者莊昶（孔暘，1437～1499）。〔註17〕莊昶在早年官場失意後，即隱居不出將近二十年，他講學以無言自得為宗，與陳獻章之學相合。〔註18〕湛若水絕意仕進的決定，即使不是受他的啟受，也應該會因這次的拜會更加堅定。隨後湛若水會向陳獻章求學，可能便是因此而起。

　　弘治七年（1494）二月，湛若水正式進入陳獻章的門下。〔註19〕此時陳獻章已高齡六十七，進入晚年階段，其宗法自然，專意自得之學，早已聲名遠播。面對這位科考失意的後學，他告訴他說：「此學非全放下，終難湊泊。」〔註20〕湛若水於是「獨居一室，遊心千古，默約聖賢，用功總括，因悟隨處體認天理六字符訣。」〔註21〕他的這番體會，得到陳獻章的極端賞識，於是把門下李承箕（世卿，1452～1505）所築的楚雲台賜予他。陳獻章臨終前更贈以江門釣台，示意要他繼承江門衣鉢。〔註22〕

〔註13〕　同前書，卷三二《墓表》，頁 2 下，《墓誌銘》，頁 9 上。

〔註14〕　Wm. Theodore de Bary, "Some Common Tendencies in Neo-Confucianism" in David S.Nivison and Arthur F.Wright ed.: *Confucianism in Action*. (Standford: Standford University, 1959), p.34.

〔註15〕　《湛文集》卷三○〈過江浦祭莊定山先生文〉，頁 5 下。

〔註16〕　湛若水焚毀部檄，絕意仕進究在何年說法不一。羅撰〈墓表〉，頁 2 下、洪撰〈墓誌銘〉，頁 9 下皆記在他從學江門之後，即弘治七年（1494）以後，但據《湛文集》卷三一〈逸士謝葵山先生墓碣銘〉，頁 22 上，湛若水追憶自己在不肯會試已十二、三年後才因母命復出，他復出在弘治十七年（1504），十二、三年前即為弘治五、六年（1492、1493），但他曾參加了弘治六年的會試，則絕意仕進當在弘治六年的會試後。

〔註17〕　《湛文集》卷三○〈過江浦祭莊定山先生文〉，頁 5 下～頁 6 上。

〔註18〕　《學案》卷四五〈諸儒學案上三〉，頁 1081。

〔註19〕　《湛文集》卷三二《墓誌銘》，頁 9 上。

〔註20〕　同前註，頁 9 上～頁 9 下。

〔註21〕　同前註，頁 9 下。

〔註22〕　同前註，頁 9 下～頁 10 上。

　　湛若水在陳獻章門下受業長達七年之久，其間學習的經過，後世雖不得
其詳，但是，從上述的簡歷中，我們可以隱約的看出他乃從白沙的靜坐之教
入手，而卒有所獲。弘治十三年（1500）二月，陳獻章逝世。〔註23〕湛若水
頌贊之曰：「道義之師，成我者與生我者等。」〔註24〕可見師生相得之情，此
後，更「爲之制斬衰之服，廬墓三年不入室，如喪父然。」〔註25〕

　　陳獻章死後，湛若水仍堅持不仕，專求自得，又過了約四年隱居的日子。
直到弘治十七年（1504），他才突然決定復出。〔註26〕他之所以做出這一重大
的決定，除了因湛母以父親臨終囑命摧促外，〔註27〕徐絃（？，？～？）、謝
祐（字天錫，號葵山，1434～1506）的勸駕，〔註28〕也可能有所影響。有關
徐絃的事績，史無可考。至於謝祐，湛若水對他的評價甚高，說他原是「廣
州府庠生，棄去，從遊白沙先生于江門，聞混淪之學，自林南川外，惟葵山
獨得其指。」〔註29〕對湛若水而言，這位和他一樣棄舉業，就學江門，而且
學得白沙眞傳的前輩對他的建言，自然是意義不凡。

　　他首先進入南京國子監就學，〔註30〕在這段期間，他的表現非常優異。
深得國子監祭酒章懋的賞識。章懋與他論學，對他頗爲傾倒，乃以平輩論交，
不敢以舉子相視。〔註31〕又試以「睟面盎背論」，對他的文章更是贊爲冠天下
的奇作。〔註32〕在這篇文章中，他強調「本體自然，不犯手段，積以歲月。
忽不自知其機之在我，則睟於面，盎於背，皆機之發，所不能已。而寂不能
以不感，靜不能以不動，內不能以不外，隱不能以不彰，亦理之常，無足怪
者。」〔註33〕可見他初試啼聲即展現了學宗自然的江門風格。後來，在弘治
十八年（1505）京師的會試中，他這種風格，更是突出易見，主試學士張元
禎（廷祥，1461 年進士）、楊廷和（介夫，1459～1529）嘗「撫其卷曰：『非

〔註23〕 《陳獻章集》附錄二〈年譜及傳記資料〉，頁 861。
〔註24〕 《湛文集》卷三二《墓表》，頁 3 上。
〔註25〕 同前註。
〔註26〕 同前書，卷三二《墓誌銘》，頁 10 上。
〔註27〕 《王全書》（四），〈湛賢母陳太孺人墓碑（甲戌）〉，頁 57。
〔註28〕 《湛文集》卷三二《墓表》，頁 3 上～3 下，《墓誌銘》，頁 10 上，卷三一〈逸
　　　　士謝葵山先生墓碣銘〉，頁 22 上。
〔註29〕 同前書，卷三一〈逸士謝葵山先生墓碣銘〉，頁 21～頁 22 上。
〔註30〕 《學案》卷三七〈甘泉學案一〉，頁 876。
〔註31〕 《湛文集》卷三二〈墓誌銘〉，頁 10 上。
〔註32〕 同前書，卷三二〈墓表〉，頁 3 下。
〔註33〕 同前書，卷二一〈睟面盎背論〉，頁 11 上～11 下。

白沙之徒不能爲此。』」〔註34〕並且嘆爲眞儒復出。他因而順利地考上進士。
〔註35〕可以說，他是因爲紹述師說而一舉成名。

第二節　宦途三十五年

湛若水仕宦的初期，甚爲平凡，擔任的官職，多屬歷練性質。最初爲翰林院庶吉士，尋授編修。武宗正德三年（1508），充會試同考官，在這一年的會試中他拔擢了日後相與論學的學者呂柟（涇野，1479〜1542），又曾受命爲冊封瑞昌王副使，正德七年（1512）復奉命任冊封安南國王正使，在出使安南期間，安南國王曾以金餽之，但他卻再三推卻不受。〔註36〕曾贈詩有「白沙門下更何人」之句，〔註37〕傳爲美談。

正德十年（1515）初，他的母親病逝京師，他奉柩南歸，此後二年他便在故鄉增城丁母憂，廬居母葬地荷塘。正德十二年（1517）他又上疏留鄉養病，築室於西樵山大科峰下，日與泉石猿鶴優遊，非學問之士不接，安閑恬淡，好像有效法陳獻章就此終老山林的意思。〔註38〕也就在這種歸隱講學的日子裡，他又沈潛了四年。

世宗嘉靖元年（1522），湛若水在都御史吳廷舉（獻臣，1487 年進士）、御史朱節（守中，1513 年進士）的疏薦下再被起用，補翰林院編修，隨後陞爲翰林院侍讀。他的二度進京仕宦，適值世宗登基之初，政局頗有新氣象，《明史》贊云：

> 世宗御極之初，力除一切弊政，天下翕然稱治。〔註39〕

重返政壇的湛若水似亦頗因「久以險艱，退廢山澤，恭遇聖明繼極。」〔註40〕而悅，所以他「雖非言路，志在格君。」在重返京師後即屢屢上疏勸勉世宗正君心，講聖學，親儒臣。〔註41〕這一連串奏疏的內容，大都是些深具儒學

〔註34〕《廣東通志》卷二七四〈列傳七〉，頁 18 下。

〔註35〕《湛文集》卷三二〈墓表〉，頁 3 下、〈墓誌銘〉，頁 10 上。

〔註36〕《湛文集》卷三二〈墓表〉，頁 3 下。

〔註37〕阮榕齡：〈白沙門人考〉，頁 25，此文收入《白沙學刊》第二期（民國 54 年 3 月）。

〔註38〕《湛文集》卷三二〈墓表〉，頁 4 上〜頁 4 下、〈墓誌銘〉，頁 10 上。

〔註39〕《明史》卷一八〈世宗本紀二〉，頁 250。

〔註40〕《湛文集》卷一九〈初入朝豫戒遊逸疏〉，頁 1 上。

〔註41〕同前書，卷 32〈墓表〉，頁 4 下。

道德理想主義風格的老生常談。對世宗一朝的政務沒有發生明確的作用，他也沒有因而在政壇上建立突出的地位。

世宗即位後的前三年，政局乃籠罩在「大禮議」的陰影下。武宗無後，世宗乃以孝宗弟興獻王之子的名義入繼大統，世宗即位後就為推尊興獻王、妃封號的問題，與楊廷和等廷臣爭議不下。嘉靖三年七月，爭議達到了最高潮，反對世宗的廷臣兩百餘人跪哭於宮門，世宗大怒，下詔治罪，繫獄者一百三十四人，杖死者十餘人。〔註42〕

「大禮議」不只是明代君臣間的意氣之爭而已，它也表現出一些重要的時代訊息。明史學者孟森即說「大禮議」「乃純為（世宗）追尊本生父母之故，君所爭為孝思，臣之所執為禮教，各有一是非。其所可供後人議論者，正見明代士氣之昌，非後來所能及爾。」〔註43〕明代自太祖廢相以後，皇帝從此總攬六部政務，君主專制達到極點，但是能有效地實現君主專制政治的大概只有太祖及成祖兩代，此後明代君主大多無心處理朝政，專制政治已漸漸名不符實，出現了制度鬆散的跡象。〔註44〕明代昌盛的士氣，其實正是乘其隙而生。而「大禮議」期間，士人仗義死節地力爭禮教，也象徵了他們急欲重整禮儀的努力。

面對這場明代政壇上的重大爭議，湛若水最初站在楊廷和等廷臣一邊與世宗唱反調，但最後不知為何又改變了立場，而附和世宗。他的態度為何前後不一，在其弟子所記的〈語錄〉中，曾有一條言及：

> 先生所議大禮初與諸公之見大略亦同，及其後來覺得未安，不敢復守前說，實以三年名分已定故耳。先生嘗曰：「聖明因心之孝，何所不同，諸公為宰執者，只宜請朝廷斷之，非天子不議禮，臣下不敢議，奉而行之，不至有後來大害事無限矣！只謂天子無宗，於吾心終有未然。謂之宗廟，已是宗了！」〔註45〕

湛若水的這番解釋不知是實情，抑或是事後的遁辭？已不可詳考。「禮議」一事，如前引孟森所論，本是「各有一是非。」湛若水轉而支持世宗，表彰孝心，固然也不損儒者的風範。但是他強調「非天子不議禮」的溫順態度，顯

〔註42〕 事見：《明史》卷一七〈世宗本紀一〉及卷 191〈何孟春傳〉。

〔註43〕 孟森：《明代史》（臺北：華世出版社，民國 66 年 9 月二印），頁 220。

〔註44〕 Charles O. Hucker, *The Ming Dynasty: It's Origins and Evolving Institutions*. (Ann Arbor, University of Michigan,1978), pp.96-98.

〔註45〕 《湛文集》卷二三〈語錄〉，頁 7 上。

然與力爭禮教的廷臣，所代表的昌盛的士氣頗不相類。

　　儘管他從政的態度偏向溫順，但在「大禮議」期間，他仍因一片赤誠，上了一份奏疏，表達了對世宗求全責備的心意，可能因此引發了世宗的不悅。此疏上於嘉靖三年（1524）二月，他藉近一、二年內屢次的天災及人心動搖爲題，提醒世宗：

> 臣嘗讀《易》，至〈屯〉〈否〉二卦，不能不感慨焉。夫屯者，陰陽始交而難生，君欲有爲而未遂，此則陛下登極下詔時然也。否者，陰陽隔而不通，內外難而不孚，陛下聰明獨照，自視於此卦如何哉？夫屯而不濟，必至於否。否而不濟，則事勢之將來，有不可言者。一二年間，天地變震，山川崩湧，人饑相食，報無虛月，莫非徵召所致。夫聖人不以屯否之時，而緩親賢之訓。明醫不以深痼之疾，而廢元氣之劑。〔註46〕

此疏表面上如同前疏只是勸勉世宗親賢納士，但在「大禮議」仍喧騰不已的當時，對世宗近兩年的表現，造成「君臣欲有爲而未遂」、「內外離而不孚」的困境，顯有責難。日後，史家徐學謨（叔明，1522～1594）嘗評論此疏言：

> 上登極之初，何謂始交而難生，登極才三年，何遽名爲否？非惟憂治危明之過，且于經義殊不相蒙。主上沖年，尤不宜進此疑駭無當之論，以啓其疏遠儒臣之端。其後，若水雖至大僚，終不柄用，累以僞學目之，未必非此疏爲先入也。〔註47〕

這番評論雖不免充滿徐氏個人的成見，但是，湛若水在官場上始終未獲重用，這與他雖一意忠誠謀國卻不善揣量上意的個性確實也有密不可分的關係。

　　嘉靖三年八月，他轉仕南京國子監祭酒。〔註48〕此後五年，他暫時離開了京師政治圈。雖然遠離政治中樞，他學以經世的心志卻絲毫未減。自嘉靖四年（1525）七月起即苦心孤詣地耗費三年的時間蒐集經、史、子等典籍及明室祖訓有益君道者，依大學之誠意、正心、修身、齊家、治國、平天下爲節次，而以格物之義貫通各節，內容廣及全國政務，共輯成《聖學格物通》一百卷。在嘉靖七年（1528）六月上於朝。〔註49〕此書乃承襲南宋眞德秀（西

〔註46〕 同前書，卷一九〈乞謹天戒急親賢疏〉，頁7下～頁8上。
〔註47〕 談遷：《國榷》卷五三，頁3294。
〔註48〕 同前書，頁3308。
〔註49〕 湛若水：《聖學格物通》（文淵閣四庫全書本，臺北：臺灣商務印書館，民國75年）卷首〈表〉、〈序〉、〈纂要錄〉。

山，1178～1235）的《大學衍義》及明代丘濬的《大學衍義補》二書所建立的
傳統，藉大學一書的八條目來發揮帝學之義。〔註50〕除了在形式上以己學所
重格物之義貫穿各節別具一格外，在理論上實在了無新義。但編輯此一卷帙
龐大的大書，仍表現出湛若水對世宗躬親政務的期許。

　　而嘉靖一朝的政局實際上卻是江河日下。世宗「自排廷議定『大禮』，遂
以制作禮樂自任。」〔註51〕嘉靖七年（1528），他「以天地合祀非禮」，欲分
建二郊，并日月而四。」〔註52〕隨後，朝中乃引發了祀禮的爭議。嘉靖八年
（1529）六月，湛若水奉命調回京師，任禮部右侍郎，〔註53〕又躬逢其盛。
嘉靖九年（1530）正月，吏科都給事中夏言（公謹，1482～1548）上疏請世
宗親耕南郊，后親蠶北郊，附合世宗分祀天地的想法，但大學士張璁（孚敬，
1475～1539），詹事霍韜（渭先，1487～1540）等廷臣卻期期以爲不可。世宗
大怒，反對最力的霍韜甚至因此繫獄，終定分祀之禮。〔註54〕在這次事件中，
湛若水顯然已知體察聖衷，適切地提供迎合上意的說法，他以爲：

> 北郊之說，起於漢儒師丹、鄭玄之徒，國家初行分祭，後復合而爲
> 一。或者，我皇祖之心，亦深見其可疑。故能勇決改之。是非之歸，
> 必求盡出古禮，使世爲天下則，不爾，亦聚訟耳。〔註55〕

他對世宗一心順從，尚不僅於此。嘉靖十年（1531）十月他轉任禮部左侍郎。
〔註56〕又參與了世宗修醮祈嗣的典禮，充當迎詞導引官。〔註57〕而且意猶未
盡，典禮後緊接著又上疏勸勉世宗收斂精神，以爲生育之本。世宗對他的殷

〔註50〕有關眞、丘二氏所撰二書與帝學思想的討論，參見：間野潛龍：《明代文化史
　　　　研究》（京都：同朋舍，1979），頁 138～149。Wm. Theodore de Bary,
　　　　Neo-Confucian Orthodoxy and the Learning of the Mind-and-Heart. (New York,
　　　　Columbia University Press, 1981), pp.91-98. Chu Hung-lam, *Ch'iu Chun
　　　　(1421-1495)and the Ta-hsüeh Yen-i Pu: Statecraft Thought in Fifteenth-Century
　　　　China.*（Ph.D Dissertation, Princeton University, 1984）朱鴻林，〈理論型的經世
　　　　之學——眞德秀大學衍義之用意及其著作背景〉，《食貨月刊》，15 卷三、四期，
　　　　民國 74 年 9 月。
〔註51〕《明史》卷一九六〈張璁傳〉，頁 5178。
〔註52〕同前註，〈夏言傳〉，頁 5192。
〔註53〕《國榷》卷五四，頁 3401。
〔註54〕同註 52。
〔註55〕《湛文集》卷三二〈墓誌銘〉，頁 10 下。
〔註56〕《國榷》卷五五，頁 3453。
〔註57〕《明世宗實錄》（臺北：中央研究院歷史語言研究所，民國 50～55 年）卷一
　　　　三二，頁 7 上，癸酉條。

勤恭順，則以冷言嘲諷相報。曰：「既欲朕收斂精神，即不宜煩擾」〔註58〕湛若水以一世大儒的身份，爲迎合上意，竟而積極地投身道教的典禮。便難免招致後世的譏評，史家談遷便以此相譏：

> 湛氏出新建之門，講學人也。匐匋芝幢鶴馭之間，獨不可奉身以退乎？
>
> 又上章言：「禱儲當修其在己，收斂精神。」上曰：「既欲朕收斂精神，
> 不宜煩擾。」蓋深窺其微也。近代士大夫信道蓋如此。〔註59〕

世宗的冷言相待，並未澆息湛若水熾熱的報效赤誠。嘉靖十二年（1533）二月，他又修訂當時所傳朱子小學之書，依朱子序文本意，采其散見於禮記者，輯爲「古文小學」三冊，上於世宗，以供宮中小學教習之用。〔註60〕對他幾番發揚儒學俾君治世的舉動，長期沈迷於道教的世宗實在無動於衷。不久，他又被遣離了京師。同年七月，他轉任南京禮部尙書。〔註61〕十五年（1536）六月，改任南京吏部尙書。〔註62〕這時他已屆七十一高齡，用世之志仍不稍減。十月，又上所纂《二禮經傳測》，此書以《曲禮》、《儀禮》爲經，《禮記》爲傳，時禮部尙書夏言認爲其立論以《曲禮》爲先，似與孔子之言相戾，不可以傳示後學，因而慘遭退回的命運。〔註63〕嘉靖十八年（1539）六月，他又轉任南京兵部尙書。〔註64〕雖已七十四高齡，仍竭其心智，以迎合帝心。曾條奏留守十事，〔註65〕力圖克盡職守。甚至，當時安南內亂，權臣莫登庸篡黎氏王位，黎氏遣使求援，朝廷準備發兵討伐之際。〔註66〕他還突發奇想上〈治權論〉，欲激安南吏民共討莫氏，割分其地，如此可以免去中土發兵之勞。但這種論調顯然與朝臣不合，未被接納。〔註67〕他在中央雖不甚得意，在地方卻不乏建樹，總結他最後在南京歷任禮、吏、兵三部尙書七年期間的政績，《明史竊》曾有如下的記載：

> 若水任南都最久。春時勸農，躬詣田畝。閱俗侈汰，定喪祭之制，

〔註58〕同前書，卷一三三，頁3下～頁4上，戊子條。

〔註59〕《國榷》卷五五，頁3455。

〔註60〕《湛文集》卷一九〈進古文小學疏〉，頁33上。

〔註61〕《國榷》卷五五，頁3485。

〔註62〕同前書，卷五六，頁3529。

〔註63〕《明世宗實錄》卷一九二，頁10上～頁10下，丙午條。

〔註64〕《國榷》卷五七，頁3579。

〔註65〕同前書，卷五七，頁3586。

〔註66〕《明史》卷三二一〈安南傳〉，頁8330～8333。

〔註67〕同註65。

> 頒行之，費省而禮舉，都人樂從。有劉公廟，聚眾燒香，為沉其像
> 於江，絕眾惑。貧者或以火葬，若水買地城南，創為「漏澤園」以
> 處之，且置田供時祀，盡毀私創庵院，僧尼勒令歸俗。後生子多以
> 湛名者。〔註68〕

嘉靖十九年（1540）五月，他終於奉准致仕，〔註69〕結束了長達三十五年的官宦生涯。

　　湛若水為官數十年，經世之志，老而彌堅，竟至踰致仕之年猶不退，雖曾三度乞休。〔註70〕但仍一再轉任要職。因而引發後人對其政治操守的懷疑，對於他為官期間大肆置產，精於聚斂，皆有微辭：如方沆（？，？～？）即曰：

> 憶垂髫時，侍先君宦游嶺海，曾過湛翁釣台，里居棹楔，若曰天關，
> 其軒廠不啻闕，舟人指示予為海上逋逃藪云：「計增城距順德二三百
> 里而遙，嘗有八十翁湛某，以名刺為四方徼惠，則益宅拓畝，故廣
> 且饒。」鄉人貴人云然，或有指耳。〔註71〕

而談遷更直斥他：

> 嗜財色，婢妾數十人，算計雞豚。〔註72〕

日後《廣東通志》上也載：

> 若水益增田宅，歲入數千，而性好食宿肉沙飯，居漂搖危樓，營建
> 歲無虛日，人皆異之。〔註73〕

這些後世的評議或不免臆測誇大之詞，但多少亦反映了他從政生涯的一個側面。此外，更值得一提的是，他一心報效的明世宗亦對他沒有好感。世宗傾心道教，湛若水則頻言儒學經世，君臣之不相得，固不待言。而世宗對他的人格，更有疵議。曾公開地指責他背友勢利。〔註74〕甚至在他死後，世宗對他的惡劣觀感仍無好轉。嘉靖三十九年（1560），湛若水逝世，〔註75〕次年十

〔註68〕尹守衡：《明史竊》（臺北：華世出版社，民國64年4月影印一版）卷七五〈王
　　　　守仁湛若水列傳〉，頁1761。
〔註69〕《國榷》卷五七，頁3593。
〔註70〕《湛文集》卷一九〈三乞歸田疏〉，頁34上。
〔註71〕《國榷》卷六三，頁3940。
〔註72〕同前註。
〔註73〕《廣東通志》卷二七四〈列傳七〉，頁20上～頁20下。
〔註74〕《明世宗實錄》卷七三，頁6上，甲戌條。
〔註75〕《湛文集》卷三二〈墓表〉，頁6下。

月，其曾孫壽魯上奏乞卹典，吏部准其請，但世宗竟怒曰：

> 若水偽學亂正，昔爲禮部參劾，此奏乃爲之浮詞誇譽，其以狀對？
> 〔註76〕

吏部官員數人甚至遭奪職，停俸等處分。對於一心貢獻所學力圖助君行道的湛若水來說，明世宗對他不以爲然的態度或許是造成他從政數十年始終難居樞要最重要的原因。

第三節　講學生涯

弘治十八年（1505），湛若水考取進士，初登仕途，而他在學界的活動也隨之展開。當時，王陽明在京師任兵部武選清吏司主事，有感於學者沈溺於詞章記誦，不復知有身心之學的時弊，開始授徒講學，湛若水即與他一見定交，共以倡明儒學爲職志。〔註77〕從此時開始，至正德十年（1515），其間除正德七年受命出使安南，短期離京外，將近十年的時間，他即先後又結識了黃綰（宗賢，1480～1554）〔註78〕呂柟、王崇慶（道徵，1484～1565）等人，〔註79〕他與他們相與唱和講學，從此他道名大著，學者乃稱其爲「甘泉先生」。〔註80〕

正德十年，他丁母憂返鄉，政治上的活動暫歸沈寂，但在學術活動上卻是一個新的時期開始，正德十二年（1517），他上疏留鄉養病，此後四年，即過著隱居講學的日子。在西樵山大科峰下，他開設了大科書院，倡導舉業、德業二科合一之教，並闡明自己「隨處體認天理」的論學宗旨。〔註81〕從此，他對設立書院講學的活動非常熱衷，嘉靖三年（1524）秋，他任南京國子監祭酒時，又築觀光館，集居學者，申明監規，希望在不違背當時科舉體制下，能兼施德行道藝之教。〔註82〕他更於此時發表了他重要的心學作品〈心性圖說〉以教士人。〔註83〕嘉靖六年（1527），他北上考績，途經揚州，門人不期

〔註76〕《明世宗實錄》卷五〇二，頁6上～6下，戊寅條。
〔註77〕湛、王二人初識依據《王全集》（四）《年譜》載在弘治十八年（1505）。但據《湛文集》卷三〇〈奠王陽明先生文〉則記爲正德元年（1506）。
〔註78〕《王全書》（四）〈世德紀〉卷一，頁230。
〔註79〕《廣東通志》卷二七四〈列傳七〉，頁18下。
〔註80〕同前註。
〔註81〕《湛水集》卷六〈大科訓規〉。
〔註82〕同前書，卷三二〈墓誌銘〉，頁10下。
〔註83〕《廣東通志》卷二七四〈列傳七〉，頁19下。

而至者五十人，遂闢一地講學，號爲「甘泉行窩」〔註84〕其後，在他歷任南京吏、禮、兵三部尚書期間，又於當地設立了新泉、三山兩處書院，並親自於新泉書院講學。他的門生葛澗（？，？～？）也隨後響應，在江都縣西的甘泉山下設立了甘泉書院，由於他們師生的興學熱誠，因而帶動了當地興建書院的風氣。〔註85〕

致仕以後的湛若水興學及講學的熱誠依然未減，嘉靖十九年（1540），他因仰慕羅浮一地風景之勝，乃構精舍於當地之朱明洞，又建書院於青霞谷。嘉靖二十四年（1545）他年已八十，又至衡山建白沙書院。〔註86〕嘉靖三十九年（1560）他以九十五歲的高齡，仍偕諸生開講於龍潭書院，終於老死於此次講會期間。〔註87〕羅洪先統計他畢生所到之處開設的書院約三十餘所，分佈於廣東、福建、江蘇、安徽、湖南等也，從學之士三千九百餘人。〔註88〕殊爲可觀。

湛若水積極的從事講學活動，雖然增進了他在學術上的聲望，但是也爲他招來了時人的譏議，甚而影響到他的政壇的地位。因爲這些熱烈的講學活動往往「高自標榜，互樹聲援者，即疑其人主爭衡。」〔註89〕很容易落人口實，作爲政治鬥爭的藉口，嘉靖八年（1529），陽明學在朝廷的政爭中成爲犧牲品，被列爲僞學。〔註90〕湛若水與王陽明論學交遊二十餘年，過往之密，自然不免使他遭受些池魚之殃。

嘉靖十一年（1532），南京御史馮恩（子仁，1491～1571）藉星變上疏，議論朝臣政績，曾指斥他說：

> 禮部左侍郎湛若水強致生徒，勉從道學，教人隨處體認天理，處己素行，未合人心。臣謂王守仁猶爲有用道學，湛若水乃無用道學。
> 〔註91〕

〔註84〕 呂柟：《涇野先生文集》（嘉靖乙卯眞定知府于德昌刊本）卷一六〈甘泉行窩記〉，頁40下。

〔註85〕 焦竑：《國朝獻徵錄》（臺北：學生書局，民國54年）卷四二，頁61下。

〔註86〕 《廣東通志》卷二七四〈列傳七〉，頁20上。

〔註87〕 《湛水集》卷三二〈墓誌銘〉，頁11下。

〔註88〕 同前書，卷三二〈墓表〉，頁5下～6上。

〔註89〕 沈德符：《萬曆野獲編》（臺北：偉文圖書公司，民國65年影印）卷二〈講學見絀〉，頁139。

〔註90〕 陳欽國：〈試論陽明學在明朝嘉靖年間被議爲僞學之原因〉（中央研究院中國思想史暑期研討會論文，民國73年7月9日至27日）。

〔註91〕 《明世宗實錄》卷一四三，頁11上，丙申條。

這份奏疏的其餘部份，因備指大臣邪正，譏評及於世宗在「大禮議」所信用的大臣張璁、方獻夫等人，引發世宗的震怒。馮恩因而被逮，下錦衣獄。〔註 92〕再加上這時湛若水，無論在前此不久發生的祀禮之議，或前一年世宗的修醮祈嗣典禮的表現都能迎合上意，政治地位尙稱穩固。這樣的批評並未對他的講學活動帶來任何影響。但是，這一奏疏將他與王陽明並列於道學名下，相對於王陽明顯赫的軍功，他在政治上表現平平便予人以強烈的「無用」印象。嘉靖十六年（1537），御史游居敬（行簡，1506～1571）在上疏請禁講學時，對他即有類似的譏評。該疏說：

> 王守仁之學主於致良知，湛若水主於體認天理，皆祖宋儒陸九淵之
> 説而少變其辭，以號召好名謀利之士。然守仁謀國之忠，濟變之才，
> 尤不可泯；若水迂腐之儒，廣收無賴，私辦書院，其言近是，其行
> 大非，乞戒諭以正人心。〔註 93〕

而這時的湛若水與世宗的君臣關係已大不如前，在此之前一年，他曾上自纂的《二禮經傳測》，可是卻被退回，因而政治、學術聲望都陷低潮，在這種情勢下他雖幸得留用，但朝廷乃自此明令禁止私創書院。〔註 94〕不過從日後湛若水所續設之書院的記錄來看，這一禁令顯然沒有徹底地施行。儘管如此，他積極的從事講學活動所招致的譏議，對他在政壇上的地位之影響仍不可輕忽。沈德符（虎臣，1578～1642）的《萬曆野獲編》在綜述嘉靖一朝因講學見絀的諸事時，即評其學曰：

> 湛文簡（湛若水謚號）之學以隨處體認天理爲宗，而不免失之迂腐。
> 如勸世宗求嗣必收斂精神，上曰：「既欲朕收斂，則不必如此煩瀆！」
> 其時即已厭之矣。〔註 95〕

一如前節所述，他死後，世宗仍對他保有「僞學亂正」的惡劣印象，即是最好的證明。

　　湛若水一生的著作相當豐富，在他生前即有門人結集多種。〔註 96〕現存

〔註 92〕　《明史》卷二〇九〈馮恩傳〉，頁 5518～5519。

〔註 93〕　沈朝陽：《皇明嘉隆兩朝聞見紀》（臺北：學生書局，民國 58 年影印）卷五，頁 465。

〔註 94〕　《明世宗實錄》卷一九九，頁 9 上，壬申條。

〔註 95〕　《萬曆野獲編》卷二〈講學見絀〉，頁 141。

〔註 96〕　參閱：L. Carrington Goodrich and Chaoying Fang ed., *Dictionary of Ming Biography.* (New York: Columbia University Press, 1976), pp.40-41.

唯一在其身後的結集是清同治五年資政堂本《甘泉全集》三種 169 卷，內含氏著《聖學格物通》100 卷，《春秋正傳》37 卷、以及其門人洪垣所編《湛甘泉先生文集》32 卷。〔註97〕後書保留了他生平講學、爲官、交遊等重要資料。各卷內容依次爲〈樵語〉、〈新論〉、〈雍語〉、〈知新後語〉、〈二業合一訓〉、〈大科訓規〉、〈書〉、〈新泉問辨錄〉、〈新泉問辨續錄〉、〈問疑錄〉、〈問疑續錄〉、〈金陵問答〉、〈金臺問答〉、〈書問〉二卷、〈古樂經傳或問〉、〈序〉、〈記〉、〈章疏〉、〈講章〉、〈雜著〉、〈約言〉、〈語錄〉、〈楊子折衷略〉、〈非老子略〉、〈詩〉、〈續詩〉、〈歸去記行略〉、〈嶽遊行略〉、〈祭文〉、〈墓誌銘〉、〈外集〉。本文的研究主要即根據此集，此集或有缺略者，再參酌其他著述。

第四節　與王陽明論交始末

　　研究湛若水與明代的心學，最值得細心考察的，莫過於湛若水與王陽明論學交遊二十餘年的經歷。

　　湛、王二人初識定交即共以倡明儒學爲職志，兩人志同道合，如魚得水。王陽明嘗嘆曰：

　　　　予求友于天下三十年，未見此人。〔註98〕

而湛若水亦語人曰：

　　　　若水泛觀四方，未見此人。〔註99〕

兩人相互推許之情，由此可見。

　　湛、王二人初識僅數月後，陽明即因上疏救戴銑（寶之，1496 年進士）等人，得罪了權宦劉瑾（？～1510），而於正德元年（1506）二月，被謫爲貴州龍場驛驛丞。〔註100〕湛、王二人相處時間雖短，但惺惺相惜，情誼深厚，陽明南下前，若水曾賦詩九章以贈，其中一詩云：

　　　　黃鳥亦有友，空谷遺知音。相呼上喬木，意氣感人深。君今脫網罟，
　　　　遺我在遠林。自我初識君，道義日與尋。一身當三益，誓死以同襟。

〔註97〕此集原刊於明神宗萬曆八年（1580），另有卷三五本，藏於 Gest Oriental Library, Princeton University。

〔註98〕《湛文集》卷三二〈墓表〉，頁 3 下，另同書卷三一〈陽明先生王公墓誌銘〉，頁 15 下則載王陽明語爲：「守仁從宦三十年，未見此人！」按：湛、王初識時，陽明約三十四、五歲，「從宦三十年」一語，應是一時筆誤。

〔註99〕同前書，卷三一〈陽明先生王公墓誌銘〉，頁 15 下。

〔註100〕《王全書》（四）《年譜》正德元年條，頁 83。

生別各萬里，言之傷我心。……天地我一體，宇宙本同家。與君心
已通，離別何怨嗟！浮雲去不停，遊子路轉賒。願言崇明德，浩浩
同無涯。〔註101〕

頓失講學之友，愴然孤寂之情，表露無遺。而王陽明亦有答詩云：

洙泗流浸微，伊洛僅如線，後來三四公，瑕瑜未相掩。嗟予不量力，
跛鱉期致遠。屢興還屢仆，喘息幾不免。道逢同心人，秉節倡予敢。

力爭毫釐間，萬里或可免。風波忽相失，言之淚徒泣。〔註102〕

足見他視若水為匡復儒學的同道，心懷無限期許。次年（1507），又把若水推
介給即將赴京應試的門人徐愛（曰仁，1487～1517）、蔡宗兗（希顏，正德12
年進士）及朱節三人，曰：

增城湛原明宦於京師，吾之同道友也，三子往見焉，猶吾見己。

〔註103〕

大抵而言，湛、王二人自初識到重逢，相處時間極短，僅因拯救時弊、倡明
儒學而有志一同。對彼此的學說尚未及詳細討論，故而未生歧見。

正德五年（1510），劉瑾失勢，陽明得以重返朝廷，同年冬進京入覲，調
南京刑部主事，此時其講學的聲名亦漸張揚，黃綰即於此時因人引見得識陽
明，並由陽明處得識若水，三人志同道合，相處甚歡，遂訂三人終身共學之
盟。當時若水曾與黃綰商議，託同僚向吏部尚書楊一清（應寧，1454～1530）
建言，將陽明改調吏部驗封主事，讓他得以留在京師，從此三人在職事之外，
稍暇必有會講。也因此引來不少有志之士相率從游。〔註104〕湛、王久別重逢，
情誼倍增真切，而且兩人又比鄰而居，朝夕共處，更是如魚得水。但其間亦
因二人論學頻繁，而漸漸產生歧見，湛若水曾追憶說：

我云「聖學體認天理，天理問何？曰：『廓然爾。』」兄（指王陽明）
時心領，不曰非是，言聖枝葉老聃釋氏。予曰：「同枝必一根柢。同
根得枝，伊伊、夷、惠。佛於我孔根株咸二。」〔註105〕

陽明對若水「體認天理」的論學要旨，不置可否。而陽明對佛老的寬容態度，
則引發了若水的異議。

〔註101〕《湛文集》卷二六〈九章贈別并序〉，頁4上～4下。
〔註102〕《王全書》（二）《詩錄》卷二，頁134。
〔註103〕同前書（一）《文錄》卷三〈別三子序〉，頁172。
〔註104〕同前書（四）〈世德記〉卷一，頁230。
〔註105〕《湛文集》卷三○〈奠王陽明先生文〉，頁4下。

儘管湛、王二人在論學上出現歧見，但二人的情誼並不因之稍損。正德七年，若水奉命出使安南，臨別時，陽明在贈序中即言：

> 某幼不問學，陷溺於邪僻者二十年，而始究心於老釋。賴天之靈，因有所覺，始乃沿周程之說求之，而若有得焉；顧一二同志之外，莫予翼也，炭炭乎仆而後興。晚得友於甘泉湛子，而後吾之志益堅，毅然若不可遏，則予以資於甘泉多矣。甘泉之學，務求自得也，世未之能知，其知者且疑其爲禪，誠禪也，吾猶未得見，而況其所志，卓爾如此，則如甘泉者，非聖人之徒歟？〔註106〕

陽明不僅正面地肯定了若水對自己成學的影響，而且對若水學說所遭受的近禪之議也主動地代爲辯駁。並譽之爲「聖人之徒」其推崇之高於此可見。

正德九年（1514），湛、王二人又「期會於滁陽之間，夜論儒釋之道。」〔註107〕二人的歧見依然如故，根據若水的追憶，可見二人論辯的經過：

> 兄言：「迦聃道德高博，焉與聖異？子言莫錯。」我謂：「高廣在聖範圍，佛無我有，中庸精微，同體異根，大小公私，斁敘彝倫，一夏一夷。」夜分就寢，晨興，兄嘻：「夜談，子是。」吾亦一疑。〔註108〕

陽明乃從悟道的境界上，說佛老高博與儒家無異。若水於此雖無異議，但他卻顯然更在乎佛老與儒家在現實生活上所呈現的差異，而從論理的觀點，並夾雜著民族主義的情緒提出了「闢佛論」，陽明雖然也接受了這種立場，但是仍未讓他對陽明寬容佛老的態度因此釋疑。

當湛、王二人對儒家與佛老異同的歧見尚未化除之際，二人對《大學》的「格物」義又有爭議。陽明自正德三年（1508）謫居龍場驛，「中夜大悟格物致知之旨，始知聖人之道，吾性自足，向之求理於事物誤也。」〔註109〕乃對以往所信持的朱子《大學》「格物說」產生懷疑，正德九年（1514）任南京鴻臚寺卿期間，取朱子之書細讀之，乃覺朱子晚年已改變其說，遂致力作《朱子晚年定論》一書。〔註110〕此後，他對自己新悟的《大學》「格物說」更有充分的信心。正德十年（1515），若水奉母柩南歸，陽明迎弔於龍江。〔註111〕

〔註106〕《王全書》（一）《文錄》卷三〈別湛甘泉序（壬申）〉，頁178～179。
〔註107〕《湛文集》卷三一〈陽明先生王公墓誌銘〉，頁17上。
〔註108〕同前書，卷三〇〈奠王陽明先生文〉，頁4下。
〔註109〕《王全書》（四）《年譜》正德三年條，頁84。
〔註110〕陳榮捷：〈從朱子晚年定論看陽明之于朱子〉，頁354。
〔註111〕《王全書》（四）《別錄》卷二〈湛母陳太孺人墓碑（甲戌）〉，頁57。

二人論起此說，爭議遂起。陽明《傳習錄》載：

> 甘泉持舊說，先生（指陽明）曰：「是求之於外了」。甘泉曰：「若以
> 格物理爲外，是自小其心也。」〔註112〕

而若水在〈與陽明鴻臚〉一書內對於己見亦更有詳說，書云：

> 昨承面諭，《大學》「格物」之義，以物爲心意之所著。荷教多矣。
> 但不肖平日所以受益於兄者，尚多不在此也。兄意只恐人舍心求之
> 於外，故有是說，不肖則以爲，人心與天地萬物爲體，心體物而不
> 遺，認得心體廣大，則物不能外矣。故格物非在外也，格之致之之
> 心，又非在外也。於物，若以爲心意之著見，恐不免有外物之病。
>
> 〔註113〕

二人皆認爲對方的「格物」解有偏執之蔽，陽明認爲若水是偏於心外求之，
若水則認爲陽明拘於心內求之。此外，這次相會，陽明也向若水表達了自己
反對朱子的《大學章句》，而主張恢復《大學古本》的立場，若水當時對此舉
亦不以爲然，但未與之強辯。〔註114〕

　　正德十年的龍江之會以後，若水以丁母憂返鄉，陽明則置身軍旅，忙於
平定贛南一帶的亂事。〔註115〕此後十餘年間兩人仍以書信方式來往論學，次
數頗爲頻繁。〔註116〕正德十三年（1518）七月，王陽明刊刻了《大學古本》
及《朱子晚年定論》二書。〔註117〕公開地表達了他的《大學》「格物說」與朱
子不同的立場。〔註118〕湛、王二人於是又針對《大學》「格物說」有進一步的
討論。正德十四年（1519），若水致書予陽明，表示兩人的「格物說」其實「大
同小異」〔註119〕而王陽明在〈答甘泉〉書中亦提及若水此時已經改信《大學
古本》。〔註120〕湛、王二人之間，有關《大學》一書的歧見，看似出現了化解

〔註112〕陳榮捷：《王陽明傳習錄詳註集評》（臺北：學生書局，民國77年修訂再版，
　　　　以下本書簡稱《傳習錄》）卷下，頁281。
〔註113〕《湛文集》卷七〈與陽明鴻臚〉，頁1上。
〔註114〕《王全書》（二）《書錄》卷一〈答甘泉（己卯）〉，頁22。
〔註115〕參閱《王全書》（四）《年譜》卷一，正德十一～十六年條，頁92～128。
〔註116〕湛若水致王陽明的書信都未記年月，以下湛、王間書信往來的時序，大致從
　　　　志賀直哉：《湛甘泉の研究》（東京：風間書房，1980年），頁243～269的考
　　　　證結果。
〔註117〕《王全書》（四）《年譜》卷一，正德十三年條，頁105。
〔註118〕Julia Ching, *To Acquire Wisdom : The Way of Wang Yang-ming*, p.79.
〔註119〕《湛文集》卷七〈答陽明〉，頁18上。
〔註120〕《王全書》（二）《書錄》卷一〈答甘泉（己卯）〉，頁22。

的契機。但是，細究之下，使若水改信《大學古本》的理由是他認為「《大學古本》好處全在以修身釋格物致知，使人知所謂格物者，至其理，必身至之，而非聞見想像之粗而已。」〔註121〕而他對自己所謂與陽明「大同小異」的「格物說」，所做的詳細解釋則是：

> 格者，至也。格于文祖，有苗格之格。物者，天理也，舜明於庶物之物，即道也。格即造詣之義，格物即造道也。知行並造，博學、審問、慎思、明辨、篤行，皆所以造道也。讀書，親師友、酬應，隨時隨處皆隨體認天理而涵養之，無非造道之功。意、身、心一齊俱造，皆一段工夫，更無二事，下文誠、正、修功夫，皆於格物上用了。其家、國、天下，皆即此擴充，不是二段，此即所謂止至善。……故其下文以修身釋格物，而此謂知之至，可徵也。故吾輩終日終身，只是格物一事耳。〔註122〕

他強調《大學》的要旨在「格物」，這種立場與朱子相近，朱子即曾說：

> 此一書（《大學》），要緊只在「格物」兩字，認得這裡看，則許多說自是閑了。〔註123〕

若水釋「格物」為「至其理」，更與朱子釋「格物」為「窮至事物之理」〔註124〕類似。反觀王陽明，他之恢復《大學古本》本因不滿朱學而發，他之倡言《大學》當以「誠意」為主，亦與朱子頗有出入；他釋「格」為「正」，釋「物」為「事」，而此，「事」專從心上說，亦與朱子的「格物說」不同。〔註125〕如此，湛、王二人的歧見，仍是很明顯的。故而，陽明在門人陳九川（惟濬，1495～1562）提及若水改信《大學古本》一事時，對若水的說法，仍頻有微辭，據《傳習錄》云：

> （陳九川）又問：「甘泉近亦信用《大學古本》，謂格物猶言造道，又謂窮理如窮其巢穴之窮，以身至之也。故格物亦只是隨處體認天理，似與先生之說漸同。」先生曰：「甘泉用功，所以轉得來，當時與說親民字不須改，他亦不信。今論格物亦近，但不須換『物』字

〔註121〕《湛文集》卷六〈大科訓規〉，頁13下。
〔註122〕同前書，卷七〈答陽明〉，頁18上。
〔註123〕《朱子語類》卷一四，頁255。
〔註124〕朱熹：《四書集註》（臺北：學海出版社，民國71年影印），頁2。
〔註125〕黃進興：〈理學、考據學與政治：以《大學》改本的進展為例證〉，《中央研究院歷史語言研究所集刊》，60：4（臺北：1989，12），頁899。

作『理』字，只還他一『物』字便是。」〔註126〕

陽明對「理」字的排斥，適與若水之重視「體認天理」明顯地對峙。這說明了若水的改信《大學古本》，只是在考據的立場上趨近陽明。在義理內容上，湛、王二人對《大學》的見解仍是日後論學爭辯的焦點。

一波未平，一波又起，同一年間，陽明又在一封答方獻夫的（字叔賢，號西樵，？～1544）書信中評及若水，該書云：

> 其（方獻夫）論象山處，舉孟子放心數條。而甘泉以為未足，復舉東西南北海有聖人出，此心此理同，及宇宙內事皆己分內事數語。甘泉所舉，誠得其大，然吾獨愛西樵子之近而切也。見其大者，則其功不得不近而切，然非實加切近之功，則所謂大者，亦虛見而已耳，自孟子道性善，心性之原，世儒往往能言。然其學卒入於支離外索而不自覺者，正以其功之未切耳。〔註127〕

此書雖未明斥若水只見心體之大，不務切近之功，其學卒入於支離外索。但即舉其語以論時弊，便不免引起他的不快。故在收到陽明新著《朱子晚年定論》及其與方獻夫論學者函後。他即答書，不唯批評陽明的新著，亦兼為己說申辯，書云：

> 諸所論說，皆是斬新自得之語，至《朱子晚年定論》一編，尤為獨見。第前一截，則溺於言語；後一截，又脫離於言語。似於孔子所謂執事敬，內外一致者，兩失之耳。承獎進之意極厚，至讀與叔賢書，又不能無疑。所謂宇宙性分，與張子〈西銘〉、程子〈識仁〉同一段，皆吾本心之體。見大者謂之大，見近者謂之近，恐未可以大小、遠近分也。凡兄所立言，為人取法，不可不精也。〔註128〕

若水所謂「溺於言語」、「脫離於言語」，究竟所謂者何？難以確定，但是他對《朱子晚年定論》一書難以苟同的態度，則是很明確的。再就他與方獻夫論學之語而言，他認為見心體之大與務切近之功本是一體的，不可分為兩橛。所以，他對陽明的批評，頗不以為然。對於若水有關《朱子晚年定論》的批評及前說的駁詞，陽明並未有正面的回應。

正德十五年（1520），若水從方獻夫處得知陽明對佛老的寬容態度依然未

〔註126〕《傳習錄》卷下，頁282。
〔註127〕《王全書》（二）《書錄》卷一〈答方叔賢（己卯）〉，頁23。
〔註128〕《湛文集》卷七〈答陽明都憲〉，頁12下。

改，又致書問難曰：

> 昨叔賢到山間，道及老兄，頗訝不疑佛老，以爲一致，且云到底是
> 空，以爲極致之論。若然，則不肖之惑滋甚。……上下四方之宇，
> 古今往來之宙。宇宙間只是一氣充塞流行，與道爲體，何莫非有？
> 何空之云？雖天地弊壞，人物消盡，而此氣此道亦未嘗亡，則未嘗
> 空也。道也者，先天地而無始，後天地而無終者也。夫子川上之嘆，
> 子思鳶魚之說，顏子卓爾之見。正見此爾。此老兄平日之所潛心者，
> 叔賢所聞必有爲而發耶，此乃學最緊關處，幸示教以解惑。〔註129〕

此處涉及的問題顯較前兩次有關儒學與佛老的論辯更爲嚴重，他認爲陽明推
崇佛老的空無觀念，不啻背棄了儒家向來信持的道德創生宇宙觀。所以強調
「此乃學最緊關處」，可惜，陽明對這一重大問題，始終沒有答覆。

正德十六年（1521），湛、王二人又恢復對《大學》「格物說」的討論，
若水乃一長書答陽明，詳論了彼此說法的優劣，該書曰：

> 蓋兄之「格物」之說，有不敢信者四：自古聖賢之學皆以天理爲頭
> 腦、以知行爲工夫。兄之訓「格」爲「正」，訓「物」爲「念頭之發」，
> 則下文「誠意」之「意」即「念頭之發」也，「正心」之「正」即「格」
> 也，於文義不亦重複矣乎？其不可一也。又於上文「知止」「能得」
> 爲無承，於古本下節以「修身」說「格」「致」爲無取，其不可二也。
> 兄之「格物」，訓云「正念頭」也，則念頭之正否，亦未可據。如釋
> 老之虛無，則曰：「應無所住而生其心，無諸相，無根塵。」亦自以
> 爲正矣！楊墨之時，皆以爲聖矣！豈自以爲不正而安之！以其無學
> 問之功，而不知其所謂正者，乃邪而不自知也。其所自謂聖，乃流
> 於禽獸也。夷、惠、伊尹，孟子亦以爲聖矣！而流於隘與不恭，而
> 異於孔子者。以其無講學之功，無始終條理之實，無智巧之妙也。
> 則吾兄之訓「正念頭」，其不可者三也；論學之最始者，則〈說命〉
> 曰：「學于古訓，乃有獲。」《周書》則曰：「學古入官。」舜命禹則
> 曰：「惟精惟一。」顏子述孔子之教則曰：「博文約禮。」孔子告哀
> 公則曰：「學、問、思、辨、篤行。」其歸於知行並進，同條共貫者
> 也。若兄之說，徒正念頭，則孔子止曰德之不修可矣！而又曰學之
> 不講，何耶？止曰默而識之可矣！而又曰學而不厭，何耶？又曰信

〔註129〕同前書，卷七〈寄陽明〉，頁 3 上～3 下。

而好古敏求者，何耶？子思止曰尊德性可也，而又曰道問學者，何
耶？所講所學所好求者，何耶？其不可者四也。……若僕之鄙說，
似有可采者五！訓「格物」爲「至其理」，始雖自得，然稽之程子之
書，爲先得同然，一也；考之章首「止至善」，即此也。上文「知止」
「能得」，爲知行並進、至理工夫，二也；考之《古本》下文，以「修
身」申「格物」，爲於學者極有力，三也；《大學》曰：「『致知』在
『格物』。」程子則曰：「『致知』在所養，養知在寡欲。」以「涵養
寡欲」訓「格物」，正合《古本》以「修身」申「格物」之旨爲無疑，
四也；以「格物」兼知行，其於自古聖訓，學問思辨篤行也、精一
也、博約也、學古、好古、信古、修德講學也、默識學不厭也、尊
德性道問學也、始終條理也、知言養氣也，千聖千賢之教爲不謬，
五也。〔註130〕

此書雖長，但要言之，他對王說所以不敢信，認爲己說所以可采的理由。大
致可歸納爲兩點：一是在文意訓釋上，陽明的「格物說」無法與上下文銜接，
而若水的說法則無此病，而且又可與先儒程頤的訓釋相互印證；一是在義理
內容上，陽明的「格物」說徒知正心而忽略了講學、涵養等力行的功夫。而
若水的說法則知、行兼顧。此外，針對陽明批評他的「隨處體認天理」之說
是求於外一事，該書亦有回應道：

僕之所以訓「格」者，「至其理」也。「至其理」云者，「體認天理」
也。「體認天理」云者，知行合內外言之也。天理無內外也。陳世傑
書報吾兄疑僕「隨處體認天理」之說爲求於外，若然，不幾於義外
之說乎？求即無內外也，吾之所謂「隨處」云者，隨心、隨意、隨
身、隨家、隨國、隨天下。蓋隨其所寂所感時耳，一耳，寂則廓然
大公，感則物來順應，所寂所感不同，而皆不離於吾心中正之本體，
本體即實體也，天理也，至善也，物也，乃吾之良知良能也，不假
外求也。但人爲氣習所蔽，故生而蒙，長而不學則愚，故學問思辨
篤行諸訓，所以破其愚，去其蔽，警發其良知良能者耳，非有加也。
故無所用其絲毫人力也，如人之夢寐，人能喚之惺耳，非有外與之
惺也。〔註131〕

〔註130〕同前書，卷七〈答陽明王都憲論格物〉，頁25上～26下。
〔註131〕同前註，頁26下～27下。

他強調他所謂的「天理」並無內、外之分，而「隨處體認」也是心之本體隨寂隨感適時地作用。所以「隨處體認天理」即是良知良能自然地展現。而學問思辨篤行等外在功夫只在對治蒙蔽良知良能的氣習而已，非由此外在功夫產生良知良能也。對若水這番滔滔雄辯，陽明仍未置一詞。〔註132〕

湛、王二人在這一年的另一個論學的焦點是陽明所提倡的「致良知」之教。這一年的正月，陽明始揭「致良知」之教，以為「致良知」三字「眞聖門正眼法藏，簡易明白。」〔註133〕此一教法，大概也引起若水的疑惑，所以陽明乃致書論及彼此教法，力圖釋疑，該書云：

> 「隨處體認天理」是眞實不誑語，鄙說初亦如是，及根究老兄命意發端處，卻似有毫釐未協，然亦終當殊途同歸也。修、齊、治、平總是「格物」，但卻如此節節分疏，亦覺說話太多，且語意務為簡古，比之本文，反更深晦，讀者愈難尋求，此中不無亦有心病，莫若明白淺易其詞，略指路徑，使人自思得之，更覺意味深長也，高明以為如何？「致知」之說，鄙見恐不可易，亦望老兄更一致意，便間示知之，此是聖學傳心之要，於此既明，其餘皆洞然矣！
> 〔註134〕

陽明此書表達了自己教法簡易直截，引人自省的原則，因而，在他看來若水的「隨處體認天理」之說，就顯得流於支節，治絲益棼。湛、王二人有關「致良知」之教的討論延續到次年年初，嘉靖元年（1522）二月，陽明的父親病逝。〔註135〕若水親往弔喪，據他追憶曰：

> 壬午暮春，予弔，兄戚云：「致良知奚必故籍！如我之言可行廝役。」
> 〔註136〕

可見陽明對自己教法的自信，而若水則認為這只是他「一時之言」，〔註137〕未深入質難。但對於自己的教法所遭受的批評，若水的辯解仍是不遺餘力。嘉靖四年（1525），他對陽明指其學陷於「支離」的批評，申辯道：

〔註132〕同前書，卷三〇〈奠王陽明先生文〉，頁5上：「我（湛若水）居西樵，格致辨析。兄（王陽明）不我答，遂爾成默。」

〔註133〕《王全書》（四）《年譜》卷一，正德十六年條，頁124～125。

〔註134〕同前書（二）《書錄》卷二〈答甘泉（辛巳）〉，頁27。

〔註135〕同前書（四）《年譜》卷一，嘉靖元年條，頁129。

〔註136〕《湛文集》卷三〇〈奠王陽明先生文〉，頁5上。

〔註137〕同前書，卷九〈新泉問辨續錄〉，頁14上。

所示前此「支離」之憾，恐兄前此未相悉之深也。夫所謂「支離」
者，二之之謂也，非徒逐外而忘内謂之「支離」，是内而非外者亦謂
之「支離」，過猶不及耳，必體用一原，顯微無間，一以貫之，乃可
免此。僕在辛壬（正德十六年、嘉靖元年）之前未免有後一失，若
夫前之失，自謂無之，而體用顯微，則自癸甲（嘉靖二、三年）以
後自謂頗見歸一。〔註138〕

在此，他不惟強調己說從無「逐外而忘内」的「支離」之病。又以「體用」
說「内外」，暗示強分内外實無異是割裂體用。陽明於此雖仍未見答辯。但終
究對其「隨處體認天理」之說不以爲然。在嘉靖五年（1526）〈寄鄒謙之〉書
中，即言：

「隨處體認天理」之說大約未嘗不是，只要根究不落，即未免捕風
捉影，縱令鞭辟向裡，亦與聖門「致良知」之功尚隔一塵，若復失
之毫釐，便有千里之謬矣！〔註139〕

嘉靖五年間，陽明又對若水的〈廣德州儒學新建尊經閣記〉一文，略有見責
之意。此事乃起因於陽明在前此一年即有〈稽山書院尊經閣記〉一作，發明
「六經即心之常道」一義。〔註140〕若水乃於此年應王門弟子鄒守益〈謙之，
1491～1562〉之邀，作〈廣德州儒學新建尊經閣記〉，看似附應陽明的說法，
卻於文末忽起弦外之音，該文云：

六經皆註我心者也，故能以覺吾心。……覺斯存之矣。是故，能開
聰明、擴良知，非六經能外益之，聰明良知也，我自有之，彼但能
開之擴之而已也。如夢者醉者，呼而覺之，非呼者外與之覺也，知
覺彼固有之也，呼者但能覺之而已矣。故曰：「六經覺我者也。」今
之謂聰明知覺不必外求諸經者，不必呼而能覺之類也；今之忘其本
而徒誦六經者，展轉喪志於醉夢者之類也。不呼而覺之類也者，孔
子不能也；喪志於醉夢之類也者，孔子不爲也。是故，中行者鮮矣，
是故，天下能尊經者鮮矣！……觀之於勿忘勿助之間焉！尊之至
矣！〔註141〕

〔註138〕同前書，卷七〈答陽明〉，頁16下～17上。
〔註139〕《王全書》（二）《書錄》卷三〈寄鄒謙之（丙戌）〉，頁43。
〔註140〕同前書，（一）《文錄》卷四〈稽山書院尊經閣記〉，頁214。
〔註141〕《湛文集》卷一八〈廣德州儒學新建尊經閣記〉，頁8下～9下。

此文開頭雖明有附應「六經即心之常道」之旨，但是最後話鋒一轉，明斥不外求諸經者即與忘本而誦經者無別，不無暗諷徒守「致良知」之教的學者之意，再總結以「勿忘勿助」功夫做爲尊經之方。陽明見此文遂致書鄒守益曰：

> 寄示甘泉〈尊經閣記〉，甚善！甚善！其間大意，亦與區區稽山書院之作相同。〈稽山〉之作，向嘗以寄甘泉，自謂於此學頗有分毫發明。今甘泉乃謂今之謂聰明知覺，不必外求諸經者，不必呼而能覺之類。則似急於立言，而未暇細察鄙人之意矣。後世學術之不明，非爲後人聰明識見之不及古人，大抵多由勝心爲患，不能取善相下，明知其說之已是矣，而又務爲一說以高之，是以其說愈多而惑人愈甚。凡今學術之不明，使後學無所適從，徒以致人之多言者，皆吾黨自相求勝之罪也。今「良知」之說已將學問頭腦說得十分下落，只是各去勝心，務在共明此學，隨人分限，以此循循善誘之，自當各有所至。若只要自立門戶，外假衛道之名，而內行求勝之實，不顧正學之因此而益荒，人心因此而愈惑，黨同伐異、覆短爭長，而惟以成其自私自利之謀，仁者之心，有所不忍也，甘泉之意，未必由此，因事感觸，輒漫及之。〔註142〕

陽明究因何事所感始終未明說，但由此書看來，他畢竟是由若水的〈廣德州儒學新建尊經閣記〉一文而發此感時長論。與他極端自信的「致良知」之教對照下，任何其他說法都無異有爭強求勝致使學術不明的危險。所以，儘管他不以爲若水有求勝之意，但對其說終不免有毫釐千里之虞。而對若水所謂「勿忘勿助」功夫，日後，陽明更有嚴詞批駁，嘉靖七年（1528），他與聶豹書中即言：

> 我此間講學卻只說箇必有事焉，不說勿忘勿助。必有事焉者，只是時時去集義，若時時去用必有事的工夫，而或有時間斷，此便是忘了，即須勿忘；時時去用必有事的工夫，而或有時欲速求效，此便是助了，即須勿助。其工夫全在必有事焉上用，勿助勿忘就其間提撕警覺而已，若是工夫原不間斷，即不須更說勿忘；原不欲速求效，即不須更說勿助。此其工夫何等明白簡易，何等灑脫自在！今卻不去必有事上用工，而乃懸空守著一箇勿忘勿助，渀渀蕩蕩，只做得箇沉空守寂，學成一箇痴騃漢，事來即便牽滯紛擾，不復能經綸宰

〔註142〕《王全書》（二）《書錄》卷三，頁47。

制，此皆由學術誤人之故，甚可憫矣！」〔註143〕

陽明在此明斥「勿忘勿助」功夫使人流於空虛守寂、遇事牽滯，是學術誤人。如此激切的態度若與前書對他人自立門戶導致「正學」益荒的憂慮合併來看，陽明對於自己與若水間論學歧見的態度，似已超乎異同之論，而視為正、偏之判。而若水對陽明的反駁，態度上似也不稍寬假，在回答門人有關「勿忘勿助」乃虛見之疑時，他說：

> 惟求必有事焉，而以勿助勿忘為虛，陽明近有此說，見於與轟文蔚
> 侍御之書，而不知勿正、勿忘勿助乃所有事之功夫也。求方圓者必
> 於規矩，舍規矩則無方圓；舍勿忘勿助則無所有事，而天理滅
> 矣！……不意此公聰明未知要妙，未見此光景。不能無遺憾，可惜！
> 〔註144〕

是明指陽明學不見道。可見湛、王二人間論學的歧見，不但不因日久而稍緩和，反而是日形膠著。

同年十一月，陽明病卒於南安。死前一月，曾赴增城祀先廟，過湛若水居處，題詩於壁，詩末言：

> 落落千百載，人生幾知音，道通著形跡，期無負初心。〔註145〕

仍以知音相待，情誼依舊誠摯。而於二人學說之歧見則未再析辨，讓湛若水在奠祭他時，因而感嘆曰：

> 遙聞風旨，開講穗石（在廣東境內），但「致良知」可造聖域，「體
> 認天理」乃謂義襲，「勿忘勿助」言非學的，離合異同，撫懷今昔，
> 切嗟長已，幽明永隔！〔註146〕

為彼此學說之異同未盡徹底分說，而抱憾終身！陽明身後，若水雖曾自云：「某平生與陽明公同志，他年當同作一傳矣。」〔註147〕而且強調「二家之學，善用則同，不善用則異。」〔註148〕頗有融合二家之說的心意，但是二人的論學歧見畢竟未能根本地化解。

〔註143〕同前書，（四）《年譜》卷一，嘉靖七年條，頁160～161。
〔註144〕《湛文集》卷八〈新泉問辨錄〉，頁24下。
〔註145〕《王全書》（四），頁161。
〔註146〕《湛文集》卷三〇〈奠王陽明先生文〉，頁5上。
〔註147〕同前書，卷七〈答王汝中兵曹〉，頁41上。
〔註148〕同前書，卷七〈再答戚黃秀夫〉，頁42下。

第四章　湛若水的思想

第一節　人心與天理

　　追求心與理合一以解決成聖的困境，乃是理學家共同的理想。但是有關如何致一的功夫問題，在宋代卻出現了著名的朱、陸異說的現象。理學內部之所以會有這種同中分異的現象，大致可以從朱、陸二家對人心與天理的基本構想之差異來說明。朱熹曾於其〈中庸章句序〉闡釋《僞古文尙書》所謂的「人心惟危、道心惟微，惟精惟一，允執厥中」十六字傳心訣云：

　　　　蓋嘗論之，心之虛靈知覺，一而已矣，而以爲有人心、道心之異者，
　　　　則以其或生於形氣之私，或原於性命之正，而所以爲知覺者不同，
　　　　是以或危殆而不安，或微妙而難見耳。然人莫不有形，故雖上智不
　　　　能無人心；亦莫不有是性，故雖下愚不能無道心。二者雜於方寸之
　　　　間，而不知所以治之，則危者愈危，微者愈微，而天理之公卒無以
　　　　勝夫人欲之私矣。精則察夫二者之間而不雜也；一則守其本心之正
　　　　而不離也。從事於斯，無少間斷，必使道心常爲一身之主，而人心
　　　　每聽命焉，則危者安，微者著，而動靜云爲，自無過不及之差矣。

〔註1〕

朱熹此說充分地表達了他對人心的基本構想，他認爲心雖具虛靈知覺，但是可以因爲「生於形氣之私」而爲「人心」，可以因爲「原於性命之正」而爲「道心」。「道心」、「人心」的呈現即爲天理與人欲的區別。

　　陸象山亦曾論及天理與人欲、「道心」與「人心」云：

〔註 1〕《晦庵先生朱文公文集》卷七六〈中庸章句序〉，頁23上～23下。

> 天理、人欲之言，亦自不是至論，若天是理，人是欲，則是天人不
> 同矣。……《書》云：「人心惟危，道心惟微。」解者多指人心為人
> 欲，道心為天理。此說非是，此心一也，人安有二心。〔註2〕

象山所謂的「解者」大概即是指朱子，其實朱子所謂「道心」、「人心」並非
指兩個心，只是指同一思維主體（即人）的不同思想內容而已。〔註3〕而象山
所謂的「人心」是即同天理的「本心」。朱、陸對人心構想的區別，在於朱子
表現了對人心為惡本能的高度警覺，所以強調以「道心」對治「人心」。而象
山則發揮了對人心本善的充分信心，所以認為區分「道心」與「人心」以代
表天理與人欲是析心為二。

　　在天理的構想上，朱、陸的相對亦甚明顯，朱、陸二人曾以孟子所謂惻
隱、羞惡、恭敬、是非之心，即所謂仁義禮智四端以釋天理，適為一有趣的
對比。朱熹云：

> 天理既渾然，然既謂之理，則便是箇有條理底名字。故其中所謂仁
> 義禮智四者，合下便各有一箇道理，不相混雜。以其未發，莫見端
> 緒，不可以一理，是以謂之渾然。非是裏面都無分別，而仁義禮智
> 卻是後來旋次生出四件有形有狀之物也。須知天理只是仁義禮智之
> 總名，仁義禮智便是天理之件數。〔註4〕

陸象山則釋曰：

> 仁，即此心也，此理也，求則得之，得此理也。先知者，知此理也。
> 先覺者，覺此理也。愛其親者，此理也。敬其兄者，此理也。見孺
> 子將入井而有怵惕惻隱之心者，此理也。可羞之事則羞之；可惡之
> 事則惡之，此理也。是知其為是：非知其為非，此理也。宜辭而辭，
> 宜遜而遜者，此理也。〔註5〕

從朱、陸二說對照中，我們發現朱、陸二人雖都認為天理渾然包容仁義禮智
諸德性。但是朱熹明顯地強調依仁義禮智間各自分殊之理以言天理。陸象山
則直接就其渾然包容的本質以言天理。

　　朱、陸對人心與天理構想的差別，適為他們在功夫抉擇上的不同作了最

〔註2〕　《象山先生全集》卷三四《語錄》，頁393～394。
〔註3〕　錢穆：《朱子新學案》（二），頁101。陳來：《朱熹哲學研究》（北京：中國社
　　　　會科學出版社，1988年），頁170。
〔註4〕　《晦庵先生朱文公文集》卷四○〈答何叔京〉，頁39上。
〔註5〕　《象山先生全集》卷一《與曾宅之》，頁4～5。

好的說明，朱熹爲對治人心的惡根，窮究分殊的衆理，故強調「主敬窮理」；陸象山則自信即同天理的「本心」，故主「求之吾心」。

朱、陸二家對立的局面並未維持太久，因爲朱熹著作的豐富，哲學的系統的廣大精密，遠非陸象山之所及，故自宋以來朱學的勢力逐漸強大，而陸學則日趨沈寂。〔註6〕陳獻章在明初開創了心學新說雖然並未遠溯陸學以爲奧援；但是其學說內涵明顯的趨近陸象山，這多少有益於陸學的復活。〔註7〕湛若水身爲江門心學的傳人，其對朱、陸二家之說的抉擇，可由其門人洪垣的追述中得知其詳，洪垣謂其：

> 論朱子曰：「晦翁氣魄之大，發憤刊落，奇功一原，後學不可以多識見病。」論象山曰：「象山灼見道體之言，惟氣質未化。以象山爲禪，則吾不敢，以學象山而不至於禪，則吾亦不敢。一傳而有慈湖（楊簡，1141～1226），象山高矣，後人又以慈湖遠過之，則何過焉？今人見慈湖書，每說皭皭，便亦說皭皭。而不知理會江漢以濯，秋陽以暴的工夫，恰似說夢。不知者以我爲禪，知我者又以我爲行格式，祇我眞在中間爾。〔註8〕

可見他對朱的權威仍十分地敬重，至於陸學，他雖針對其學說的疏略，以及其後學楊簡乘其瑕隙以立說，造成經怠工夫的弊病深有責難。但是對象山卻仍表推崇之意，其對朱、陸二家顯然兼容並蓄，而不偏持任何一方。

處身於心學潮流日漸高漲的時代中，湛若水對心性問題的探究頗爲重視，曾作心性圖（見下頁附圖）以揭示心性的意涵。在〈心性圖說〉中他解說道：

> 性者天地萬物一體者也，渾然宇宙其氣同也。心也者，體天地萬物而不遺者也。性也者，心之生理也，心性非二也。……曰：「何以小圈？」曰：「心無所不貫也。」「何以大圈？」曰：「心無所不包也。」包與貫實非二也。故心也者，包乎天地萬物之外，而貫乎天地萬物之中者也。中、外非二也，天地無內外，心亦無內外，極言之耳矣。故謂內爲本心而外天地萬事以爲心者，小之爲心也甚矣。〔註9〕

此即表現了即心言理的心學特質，強調心體的貫通包容具現渾然的天理。

〔註6〕馮友蘭：《中國哲學史》，頁945。容肇祖：《明代思想史》，頁34。
〔註7〕容肇祖，前引書，頁34～44。
〔註8〕《湛文集》卷三二〈墓誌銘〉，頁16下。
〔註9〕同前書，卷二一〈心性圖說〉，頁1下～2上。

心 性 圖

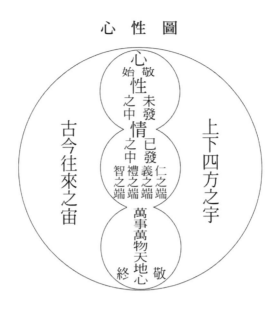

此外，他又曾以池水比喻人心與天理曰：

> 心如一池水，其清光即水性，即如心之純一，即爲天理。水能潤澤
> 萬物，即天理之流行，萬變萬化，彌綸參贊之功用也。水在澄之，
> 以復其本性之清。心在定之，以盡其本性之善。〔註10〕

亦即肯定一純善的、即同天理的本心存在，但是，如此則人心何以會有不善，
即人性之惡的根源究竟從何而生呢？他解釋道：

> 吾常觀吾心於無物之先矣，洞然而虛，昭然而靈。虛者心之所以生也，
> 靈者心之所以神也。吾常觀吾心於有物之後矣，窒然而塞，憒然而昏。
> 塞者心之所以死也，昏者心之所以物也。其虛焉、靈焉，非由外來也，
> 其本體也。其塞焉、昏焉，非由內往也，欲蔽之也，其本體固在也。
> 一朝而覺焉，蔽者徹，虛而靈者見矣。日月蔽於雲，非無日月，鑑蔽
> 於塵，非無明也。人心蔽於物，非無虛與靈也。〔註11〕

由此可知他所謂人性的惡，乃是因爲外在的物欲遮蔽了虛靈的本心所使然，
而這種惡根卻不於存本心之中。這種說法與陽明之論良知心體實在非常地相
近。據《傳習錄》載：

> 問：「知譬日，欲譬雲。雲雖能蔽日，亦是天之一氣合有的。欲亦莫
> 非人心合有否？」先生曰：「喜怒哀樂懼愛惡欲，謂之七情。七者俱

〔註10〕同前書，卷九〈新泉問辨續錄〉，頁8上～8下。
〔註11〕同前書，卷二一〈求放心篇〉，頁7上～7下。

是人心合有的。但要認得良知明白。比如日光，亦不可指著方所。一隙通明，皆是日光所在。雖雲霧四塞，太虛中色象可辨，亦是日光不滅處。不可以雲能蔽日，教天不要生雲。七情順其自然之流行，皆是良知之用，不可分別善惡。但不可有所著，七情有著，俱謂之欲，俱爲良知之蔽。然纔有著時，良知亦自會覺。覺即蔽去，復其體矣。此處能勘得破，方是簡易透徹功夫。」〔註12〕

湛若水不僅對人心的純善表現高度的信心與陽明相似，他對朱子所謂「人心」、「道心」的構想之批評也與陽明的見解如出一轍，他說：

人心、道心只是一心，先儒謂出乎天理之正者，道心。則是謂發於形氣之私者，人心，則恐未然，凡謂之心，皆指具於形氣者言，惟得其正，則道心也。又謂雖上智，不能無人心；雖下愚，不能無道心。又謂道心常爲一身之主，人心每聽命焉。是有二心相役，此處不能無疑。〔註13〕

而陽明在答徐愛問時，亦有類似的意見，據《傳習錄》載：

愛問：「『道心常爲一身之主，而人心每聽命。』以先生精一之訓推之，此語似有弊。」先生曰：「然。心一也。未雜於人謂之道心，雜以僞謂之人心。人心之得其正者即道心，道心之失其正者即人心。初非有二心也。程子謂人心即人欲，道心即天理。語若分析，而意實得之。今曰『道心爲主，而人心聽命』，是二心也。天理人欲不並立。安有天理爲主，人欲又從而聽命者？」〔註14〕

湛若水對朱子的「道心」與「人心」的區分有二心之疑，明顯地近於陸、王對朱子的批評，可見他對即心言理的心學立場的信持。因此，當時的程朱學者羅欽順在所撰《困知記》一書中，即於批駁陳獻章及王陽明的心學之說時，亦對湛若水有所責難，〔註15〕批評他即心言理之說的立場曰：

〈新泉問辨錄〉有云：「不若大其心，包天地萬物而與之一體，則夫一念之發，以至天下之物，無不在內。」此非余之所敢知也。夫程子所謂「仁者，渾然與物同體」，乃其理之自然。今欲大其心以包之，

〔註12〕《傳習錄》卷下，頁432。
〔註13〕《湛文集》卷四〈知新後語〉，頁10下。
〔註14〕《傳習錄》卷上，頁42。
〔註15〕《困知記》卷下55～60條，頁41～42，三續2～30條，頁96～99。

則是出於人爲，非所以爲自然之理。如此體認，其於道也不亦遠乎！
〔註16〕

作爲白沙心學的傳人，湛若水之說表現出即心言理的心學特質本屬自然。但是他對朱、陸二家之說採取兼容並蓄的態度，便不免動遙了他的心學立場。他曾舉朱學以批駁「心即理」說，曰：

晦翁存心致知之功能善合一，用之無病。而今矯而又一之，曰：「知即心，心即理。」謂之無家之子亦可。蓋心猶家也。知與誠，家之實用也，至誠聰明睿智，學者擇善固執以爲誠，修齊治平位育，都從此處，而獨以知即心可乎？〔註17〕

這種疑難表現在對陽明基於「心即理」說而開創的「致良知」之學的觀感尤爲顯著。故在面對學者所提「只存此心，不放僻雜擾便是行，非必處事應物行也。其精明不昧處便是知，非必推測求通爲知也。」的說法，他即警告說：

謂只存此心，不放僻雜擾便是行。此說足以破後儒只以處事應物爲行之說，若謂精明不昧處便是知，則又墮於近時以知覺爲良知之弊矣，不可不仔細察識。蓋知覺是心必有所知覺之理，乃爲眞知也。
〔註18〕

又直斥「致良知」之學曰：

知覺之理乃心之本體。而謂本體是天理，本自知覺，則彼此有知覺運動之泰然者皆天理與。是自隨於即心見性成佛之弊，而不自知也。故良知之說最爲難信者此也。〔註19〕

他並重新詮釋良知曰：

良知者何？天理是也，到見得天理，乃是良知，若不見得天理，只是空知，又安得良這個天理之知。〔註20〕

對於存心養知之說，他亦據此良知新釋而爲之正名謂：

惻隱之類乃良知也，本體知覺非良知也，所謂養如，非是只養他這一點靈覺知識，乃養其所知之實理。〔註21〕

〔註16〕同前書，三續 26 條，頁 97～98。
〔註17〕《湛文集》卷二三〈語錄〉，頁 70 下。
〔註18〕同前書，卷八〈新泉問辨錄〉，頁 9 上～29 下。
〔註19〕同前註，頁 21 下～22 上。
〔註20〕同前註，頁 4 上。
〔註21〕同前註，頁 21 上。

湛若水對「心即理」說既然抱持如上的異議，便終於導致他對此說的根本否定。據〈語錄〉載：

> 問：「心即理如何？」曰：「心之神、心之生生乃理也。存其心，養
> 其性，其心三月不違仁。以心爲理是慈湖之蔽也。」〔註22〕

從以上對心學即心言理之說的批評，我們已不難發現湛若水強調人心只是虛靈知覺，故而反對以人心爲天理之說。他對人心的構想在此即明顯地背離了陸、王心學的立場，而趨近於程朱學派。此外，他對人心爲惡的本能亦表現了高度的警覺，他曾云：

> 人有此性，自然有此喜怒愛惡之欲。欲亦性也，何故有不善者？曰：
> 「等之水火。」然水火非不善也，其收攝在心，其蕩而熾之亦在心。
> 非性與欲之罪也。〔註23〕

故於學者問及「性近習遠」說時，他即答道：

> 性以理言，言天道。習以心言，言人道，善惡在心，不在性。〔註24〕

將人性之惡的根源溯自內心，即有別於前述將惡根歸因於外在物欲遮蔽虛靈本心之說。而善惡在心的說法，也近於朱子所謂「道心」與「人心」之分，而與陸王立異。

另外，在天理的構想上，他亦對心學強調天理渾然包容而倡言「主一箇天理」的說法，有所批評：

> 程子云：「主一之謂敬矣。」恐人認作主一物，則滯。故又云：「無
> 適之謂一。」所以解上「主一」之說也。……今又云：「主一箇天理。」
> 則是適。適連主一，非一矣。〔註25〕

他之所以強調「無適」，其實是由於他有見於天理散殊萬物的特質所使然。據〈約言〉所載，他與門人有關「格物說」的問答即云：

> （問）曰：「理於未接物之時可預格之乎？」（若水答）曰：「有之，
> 可欲之善而已，廓然大公而已。然接物而後義生，義生而後格致，有
> 所措焉。理無定體，隨感而應，隨家國天下之事物而感通之，其理始
> 著。故意、心、身皆於家國天下之物理隨處體認而至之也。」〔註26〕

〔註22〕同前註，卷二三〈語錄〉，頁 22 上。
〔註23〕同前註，頁 48 上。
〔註24〕同前註，頁 1 下。
〔註25〕同前註，卷一一〈問疑續錄〉，頁 21 上。
〔註26〕同前註，卷二二〈約言〉，頁 19 下～20 上。

這是肯定接觸事物前可以預格廓然大公的天理，但強調「理無定體」，而力主對散在家、國、天下分殊眾理的隨處體認，此與朱子對天理的構想也頗為相近。

　　湛若水因為對朱、陸二家學術的兼容並蓄，使得他雖直承白沙心學，對人心與天理的構想，存有即心言理的心學立場。但是又有近似朱子處，即強調對人心為惡的本能之警覺，及對散殊眾理的體認，這適與前述心學的立場相對。他對人心與天理的構想既呈現如此雜駁不一的現象，在成聖功夫的抉擇上便也難為心學立場所囿限。

第二節　自然與主敬

　　在成聖功夫的抉擇上，湛若水揭櫫了「隨處體認天理」的要旨，他說：

> 聖學功夫至切至要，至簡至易處，總而言之，不過只是隨處體認天理。〔註27〕

《明儒學案》闡述他與陽明心學的區別時，亦云：

> 先生與陽明分主教事，陽明宗旨致良知，先生宗旨隨處體認天理。〔註28〕

　　湛若水「隨處體認天理」的論學宗旨，和他對人心與天理的構想一樣，都表現出對心學立場及程朱規範兼容並蓄的態度。就心學立場而言，在陳獻章開啟了心學新說後，學者專事心性的析辨，而輕於「主敬窮理」的講求，心學逐漸蔚為風潮，湛若水既直承江門心學，故其論學的基調，及功夫抉擇的基礎，亦不無強烈的心學傾向，他曾云：

> 夫聖人之學，心學也。故經義所以明其心也，治事以所明其心之用以達諸事者也。體用一原也，而可以貳乎哉？〔註29〕

即專意突顯本心在學問、治事上的主體地位，在回答他人質疑「隨處體認天理」是於心外求理時，他說：

> 心與事應，然後天理見焉。天理非在外也，特因事之來，隨感而應耳。故事物之來，體之者心也，心得中正，則天理矣。〔註30〕

〔註27〕同前書，卷二一〈四勿總箴〉，頁3上。
〔註28〕《學案》卷三七〈甘泉學案一〉，頁876。
〔註29〕《湛文集》卷一八〈泰州胡安定先生祠堂記〉，頁28下。
〔註30〕同前書，卷七〈答轟文蔚侍御〉，頁28下～29上。

亦強調天理即呈現於隨事感應的心體中。因此，做為追求心與理合一的成聖工夫，他的「隨處體認天理」之說便與陸象山的「求之吾心」、陳獻章的「靜坐中養出個端倪來」及陽明的「致良知」等心學諸說類似，亦著力於復現即同天理的本心，他說：

> 天理是一個大頭腦，千聖千賢共此頭腦，終日終身只此一大事。立志者立乎此而已，體認是功夫，以求得乎此者。煎銷習心，以去其害此者。心只是一個好心，本來天理完完全全，不待外求，顧人立志與否耳。孔子十五志於學即志乎此也，此志一立，三十、四十、五十、六十、七十，直至不踰距，皆是此志變化貫通。志如草木之根，具生意也，體認天理如培灌此根，煎銷習心，如去草以護此根，貫通只是一事。〔註31〕

我們探究湛若水在成聖功夫取擇上的心學傾向，當然不能忽視白沙心學對他的直接影響，據其〈墓誌銘〉載：

> 甲寅（弘治七年）二月，（若水）往學於江門，語之曰：「此學非全放下，終難湊泊。」遂焚原給會試部檄，獨居一室，遊心千古，默約聖賢，用功總括，因悟隨處體認天理六字符訣。〔註32〕

對於湛若水所悟得的六字符訣，陳獻章亦曾致書表示贊許，書云：

> 日用間隨處體認天理，著此一鞭，何患不到古人佳處也。〔註33〕

可見湛若水「隨處體認天理」的論學宗旨確實得自白沙心學的啓發。但是陳獻章對湛若水的啓發之語甚為簡略，與「隨處體認天理」之說究竟有何關聯？湛若水日後曾申論道：

> 心渾全，無初感處，即初寂與感皆心之全體也。故顏子之學只於機上念頭上用功。平時只於有事，而勿忘勿助，及感發時亦只如此，是謂隨處體認。非待初心發乃用功也，復其見天地之心。全放下，即勿忘勿助，如此，天理便見故曰：「非全放下，終難湊泊。」〔註34〕

陳獻章學宗自然，在工夫的抉擇上即是講求所謂「勿忘勿助」的「孟子工夫」。〔註35〕湛若水釋陳獻章所謂「全放下」為「勿忘勿助」，可見他對白沙心學的

〔註31〕同前書，卷八〈新泉問辨錄〉，頁1下。
〔註32〕同前書，卷三二〈墓誌銘〉，頁9上～9下。
〔註33〕《陳獻章集》卷二〈與湛民澤〉，頁193。
〔註34〕《湛文集》卷七〈答洪峻之侍御〉，頁43。
〔註35〕《陳獻章集》卷二〈與林郡博〉，頁217。

確很有心得。他強調心貫寂感動靜，心體保持「勿忘勿助」的狀態，即是自己所謂的「隨處體認天理」。後來他又一再強調「予體認天理，必以勿忘勿助、自然爲至。」〔註36〕都說明了他「隨處體認天理」的論學宗旨與陳獻章自然之學「勿忘勿助」的「孟子工夫」密切相關。

「勿忘勿助」的「孟子功夫」雖是陳獻章自然之學的功夫要旨。但是，陳獻章對這種功夫的內涵始終沒有更深入地講論，使得他難免招致輕怠存養功夫的譏議。湛若水據此說以申論自己「隨處體認天理」的論學宗旨，亦曾引起學者若干疑難，據其《文集》載：

> 呂懷問：「體認天理最難。天理只是吾心中正之體，不屬有無，不落方體，纔欠一毫已便不是；纔添一毫亦便不是。須是義精仁熟，此心洞然，與之爲體。或曰：『知勿忘勿助之間，則見之。』竊知「勿忘勿助」固是中規，然而，其間間不容髮，又不是有個硬格尺可量定的，只這工夫，何緣便正當？」（若水答曰：）「觀此求可見吾契曾實心尋求來，所以發此語。天理在心，求則得之。夫子曰：『我欲仁，斯仁至矣。』但求之自有方，『勿忘勿助』是也。千古惟有孟子發揮出來。須不費絲毫人力，欠一毫已便不是；纔添一毫亦不是，此語最是。只不忘助時，便添減不得，天理自見，非有難易也。何用硬格尺量耶？孟子曰：『物皆然，心爲甚。』吾心中規矩，何用權度？」〔註37〕

孟子所謂「勿忘勿助」一語引起後世爭論甚多。其義原在教人不取忘、助兩端，即不忘其存養，亦不強爲。〔註38〕但是忘、助之間確實差距毫釐，缺乏明確可依循的行爲準繩，難免引起學者對此一功夫內涵的疑惑。而湛若水的回答只是展露了對心體即同天理的自信，訴諸心體自主地裁量。這樣的回答只闡明了一種心學立場的自處之道，並未根絕學者對「勿忘勿助」功夫的眞義之疑。其《文集》又載：

> 元德問：「本體工夫只是一眞切，如良知良能是一個天然本來之心，隨感發而存存焉，過了一毫便不可；忽了一毫便不可，此之謂『勿忘勿助』之間，乃眞切之至也。今之爲『勿忘勿助』之學者，吾惑

〔註36〕《湛文集》卷二三〈語錄〉，頁53。
〔註37〕同前書，卷八〈新泉問辨錄〉，頁32下～33上。
〔註38〕勞思光：《中國哲學史》（臺北：三民書局，民國73年）（一），頁175。

焉。率不得眞切體，而徒漫焉爲之，是惡得爲『勿忘勿助』之學，愚欲以是箴時弊，可否？

（若水答曰：）「須於『勿忘勿助』之間，停停當當乃見眞切。眞切即天理本體也。今乃反於眞切上求『勿忘勿助』之功，則所謂眞切者，安知不爲執滯之別名耶？吾非不傳，子自不習於『勿忘勿助』、『體認天理』之功，尚未見眞切，未見得功，欲以箴時之弊，是反戈也。」〔註39〕

可見學者間對「勿忘勿助」功夫的眞義，已出現歧解。湛若水在此仍未對心體的「勿忘勿助」狀態做更深入的分說，只是表達了心體「勿忘勿助」即見天理的信心，仍不脫即心言理，專事復現即同天理的本心之心學色彩。

但是，就湛若水之恪守程朱規範一面而言，則其「隨處體認天理」的論學宗旨雖不免具有心學色彩，但他對於拋棄書冊，專事探求心體的心學風格，亦不以爲然，他曾云：

從事學問則心不外馳，即所以求放心。如子夏博學篤志切問近思，仁在其中者。非謂學問之外而別求心於虛無也。〔註40〕

對於當時心學的所產生的喜靜厭動的流弊，亦有指責：

今夫求心者，偏於靜，不求於動，不習之於事，譬諸繫馬，於肆而求其良，不可得也。〔註41〕

因此，他特別強調其「隨處體認天理」的論學宗旨乃是動靜兼顧的：

吾所謂體認者，非分未發已發，非分動靜。所謂隨處體認天理者，隨未發已發，隨動隨靜。蓋動靜皆吾心之本體也。體用一原故也，故彼明鏡然，其明瑩光照者，其本體也，其照物與不照，任物之來去，而本體自若。心之本體，其於未發已發，或動或靜，亦若是而已矣。若謂靜未發爲本體，而外已發而動以爲言，恐亦有歧而二之之弊也。〔註42〕

由於在論學宗旨上強調動靜兼顧，湛若水在成聖功夫的抉擇便不限於即心求理的心學功夫，而力圖兼守程朱「主敬」的規範，他強調：

〔註39〕同前書，卷九〈新泉問辨續錄〉，頁25下～26上。
〔註40〕同前書，卷七〈答仲鶡〉，頁7上。
〔註41〕同前書，卷一〈樵語〉，頁4上～4下。
〔註42〕同前書，卷七〈答孟生津〉，頁31下～32上。

只主於敬，便是爲善。……善體無動靜，主敬工夫亦無動靜。〔註43〕

對於當時學者歧德業與舉業爲二的弊病，他即引「主敬」之義倡二業合一之訓曰：

> 學者之病，吾知之矣。在二三其致矣乎！時而靜坐焉，自靜坐也；時而讀書焉，自讀書也；時而應酬焉，又自應酬也。如人之身，血氣不通，安能有生，若是者，其敬之未力與。是故，於內外也，二而離之。合一之要，其惟執事敬乎！〔註44〕

基於對「主敬」功夫貫通動靜之義之重視，湛若水在成聖功夫的抉擇上，便有縮合心學立場與程朱規範的跡象。〔註45〕在即心言理的〈心性圖說〉，他即發揮「主敬」之義，曰：

> 始之敬者，戒懼慎獨，以養其中也。中立而和發焉，萬事萬化，自此焉達，而位育不外是矣。故位育非有加也，全而歸之者耳。終之敬者，即始之敬而不息焉者也。〔註46〕

在其〈大科訓規〉的敘規中，亦賦予「敬」一種心學的意涵，曰：

> 夫規何爲者也，夫學心而已焉者也。何莫非心也，心得其職則敬，敬爲義；心失其職則肆，肆爲利，利義之判也，間焉者也。〔註47〕

此外，於復現即同天理的本心之功夫上，他亦訴諸「主敬」一方，據〈雍語〉載：

> 陳生問：「純心何謂也？」甘泉子曰：「其猶夫金之精乎！金之不精，有或雜之，非復金之初矣。今夫金，時時而鍊焉，日日而鍊焉，久則精金爾矣！又何待於外求？」「敢問乎鍊之法。」曰：「敬。」〔註48〕

湛若水在成聖工夫上出現了這種縮合心學立場與程朱規範的說法，於是對於他所承自陳獻章自然之學的「勿忘勿助」功夫，亦添加了「主敬」的內涵，他說：

> 「勿忘勿助」，元只是說一個敬，先儒未嘗發出，所以不墮於忘，則墮於助，忘助皆非心之本體也。此是聖賢心學最精密處，不容一毫

〔註43〕同前書，卷二三〈語錄〉，頁46下。

〔註44〕同前書，卷五〈二業合一訓〉，頁5上～5下。

〔註45〕唐君毅：《中國哲學原論‧原教篇》，頁357。

〔註46〕《湛文集》卷二一〈心性圖說〉，頁1下。

〔註47〕同前書，卷六〈大科訓規〉，頁1下～2上。

〔註48〕同前書，卷三〈雍語〉，頁11下～12上。

人力。故先師石翁又發出自然之說，至矣。聖人之所以爲聖，亦不

過自然。如此，學者之學聖人，舍是何學乎？〔註49〕

即在聲明陳獻章自然之學亦是在程朱「主敬」的規範下立說。而更值得注意的則是，他對程朱「主敬」之義的積極持守，事實上更甚於對陳獻章自然之學「勿忘勿助」功夫的闡揚，他曾申論《論語》〈憲問〉中孔子所言：「修己以敬」一語，謂：

必有事焉，勿正，勿忘勿助，便是主一，便無絲毫人力，便是自然，

乃敬也。先儒未曾說破，明道先生云：「《中庸》只無聲無臭，總括

了多少，何用一言。」今只講一「敬」字，便總括了多少天下國家

萬民萬化之事，諸生豈不聞篤恭而天下平之理乎！只消道「修己以

敬」一句，便總括了多少。〔註50〕

此外他言「主敬」之義時，並會通「隨處體認天理」的論學宗旨而論，曰：

敬合始終內外之說最妙，又云即《大學》「格物」之義。近時學者未

嘗及此，程子曰：「『格』者，『至』也。『物』者，『理』也。至其理，

乃『格物』也。」故《大學》古本以「修身」說「格物」。今云「格

物」者，事當於理之謂也，不若云「隨處體認天理」之盡也，體認

兼知行也。當於理是格物後事，故曰：「物格而后知至。」云敬而後

當於理，敬是格物工夫也。〔註51〕

可見他「隨處體認天理」的論學宗旨乃呼應程朱學派以「主敬窮理」闡釋《大學》「格物」義的規範而生。

湛若水對於人心與天理的構想，所呈現雜駁不一的說法，及其在成聖功夫的抉擇上所出現的縮合心學立場與程朱規範的現象。使他在程朱、陸王兩派之間，皆難得到諒解。程朱學者羅欽順嘗指出他有「以知覺爲天理」的心學派弊：

〈明論〉、〈新論〉、〈樵語〉、〈雍語〉，吾閒中皆嘗披覽再三。中間以

知覺爲心之本體凡數處；又以天理爲心之本體亦數處。不知所謂本體

者，一耶？二耶？謂心體有二，斷無此理。體既不容有二，則其所認

以爲天理者，非知覺而何！其教學者每以「隨處體認天理」爲言，此

〔註49〕同前書，卷七〈答轟文蔚侍御〉，頁 30 上～30 下。

〔註50〕同前書，卷二〇〈天關精舍講章〉，頁上 40～40 下。

〔註51〕同前書，卷七〈答轟文蔚侍御〉，頁 29 下。

言如何破得？但以知覺爲天理，則凡體認工夫，只是要悟此知覺而已。分明借天理二字，引入知覺上去，信乎教之多術也！〔註52〕

而王門的後學黃宗羲也在評論其與陽明間的爭議時，認爲他的學說「仍爲（程朱）舊說所拘」，曰：

先生以爲心體萬物而不遺，陽明但指腔子裏以爲心，故有是內而非外之誚。然天地萬物之理，不外腔子裏，故見心之廣大。若以天地萬物之理，即吾心之理，求之天地萬物，以爲廣大，則先生仍爲舊說所拘也。〔註53〕

羅欽順、黃宗羲各自站在其學派的立場以批評湛若水的思想，雖不免門戶一隅之見，未必中肯，但是卻忠實地反映出湛若水的思想游移於程朱、陸王兩派之間的現象。值得注意的是，在客觀的現實上他既是江門心學的代言人，又被時人視爲陽明心學的同調。因此，他的學說之介於程朱、陸王之間對明代心學發展最重要的意義，無寧是他思想趨近於程朱學派的成份，使他在心學的陣營內所產生的改造江門與針砭王學的效果。

〔註52〕《困知記》三續 24 條，頁 96〜97。
〔註53〕《學案》卷三七〈甘泉學案一〉，頁 877。

第五章　白沙與陽明之間

第一節　改造江門

　　陳獻章開啓了心學新說，對位居官學地位的程朱學派造成了莫大的挑戰，也具有典範轉移的效果，足爲日後陽明心學興盛之先聲。但是，深究其學說在身後的流衍，實在是晦然不彰。白沙心學之所以會曇花一現，與其本門流裔的學術風格有很大的關係。《明儒學案》〈白沙學案〉中所列舉陳獻章幾位重要及門弟子的學行即透露出此一消息，這些弟子有因從學白沙而絕意仕途者，如：

> 李承箕（1452～1505）字世卿，號大崖，楚之嘉魚人。成化丙午舉人。其文出入經史，跌宕縱橫。聞白沙之學而慕之，弘治戊申，入南海而師焉。……久之而先生有所悟入，歸築釣臺於黃公山，讀書靜坐其中，不復仕進。〔註1〕

> 賀欽（1437～1510）字克恭，別號醫閭。世爲定海人，……少習舉子業，輒鄙之曰：「爲學止於是耶！」登成化丙戌進士第，……白沙在太學，先生聞其爲己端默之旨，篤信不疑，從而稟學，遂澹然於富貴。故天下議白沙率人於僞，牽連而不仕，則以先生爲證。構小齋讀書其中，隨事體驗，未得其要，潛心玩味，杜門不出者十餘年。〔註2〕

〔註1〕《學案》卷二〈白沙學案上〉，頁 92～93。
〔註2〕同前書，卷六〈白沙學案上〉，頁 99。

何廷矩（？～？）字時振，番禺人。爲郡諸生，及師白沙，即棄舉子業。學使胡榮挽之秋試，必不可。〔註3〕

有風聞白沙之學而放棄舉業，不務名利，毅然從遊者，如：

（謝）葵山名祐，字天賜，廣州府庠生，棄去，從遊白沙先生于江門，聞混淪之學。〔註4〕築室葵山之下、并日而食，襪不掩脛，名利之事，纖毫不能入也。〔註5〕

有近乎絕世隱逸者，如：

李孔修（？～？）字子長，號抱眞子。居廣州之高第街，混迹闤闠，張東所識之，引入白沙門下。……平居，管寧帽，朱子深衣，入夜不違。二十年不入城，兒童婦女皆稱曰「子長先生」。間出門，則遠近圜視，以爲奇物。〔註6〕

有雖入仕，卻難耐官場氣習而不久仕者，如：

陳庸（？～？）字秉常，南海人。舉成化甲午科，遊白沙之門，白沙示以自得之學。……年五十以荊門州同入仕。蒞任五日，不能屈曲，即解官，杜門不入城郭。督學王弘欲見之，不可得。〔註7〕

有爲宦而態度消極不事進取者，如：

張詡（1455～1514）字廷實，號東所，南海人，白沙弟子。登成化甲辰進士第。養病歸，六年不出，部檄起之，授戶部主事。尋丁憂，累薦不起。正德甲戌，拜南京通政司左參議，又辭，一謁孝陵而歸。〔註8〕

有爲官廉潔，因而終身清苦者，如：

鄒智（1466～1491）字汝愚，號立齋，四川合州人。弱冠領解首，成化丁未進士；簡庶吉士。……謫廣東石城吏目。至官，即從白沙問學。順德令吳廷舉於古樓村建亭居之，扁曰「謫仙」。其父來視，責以不能祿養，箠之，泣受。〔註9〕

〔註3〕同前註，頁106。
〔註4〕《湛文集》卷二〈逸士謝葵山先生墓碣銘〉，頁21下。
〔註5〕《學案》卷六〈白沙學案下〉，頁106。
〔註6〕同前註，頁105～106。
〔註7〕同前註，頁105。
〔註8〕同前註，頁94。
〔註9〕同前註，頁101。

陳茂烈（1459～1516）字時周，福之莆田人。年十八，即有志聖賢
之學。……登弘治丙辰進士第，奉使廣東，受業白沙之門。……授
吉安推官，考績過淮，寒無絮幕，受凍幾殆。入爲監察御史，袍服
樸陋，蹩蹩一牝馬而自係，風紀之重，所過無不目而畏之。以母老
終養，給母之外，匡床敝席，不辦一帷。身自操作，治畦汲水。……
日坐斗室，體驗身心，隨得隨錄，曰：「儒者有向上工夫，詩文其土
苴耳。」〔註10〕

雖有因家貧而就仕者，顚沛流離亦僅限於地方教諭，如：

林光（1439～1519）字緝熙，東莞人，成化乙司舉人。己丑會試入
京，見白沙於神樂觀，語大契，從歸江門，築室深山，往來問學者
二十年。……甲辰復出會試，中乙榜，授平湖教諭。……初，先生
依白沙，不欲仕。晚以貧就平湖諭。十年官滿來歸，母氏無恙。再
如京師，將求近地養親，未及陳情，遂轉袞州。於是奏請改地，冢
宰不許。未及一年，而母氏卒。〔註11〕

但是，林光之舉，卻遭白沙的譴責，說他：

因升斗之祿以求便養，無難處者，特語默進退勘酌早晚之宜不能自
決，遂貽此悔，胸中不皎潔磊也。〔註12〕

大致說來，這些江門弟子的表現都超凡脫俗，踽踽獨行，維持了白沙心學「自
得」的風貌。但是，也由於他們勉求自得，不擅張揚的平實學風，便使白沙
新說的開展往往在他們身上及身而止。故而《明史》有云：「宗獻章者曰江門
之學，孤行獨詣，其傳不遠。」〔註13〕

　　與以上那些「孤行獨詣」的江門弟子比較之下，湛若水的表現顯然大不
相同，雖然他也有幾次絕意仕進的打算，但是，終究因學術經世的心志旺盛，
乃積極從宦，甚至踰齡不退。兼之，他又熱衷於講學，「生平所至，必建書院
以祀獻章」。對江門心學的傳播頗費心力。因此日後江門心學所以流傳不遠，
除了歸因於大部份的江門第子「孤行獨詣」外，也與湛若水這位明代中期江
門心學的代言人對師說的修正、改造，有莫大的關係。

〔註10〕同前註，頁103。
〔註11〕同前註，頁104。
〔註12〕同前註。
〔註13〕《明史》卷二八二〈儒林傳一〉，頁7229。

　　白沙心學所招致的墮禪和輕忽下學功夫的譏評，在他身後並未稍得寬解。和湛若水約略同時的學者仍有同樣的看法，如楊慎即云：

> 儒教實，以其實實天下之虛，禪教虛，以其虛虛天下之實。陳白沙詩曰：「六經皆在虛無裏」，是欲率古今天下而入禪教也，豈儒者之學哉？〔註14〕

這是明斥其學墮禪。羅欽順亦云：

> 陳白沙謂林緝熙曰：「斯理無一處不到，無一息不運，得此把柄入手，更有何事！」其說甚詳。末乃云：「自茲以往，更有分殊處合要理會。」夫猶未嘗理會分殊，而先已「得此把柄」，愚恐其未免於籠統瞞肝也。況其理會分殊工夫，求之所以自學，所以教人，皆無實事可見。〔註15〕

這則是對其下學功夫極度的質疑。甚至在白沙門下也有人有類似的疑慮。如賀欽即云：

> 白沙答張廷祥詩，所謂「吾能握其機，何必窺塵編？」等，言不免有過高之意。〔註16〕

所以，雖然他個人長期潛修後的心得是：「實理充塞無間，化機顯行，莫非道體，事事物各具本然實理。」〔註17〕頗不違白沙學宗自然的特色，但是，在為學的功夫上，他則強調：

> 吾人之學不必求之高遠，在主敬以收放心，勿忘勿助，循其所謂本然者而已。〔註18〕

足見其為學功夫頗有融會程朱「主敬」舊規與白沙「自然」宗旨的跡象。

　　此外，我們從白沙身後，江門弟子對其師說的總結所出現的歧見，亦可看出類似的問題。當時，門人聚議，由湛若水作行狀，李承箕作墓誌銘，梁儲（叔厚，1451～1527）為傳，張詡作墓表。但事後張詡則嫌湛若水所作的行狀不夠詳備，又自行重作一篇。〔註19〕而張詡所作的墓表及行狀亦引起同

〔註14〕《升菴全集》卷七五〈儒教禪教〉，頁992。

〔註15〕《困知記》卷下59條，頁41～42。

〔註16〕賀欽：《醫閭集》（文淵閣四庫全書本，臺北：臺灣商務印書館，民國72年）卷二〈言行錄〉，頁7上。

〔註17〕《學案》，卷六，〈白沙學案下〉，頁99。

〔註18〕同前註。

〔註19〕《陳獻章集》附錄二〈白沙先生行狀〉，頁882。

門林光的批評，他說：

> 墓表云：「繼孔氏絕學，開萬世道學之傳。」則自孟子以下諸賢，皆
> 不免見遺矣。……行狀中「右臉有七黑子如北斗。」此朱子相也，若
> 云白沙亦有，何吾輩之未見也？……又云：「卓卓乎孔氏道脈之正傳，
> 而伊洛之學蓋不足道。」鳴呼！斯言之過甚矣！……僕恐白沙先生地
> 下亦未以爲然也。此啓爭端，添柄之大者，不可不思也。〔註20〕

林光對張詡的批評，表現出他對類似的浮名虛譽容易爲師門惹來爭端的警
覺。更嚴重的是，張詡對陳獻章的頌揚不只是發自對師門過度虔敬之情所作
的誇大贊語，也突顯他對師說的特殊偏好，這便直接影響到白沙心學留給當
時學界的普遍印象。在他所撰〈白沙先生墓表〉中強調陳獻章：

> 壯從江右吳聘齋遊，激勵奮起之功多矣，未之有得也。暨歸，杜門
> 獨掃一室，日靜坐其中，雖家人罕見其面，如是者數年，未之有得。
> 於是迅掃凤習，或浩歌長林，或孤嘯絕島，或弄艇投竿於溪涯海曲，
> 忘形骸，捐耳目，去心志，久之然後有得焉，於是自信自樂。其爲
> 道也，主靜而見大，蓋濂洛之學也。由斯致力，遲遲至於二十餘年
> 之久，乃大悟廣大高明不離乎日用。一眞萬事眞，本自圓成，不假
> 人力。其爲道也，無動靜內外，大小精粗，蓋孔子之學也。濂洛之
> 學非與孔子異也。《中庸》曰：「誠者，天之道也；誠之者，人之道
> 也。」誠者誠也，其理無二，而天人相去則遠矣。由是以無思無爲
> 之心，舒而爲無意必固我之用。有弗行，行無弗獲；有弗感，感無
> 弗應；不言而信，不怒而威，故病亟垂絕，不以目而能書，不以心
> 而能詩，章雲漢而諧金石，胡爲其然也。蓋其學聖學也，其功效絕
> 倫也固宜。〔註21〕

張詡對陳獻章心學的形成及其內涵的陳述，大抵上是由白沙心學「自然」與
「主靜」等要義出發，來闡揚悟道後虛寂、無爲的理想境界。然而，這種虛
寂、無爲的理想境界本爲儒、道、佛三家所共許，不同的只是，儒家乃由本
心仁體誠明所發的虛明照鑑來達成；道家乃由道心化解學知之依待與追逐來
達成；佛家則由般若智觀照事物的緣起性空來達成。儒家的本心仁體深具道

〔註20〕 林光：《南川冰蘗全集》卷5，頁27～28，轉引自容肇祖：《明代思想史》，頁
　　　　 46～47。
〔註21〕 《陳獻章集》附錄二〈白沙先生墓表〉，頁883。

德創生性意涵，使其理想境界有別於佛、道兩家。〔註22〕張詡雖未全然漠視儒家言誠之道德內涵，但他過於張揚這種境界的虛寂、無爲景象，便使儒家有別於佛、道的特質不易突顯。這點若再與以下所舉他與湛若水論學的經驗並觀，便不免令人懷疑他確有混同三教之嫌，據湛若水追憶道：

> 初年，齋戒三日，始求教白沙先生。先生嘆曰：「此學不講三十年矣！」少頃講罷，進問：「今門人見有張廷實、李子長。而生先云不講學三十年，何也？」先生曰：「子長只作詩，廷實尋常來，只講些高話，亦不問。是以不講，蓋此學自林緝熙去後，已不講矣！」予後訪廷實，因問：「白沙有古氏婦靜坐，如何？」予應曰：「坐忘耳！」張曰：「坐忘是否？」予應曰：「若說坐忘，便不識顏子。」張曰：「不然，三教本同一道。」予知其非白沙之學。因叩之云：「公曾問白沙先生否？」張曰：「未曾問，只是打合同耳。」乃知先生之說不誣也。
> 〔註23〕

依湛若水所憶，張詡這種混同三教的說法，顯然已經背離了師說，而陳獻章似乎也已察覺到門下學風轉變的端倪。但是，他對這種異說混淆己學的危險，實在太乏戒心。這點便讓湛若水甚覺無奈。在論及張詡這篇〈白沙先生墓表〉時，他即感嘆說：

> 常恨石翁分明知廷實之學是禪，不早與之斬截，至遺後患。翁卒後，作墓表，全是以己學說翁，如不以手而能書，不以心而能詩，全是禪意，奈何！奈何！〔註24〕

儘管湛若水可以將張詡之學視爲違背師門的異說，直斥其爲禪，但仍不得不面對由於陳獻章本人輕忽三教之辨而使江門心學遭受時人責難的窘境。

為了回應時人對江門心學的批評，湛若水必須不斷地重新詮釋師說。而在這番重新詮釋的過程中，竟意外地達到改造江門心學的效果。

首先，就白沙心學墮禪之譏而言，湛若水即曾在《白沙子古詩教解》中，根據白沙所作的〈和楊龜山此日不再得韻〉一詩作了如下的辯解：

> （白沙詩曰）……吾道有宗主，千秋朱紫陽，說敬不離口，示我入

〔註22〕 參看牟宗三：《智的直覺與中國哲學》（臺北：臺灣商務印書館，民國76年四版），頁203～215。
〔註23〕 《湛文集》卷四〈知新後語〉，頁8下。
〔註24〕 同前書，頁8上～8下。

德方。……（解曰：）夫先生主靜而此篇言敬者，蓋先生之學，原
於敬而得力於靜。隨動靜施功，此主靜之全功，無非心之敬處。世
不察其源流，以禪相詆，且以朱陸異同相聚訟，過矣。……靜與敬
無二心，無二道，豈同寂滅哉？〔註25〕

白沙心學的「主靜」一義在宋明理學中具推陳出新的創造性意涵，爲前儒所
未詳及，難免讓人對它產生類似佛家「寂滅」的聯想。湛若水對於這點頗爲
警覺，爲排除這類的聯想，最好的辦法莫過於從前儒的學說中尋求奧援。白
沙的推崇朱子「主敬」之說，正好提供了一條有利的線索，讓他據以論定陳
獻章「主靜」與朱子「主敬」間的關連，以反駁時人對白沙心學墮禪的譏諷。

　　但是，湛若水這番辯解，實在頗有可議之處，因爲，陳獻章此詩乃爲成
化二年（1466）他三十九歲重遊太學時所作。〔註26〕當時距離他決定放棄舉
業，從遊吳與弼，約已十二年之後。〔註27〕何以又會重遊太學而有此詩作？
張詡〈白沙先生行狀〉記述了陳獻章寫作此詩時的處境，曰：

講學之暇，時與門徒於曠野習射禮，未幾，流言四起，以爲聚兵，
眾皆爲先生危，先生獨處之超然。時翰林院侍讀學士錢溥（原溥，
1408～1488）謫知順德縣事，雅重先生，遺書先生亟起，毋重貽太
夫人憂。先生以爲然，遂復遊太學。祭酒邢讓（遜之，1427～1477）
一日試先生和楊龜山此日不再得詩，大驚曰：「龜山不如也。」明日
颺言於朝，以爲眞儒復出。由是西振京師，一時名士，如羅倫、章
懋、莊㫤、賀欽輩，皆樂從之遊。〔註28〕

從陳獻章的生平來看，他從遊吳與弼不久，同年即返鄉築春陽臺，靜坐其中，
過著與世隔絕的日子長達十年之久，終於悟道，這才開始了他的講學生涯。
卻隨即於隔年惹來上述流言的困擾，而身罹險境。〔註29〕所以，他這次重遊
太學而有此詩作，一者顯然有解除當時學界疑慮的意思，而對居於官學地位

〔註25〕《陳獻章集》附錄一〈白沙子古詩教解卷之上，和楊龜山此日不再得韻〉，頁
　　　　701～702。
〔註26〕同前書，附錄二〈年譜〉成化二年丙戌條。
〔註27〕按：《陳獻章集》卷一〈龍岡書院記〉，頁34，陳獻章自云：「年幾三十，始盡
　　　　棄舉子業，從吳聘君游。」卷二〈復趙提學僉憲〉，頁145則明言：「年二十
　　　　七始發憤圖從吳聘君學。」因此，陳獻章放棄舉業應當在二十七歲時。
〔註28〕同前書，附錄二，〈白沙先生行狀〉，頁869。
〔註29〕Paul Yun-ming Jiang, *The Search for Mind: Ch'en Pai-sha, Philosopher-Poet*,
　　　　pp.36-38.

的程朱學派作適當的妥協。再者，當時他悟道不久，雖能自得，卻未必能自覺己見與程朱官學的差距。湛若水對此詩的注解末尾曾云：

> 此篇乃四十歲以前事，後來所造之高，所得之深，尚未及言，然即
> 此可想矣。〔註30〕

即已透露出白沙心學在日後發展上與程朱學分歧的訊息，只是湛若水在思想上趨近程朱官學，使他無法明確地辨析白沙心學日後的發展與程朱學重大的差距。在他看來是前後一致，只是造詣高低、深淺有別的白沙心學，始終與此詩所示一樣，不違程朱官學的規範，因此，白沙心學後來的發展便「即此可想矣！」但是，事實則不然，此後白沙心學與程朱官學便有明顯乃至公開的決裂。〔註31〕而此詩所道及的「敬」字，爲明初程朱學最重要的思想成份之一，在日後白沙心學學說中也未獲得重視。〔註32〕

　　湛若水這種刻意將白沙心學中的「主靜」思想作更趨近於程朱學派「主敬」立場的解釋，以申辯白沙心學並非禪學的策略，無疑的，便淡化了白沙心學「主靜」新說所異於程朱學派「主敬」舊說的特色。

　　白沙心學「主靜」之說最重要的特色，莫過於他的「靜坐之教」，他專事於「靜坐中養出端倪」的教法，顯然有別於宋儒視爲修行輔方的靜坐，而難免成爲眾矢之的。對於這一點，湛若水一度是以釜底抽薪的方式，試圖代爲辯解，他曾追憶道：

> 記吾初遊江門時，在楚雲台夢一老人曰：「爾在山中坐百日，便有
> 意思。」後問先師，先師曰：「恐生病。」乃知先師不欲人靜坐也。
> 〔註33〕

湛若水所憶雖未必不實，但若據此憶以推論白沙不欲人靜坐，則顯然過於草率。白沙「靜坐之教」畢竟是相當突出，而且時時受人議論不休的。面對這些議論，湛若水便不得不針對白沙的「靜坐之教」，表達個人對這種教法一連串具有修正及批判意味的看法。

　　面對他人指出白沙早年曾築春陽台習靜坐的事實，及其因此被譏爲禪的質疑，湛若水作了這樣的答覆，他說：

〔註30〕《陳獻章集》附錄一〈白沙子古詩教解卷之上，和楊龜山此日不再得韻〉，頁
　　　　703。
〔註31〕Paul Yun-ming Jiang 前引書，pp.40-41.
〔註32〕Whing-tsit Chan, "The Ch'en-Chu School of Early Ming", p.46.
〔註33〕《湛文集》卷二三〈語錄〉，頁 27 下。

　　春陽台先師自以爲錯用功者。……至於胡敬齋居仁指先師「靜中養
　　出端倪」爲禪，水辨之云：「然則孟子夜氣之說，擴充四端之說，亦
　　爲禪邪？今聞吾子相非以爲非，而必尋春陽以爲是，是是先師晚年
　　所悟之所非，而非先師印正之所是矣。」〔註34〕

這是提出白沙心學有早非晚是前後有別的說法，來規避時人的責難。已相當
地淡化了「靜坐之教」在白沙心學中的關鍵性意義。

　　在回答門人有關白沙的「靜坐之教」與他自己的「隨處體認天理」之說的
疑難時，他更對「靜坐之教」提出深刻且具有顛覆性的批判。據其《文集》載：

　　羅邵問：「白沙先生有言云，靜坐久之，然後吾心之體隱然呈露，常
　　若有物，如顏之卓爾，孟子躍如，皆眞有所見，而非徒爲形容之辭。
　　但先生以靜坐爲言，而今以隨處體認爲教。不知行者之到家，果孰
　　先而孰後乎？……」

　　（若水答曰）：「虛見與實見不同，靜坐久，隱然見吾心之體者，蓋
　　先生爲初學者言之。其實何有動靜之間？心熟後，雖終日酬酢萬變、
　　朝廷百官、萬象金華、百萬之眾、造次顛沛，而吾心之本體澄然無
　　一物，何往而不呈露耶？蓋不待靜坐而後見也。顏子之瞻前忽後，
　　乃是窺見景象虛見也，至於博約之功，既竭其才之後，其卓爾乃實
　　見也。隨處體認天理，自初學以上皆然，不分先後。居處恭、執事
　　敬、與人忠即隨處體認之功，連靜坐亦在內矣！」〔註35〕

這裏，他雖不否認白沙確有「靜坐之教」，但畢竟只是消極的認同，認爲這只
是爲初學者而設的權宜教法。這種說法即已使白沙心學「靜坐之教」的一貫
性大打扣。更嚴重的是，他竟直指白沙強調的靜坐中所見心體是「景氣虛見」。
這無異是全然否定了白沙心學中所謂「靜坐中養出個端倪」這一見解的開創
性意涵。

　　對白沙心學「靜坐之教」既有這樣修正、批判的立場，湛若水對時人斥
靜坐，以「主靜」爲禪的說法，竟不免出現趨近認同的態度。他曾云：

　　古之論學未有以靜坐爲言者。而程氏言之，非其定論，乃欲補小學
　　之缺，急時弊也。後之儒者遂以靜坐求之，過矣！古之論學未有以
　　靜爲言者，以靜爲言者，皆禪也。故孔門之教皆欲事上求仁，動時

〔註34〕《泉翁先生續編大全》卷七〈與鄧君恪眇論啓洪大巡書〉，頁5下～6上。
〔註35〕《湛文集》卷八〈新泉問辨錄〉，頁25上～26上。

著力，何者？靜不可致力，才致力，即已非靜。〔註36〕

如此明顯地斥靜坐，反對「主靜」的態度，使他面對宋儒程頤以來的靜坐教法，及白沙心學「靜坐之教」的最後評價時，意見也顯得曖昧含混，他說：

> 聖賢之學，元無靜存動察相對，只是一段工夫，凡所用功皆是動處。
> 《中庸》、《大學》、《艮卦》、《通書》無不皆然，蓋動以養其靜，靜不
> 可著力，才著力便是動矣！至伊川乃有靜坐之說，又別開一個門面，
> 故供於先師石翁墓銘云：「孔孟之後，若更一門」蓋見此也。〔註37〕

湛若水在嚴厲地批判了「主靜」的的說法後，復肯定了程頤、陳獻章靜坐之教是為儒學別開門面，實在頗為耐人尋味。其中的原因，我們除了可以從他護持師說的心理來推測外，更應從他日常生活實際上對靜坐教法仍信持不已的微妙立場來一探究竟。

就他本人日常作息而言，他「每夜瞑目坐，率至漏分。」〔註38〕可見靜坐即是他每日例行的功課。而且他對靜坐之方，似亦有自己獨到的見解，他認為「調息為入道初機，如善用之，庶於靜功有所持循。」〔註39〕再就他講學生活而言，在他開創的大科書院中，於其所訂之「大科訓規」有關諸生日課一條，即有「申酉默坐思索」的規定。〔註40〕是直接地將靜坐落實在他教學生活的確證。而對於門生之信守靜坐之教者，他表贊許。據其《文集》載有門生「每夜與朋友靜坐，（若水）病中聞之一喜。」〔註41〕顯然，靜坐一法在他修己、教人兩方面皆有其不可抹滅的地位。這或許才是他一方可面斥靜坐，反對「主靜」，另一方面卻又說靜坐一法為儒學別開門面的積極原因。

湛若水這種看似搖擺不定、前後不一的態度，其實是他在面對時人對白沙心學「靜坐之教」的責難時，立場已趨近程朱學派所致。他曾作有〈靜觀堂記〉一文，對自己所奉行的靜坐之教有較明確的釋義，文曰：

> 夫謂靜觀者，以言乎定靜之時而觀也，靜坐之時而觀也。靜坐而定
> 焉，心中無事之時而觀也。心之轇轕，其何觀矣。斯其靜也，非動
> 靜之靜，對動而言之者也。……夫謂觀即動也，易曰：「復其見天地

〔註36〕同前書，卷七〈答余督學〉，頁 6 上～6 下。
〔註37〕同前書，卷七〈答轟文尉侍御〉，頁 29 下～30 上。
〔註38〕同前書，卷三二〈墓誌銘〉，頁 12 上。
〔註39〕同前書，卷二三〈語錄〉，頁 67 上。
〔註40〕同前書，卷六〈大科訓規〉，頁 4 下。
〔註41〕同前書，卷一一〈問疑續錄〉，頁 22 上。

之心。」夫復也者，一陽初動之時也。非動則天地之心不可得而見，

而萬物之情不可得而觀矣！〔註42〕

在此，靜坐的作用是促使人心保持靜定無事的虛明狀態，以便觀照萬物之情。湛若水這種的說法便很接近朱子。朱子即曾云：

蓋心下熱鬧，如何看得道理出，須是靜，方看得出。所謂靜坐，只是

打疊得心下無事，則道理始出；道理既出，則心下愈明靜矣。〔註43〕

這種爲求此心虛明以便觀察事理的靜坐，與陳獻章那種欲見心體、要「從中養出個端倪」的靜坐是有明顯的區別的。湛若水疏於析辨，導致他對白沙心學「靜坐之教」的辯解顯得支絀。更嚴重的是，他不自覺地以趨近程朱學派的立場來護持師說，反而使白沙心學「靜坐之教」的創新性意涵爲之淡化不少。除此之外，他對靜坐一法太存防弊的戒心，在論及白沙「靜坐中養出端倪」一語時，他即云：

夫道在求自得爾，靜體渾融，虛通無間，原不在喧寂。故有用之博

約，如有所立者；有用之默坐澄心，體認天理者。各隨其資稟，方

便以入，入則得之，俱與揠助無干。其言靜以養動者，亦默坐澄心

法也，不善用之，未免絕念滅性、枯寂強制之弊。〔註44〕

從這種防微杜漸的心理固然可以看出他迴護師說的努力，但是，不能積極有效地發揮師說的特色，徒然著力於流弊的防患，這對白沙心學的發展不啻畫地自限。

其次，就白沙心學缺乏下學功夫的質疑而言。白沙學宗自然的基調，配合他不尚究心辨析理論的詩人風格，是給人輕忽存養功夫印象的重要原因。陳獻章有關自然之學的功夫內涵敘述最具代表性的莫過於他的〈與林郡博書〉，內云：

終日乾乾，只是收拾此而已，此理干涉至大，無內外，無終始，無

一處不到，無一息不運。會此則天地我立，萬化我出，而宇宙在我

矣。得此欛柄入手，更有何事？往古來今，四方上下，都一齊穿紐，

一齊收拾，隨時隨處，無不是這個充塞。色色信他本來，何用爾腳

勞手攘？舞雩三三兩兩，正在忽忘忽助之間。曾點些兒活計，被孟

〔註42〕同前書，卷一八〈靜觀堂記〉，頁 48 上～48 下。
〔註43〕《朱子語類》卷一○三，頁 2602。
〔註44〕《湛文集》卷二三〈語錄〉，頁 39 下。

> 子一口打拼出來，便都是鳶飛魚躍，若無孟子工夫，驟而言之以曾
> 點見趣，一似說夢。〔註45〕

陳獻章所謂的「勿忘勿助」這種「孟子工夫」，日後並未見更明確的釋義，湛若水面對時人有關白沙心學缺乏存養功夫的質疑，便將陳獻章此說做了一番附和程朱學派的立場的闡釋，他曰：

> 勿忘勿助只是一個敬，先儒未嘗發出，所以不墮於忘，則墮於助。
> 忘助皆非心之本體也。此是聖賢心學最精密處，不容一毫人力。故
> 先師石翁又發出自然之說，至矣，聖人之所以爲聖，亦不過自然，
> 如此，學者之學聖人，舍是何學乎？〔註46〕

經過湛若水這一番闡釋後，無異使白沙自然之學重新接受程朱學派在存養功夫上講求「主敬」的舊說所規範。

　　而在讀書問題的態度上，湛若水也在闡釋師說的過程中，明顯地拋棄了陳獻章那種「糟粕六經」激切的反智態度。針對門人提及白沙詩云：「此道苟能明，何必多讀書？」、「吾能握其機，何必窺陳編？」等語，他就此申述曰：

> 只知太虛之涵萬象；又如明鏡在此，物來照，鏡未嘗動。若都不讀
> 書，是所謂反鏡而索照也。人心中，天理具備，讀書喚惺一番，何
> 等有益，此與親師友一般。若不讀書，則親友亦不該親耶？亦不過
> 喚惺此心之意，我固有之，師友亦不能與我也。世之能讀書者少，
> 能讀而能不爲之喪志，乃是高手。〔註47〕

他強調讀書不過喚醒已然具備天理的人心，固然呼應了陳獻章讀書「不但求之書而求諸吾心」的態度。但是，求之書與求諸心，究竟孰輕？孰重？陳、湛二人的態度卻因各自所面臨的時勢不同而分趨兩極。陳獻章乃激於當時「學者徒誦其言而忘味」的流弊，而暢言「糟粕六經」強調「求之心」的重要性。而湛若水則身處在陽明心學張揚的時代，面對的是學者重心輕書的時弊，便使他不得不強調「若不讀書，是所謂反鏡而索照。」而趨向倚重「求之書」的態度。這在他論學的語錄中即有充分的反映，例如〈樵語〉便載：

> 士德曰：「觀於朱子之晚年也，悔前之讀書，而置書以求其心，其切
> 至矣。」甘泉子曰：「吾惑焉，未能一也，心與書合一，而後可學古

〔註45〕《陳獻章集》卷二〈與林郡博〉，頁 217。
〔註46〕《湛文集》卷七〈答轟文蔚侍御〉，頁 30 上～30 下。
〔註47〕同前書，卷一一〈問疑續錄〉，頁 16 上。

訓；可學古訓，而後可發聰明。故一則養志，二則喪志；一則執事
敬，二則役耳目。」〔註48〕

楊士德（驥，？～？）斷定朱子晚年置書求心一事，可能受到王陽明的影響，
楊士德曾與王陽明論「格物」之說，而兼及朱子讀書、著書事，據《傳習錄》
載：

> 士德問曰：「『格物』之說，如先生所教，明白簡易，人人見得。文
> 公聰明絕世，於此反有未審，何也？」先生曰：「文公精神氣魄大，
> 是他早年合下便要繼往開來，故一向只就考索著述上用功。若先切
> 己自修，自然不暇及此。到得德盛後，果憂道不明，如孔子退修六
> 籍，刪繁就簡，開示來學，亦大段不費甚考索。文公早歲便著許多
> 書，晚年方悔是事倒做了。」士德曰：「晚年之悔，如謂『向來定本
> 之悟』。又謂『雖讀得書，何益於吾事？』又謂『此與守書籍、泥言
> 語，全無交涉。』是他到此方悔從前用功之錯，方去切己自修矣」。
> 曰：「然。此是文公不可及處，他力量大，一悔便轉，可惜不久即去
> 世，平日許多錯處皆不改正。」〔註49〕

王陽明論定朱子晚年具有刪繁就簡的學術趨向，大概讓楊士德得到很大的啟
示，而大膽地推論朱子晚年已然置書求心，並表推崇之意。湛若水以「心與
書合一」的觀念答之，雖似折衷持平之論，但對於學者求心輕書的時弊，明
有不滿的情緒。所以，在面對求心輕書態度激切的學者，他倚重「求之書」
的讀書態度便非常地突顯如〈雍語〉載：

> 或有誦象山「六經皆我註腳」者。甘泉子曰：「其爲斯言，道乎？聖
> 乎？道則又誰？我聖則不輕言。故曰：『好古而敏求。』曰：『篤信
> 而好學。』」〔註50〕

除了這些講學的語錄外，湛若水畢生勤於著述，成果豐富也爲他畸重「求之
書」的治學態度作最好的註腳。

　　湛若水對下學功夫的態度既明顯地有別於陳獻章，他的學術風格與陳獻
章自然之學的風格也顯得不甚相契。從他對陳獻章極力頌揚的曾點、顏回之
樂所做的批判即可窺見端倪。

〔註48〕同前書，卷一〈樵語〉，頁 7 上～7 下。
〔註49〕《傳習錄》卷上，頁 121。
〔註50〕《湛文集》卷三〈雍語〉，頁 3 下。

陳獻章曾藉曾點、顏回之樂來表達自己學宗自然的風格，他在〈湖山雅趣賦〉中云：

撤百民之藩籬，啓六經之關鍵。于焉優游，于焉收斂；靈合洞虛，一塵不染。浮華盡剝，眞實乃見；鼓瑟鳴琴，一回一點。氣蘊春風之和，心遊太古之面。其自得之樂亦無涯也。〔註51〕

其實曾點、顏回之樂，亦即所謂孔顏樂趣，在宋儒周敦頤、二程、邵雍等人的頌揚下，被視作一種體道的境界。〔註52〕陳獻章此賦即循此一傳統而來。但是，在湛若水的眼中，代表陳獻章體道境界的曾點、顏回之樂，卻是未臻理想而有缺陷的。他曾批評曾點曰：

曾點正爲不曾見得無處不是此理意思，故須求浴咏歸始樂。若見得，則隨處體認天理流行，則爲邦爲政，向往而非風浴咏之樂？點雖樂，優於三子，然究竟言之，過猶不及耳，終是未能一貫，若以此爲有堯舜氣象，則又認錯堯舜了也。〔註53〕

是對曾點只求風浴咏歸這類閑遊之樂，而未及從政行道明表不滿。對於顏回，他也有類似的批評，據〈雍語〉載：

或問：「顏子優於湯武，然乎？」甘泉子曰：「是臆説爾，將非謂湯武有慚德之累乎？湯武聖人也，顏子一間未達也。」問慚德之説。曰：「慚德也者，以言其不類堯舜之揖遜云爾，豈眞有愧天怍人之心哉？有愧天怍人之心，則天理滅矣。易曰：『順乎天，而應乎人。』孔子深得湯武之心。」〔註54〕

顏回比起湯武之所以「未達一間」，顯然地亦在於他只是獨善其身，從未從政行道。

　　湛若水對曾點、顏回作這樣的批評，正好微妙地反映了他躋身政教，念茲在茲的心態，而與陳獻章以及早期的江門弟子勉力規避仕途終老山林，以求自得的心態形成強烈的對此。由此也可見江門學風在他身上已生激變的跡象。而陳獻章引曾點、顏回之樂以自況的自然之學，在湛若水這種特殊心態的主導下，始終未能充分地發揚，其原因或即在此。

〔註51〕《陳獻章集》卷四〈湖山雅趣賦〉，頁275。
〔註52〕《從陸象山到劉蕺山》，頁285～286。
〔註53〕《湛文集》卷八〈新泉問辨錄〉，頁31上。
〔註54〕同前書，卷三〈雍語〉，頁8上。

　　湛若水以陳獻章衣缽傳人的身份，致力於護持江門心學的工作。以他在政、教兩界活動頻繁的情形來看，江門的興衰實與他護持的心力關係不小，他雖然不遺餘力地闡發師說。但是，面臨自陳獻章以來即延續不斷的，有關白沙心學墮禪之譏，及缺乏下學功夫的質疑，他的回應大多不經意地將白沙心學作了趨近程朱學派立場的解釋，因而使得白沙心學從明初程朱舊學推陳出新的創造性意涵隱晦不彰，反倒有改造江門的效果，而白沙為儒家成聖困境所開啟的新的解題方向一時亦未能延續，江門心學開創新典範的契機也隨之消失，難怪王陽明雖與湛若水論交二十餘年，但是對於其心學先軀陳獻章的學說卻始終沒有論及。明末的李贄即曾云：王陽明

　　　　得甘泉公商略白沙先生之學，然甘泉翁實實未得白沙之傳也。王先
　　　　生才氣如此，肯甘心於死語，作醉夢人耶？則雖耳聞白沙之學，其
　　　　神弗王，而故吾自在。〔註55〕

說明了白沙心學因為不得忠實地傳揚，而未能獲得其心學同調王陽明的共鳴。難怪白沙心學與陽明心學雖然相近，但是二者實際上終不相承。

第二節　針砭王學

　　湛若水在明代心學的潮流中除了扮演修正白沙心學，改造江門的角色外，更是陽明心學的批評者。透過對湛、王二人論學歧見的分析，我們可以了解陽明心學在明代中期的崛起之思想背景以及其在理論上的創獲與缺失。

　　綜觀湛、王二人論學的歧見大致圍繞著兩個重要的課題而生。一是有關佛老之學的問題。一是由於對《大學》「格物說」的異解所引發的論學宗旨之爭，即陽明的「致良知」之教與湛若水的「隨處體認天理」之教孰優孰劣的問題。

　　首先，就有關佛老之學的問題而言，王陽明早年求道的經驗即與佛老關係密切，據其《年譜》載：

　　　　王嘉秀、蕭惠好談仙佛，先生嘗警之曰：「吾幼時求聖學不得，亦嘗
　　　　篤志二氏，其後居夷三載，始見聖人端緒，悔錯用功二十年。二氏
　　　　之學其妙與聖人只有毫釐之間，故不易辨，惟篤志聖學者始能究其

〔註55〕李贄：《續焚書》（樹林：漢京文化事業有限公司，民國73年）卷一〈答馬歷
　　　　山〉，頁2。

隱微，非測億所及也。」〔註56〕

可見在龍場驛「中夜大悟格物致知之旨」以前，陽明即曾誤認佛老之學為聖學，而潛心佛老長達二十年之久。讓他誤認佛老之學為聖學的原因，是因為佛老之學近似聖學，其間差異隱微難辨。在他年幼初學的狀態下，渴求聖學不得，自然不暇究心毫釐之間，而傾心於兩者近似之處。在〈別湛甘泉序〉一文中，陽明除了明確地道出佛老之學與聖學的近似之處外，更透露了他早年「求聖學不得」的時代背景，該文云：

> 顏子沒而聖人之學亡；曾子唯一貫之旨，傳之孟軻；終又二千餘年而周程續。自是而後，言益詳，道益晦，析理益精，學益支離無本，而事於外者益繁以難。蓋孟氏患楊墨，周程之際，釋老大行，今世學者，皆知宗孔孟，賤楊墨、擯釋老，聖人之道，若大明於世；然吾從而求之聖人，不得而見之矣。其能有若墨氏之兼愛者乎？其能有若楊氏之為我者乎？其能有若老氏之清淨自守，釋氏之究心性命者乎？吾何以楊墨老釋之思哉？彼於聖人之道異，然猶有自得也。而世之學者，章繪句琢，以誇俗詭心；色取相飾，以偽謂聖人之道，勞苦無功，非復人之所可為，而徒取辯於言詞之間；古之人，有終身不能究者，今吾皆能言其略，自以為若是亦足矣，而聖人之學遂廢；則今之所大患者，豈非記誦詞章之習；而弊之所從來，無亦言之太詳，析之太精者之過歟？夫楊墨老釋，學仁義，求性命，不得其道而偏焉；固非若今之學者，以仁義為不可學，性命之為無益也。居今之時，而有學仁義求性命，外記誦辭章而不為者，雖其陷於楊墨老釋之偏，吾猶且以為賢，彼其心猶求以自得也；夫求以自得，而後可與之言學聖人之道。某幼不問學，陷溺於邪僻者二十年，而始究心於老釋。〔註57〕

他強調求自得為聖學的起點，佛老之學雖與聖學有異，但是佛老之學學仁義、求性命畢竟「猶有自得」，這是其可取之處，也顯然地是它與聖學近似之處。而當時學者沉湎於記誦、詞章之習，輕忽仁義、性命之學，使得聖人之道不得而見，儒學日漸變質。佛老之學與聖學間的毫釐千里之別事關重大，陽明在日後

〔註56〕《王全書》（四）《年譜》正德九年五月條。
〔註57〕同前書（一）《文錄》卷三〈別湛甘泉序〉，頁 178～179。

亦確曾多次嚴加擴清，對佛老之學的錯繆不當力予批駁，毫不寬貸。〔註58〕但是，陽明匡復聖學的雄心壯志，更盛於他闢斥佛老之學的心態。〔註59〕所以面對儒學變質的時弊，他寧願捨異求同，毅然地究心於「其心猶求以自得」的佛老之學，日後他對佛老時表寬容的態度，多少亦有針砭時弊的意義。

和王陽明的狀況類似，湛若水早年亦有學佛的經驗，他曾自述曰：

> 僕之不取佛者，非如世之群儒區區以闢異端爲事，而惜不知者也。
> 蓋三十歲時曾從事於此，亦見快意。久乃覺其無實，亦無實德實事，
> 如談空畫餅耳，且心事兩既判，又云理障，其害道不爲小矣！所以
> 惡之者，非惡佛也，惡其害道也。〔註60〕

他既然從學佛中「亦見快意」，大概亦如陽明一樣體會到佛學與儒學的近似處。但是，他對佛家在倫理事務上的缺失顯然更懷戒心，面對當時佛學盛行，學者欲借佛學爲入道之門的想法他即曾表示憂心曰：

> 世固有如此者，但恐入禪室，見其若有高明廣大以爲是，不肯出來，
> 誤了一生。世傳明道先生出入釋老十餘年，後來見破，遂跳出來，
> 闢之益力。然吾道自足何事旁求？〔註61〕

即使是一時權宜地吸收佛說，他亦期期以爲不可。他曾就其師陳獻章勸門下讀佛一事批評道：

> 中道而立，能者從立，不可隨人救偏。救得東邊，西邊又偏，救西
> 邊亦然，不若只與中立。曾記白沙先生爲賀克恭黃門許多年不悟，
> 因書勸之讀佛。蓋伊川所言謹禮不透，好令讀《莊》、《列》之意。
> 克恭之子反生疑，辨人之指爲禪，大抵類此。故立教不可稍有救偏
> 之術，救一偏是又起一偏也，惟中正乃救偏之極致。〔註62〕

他既然一再強調「吾道自足」、「中道而立」，因此面對佛老之學與儒學異同問題的紛議，他即嘆曰：

> 惜乎！人自執見，人自執空，反排實學，以學不可有所見，而不思

〔註58〕陳榮捷：〈王陽明與禪〉收入《陳榮捷哲學論文集》，頁74～82。柳存仁：〈王陽明與佛道二教〉文刊《清華學報》第13卷第一、二期合刊，民國72年12月，頁27～51。

〔註59〕Tu Wei-ming, *Neo-Confucian Thought in Action: Wang Yang-ming's Youth (1472-1509)*, p.84.

〔註60〕《湛文集》卷七〈答歐陽崇一〉，頁30下～31上。

〔註61〕同前書，卷一一〈問疑續錄〉，頁15上。

〔註62〕同前書，卷二三〈語錄〉，頁27下。

立則見其參於前，在輿則見其倚於衡者，與卓爾躍如。何謂要空者？
莫如道與釋，道者猶能謂：「鼎內若無真種子，如將水火煮空鐺。」
釋者猶能謂：「馴得自白牛露迥迥地。」但其所謂「真種子」、「白牛」
自與聖人所謂卓爾躍如，參前倚衡者不同耳。……若見得此天理爲
是，將來涵養體認，且不必與之辨，亦不必求其與我合，恐自己忽
然惑於其中。〔註63〕

可見他對佛老之學的態度，乃是專注他們與儒學間毫釐千里的差別，即他們
在現世論理事務上的缺失。進而認定他們在本體境界上的虛妄，而堅守嚴明
的闢斥佛老的立場。

　　對於湛若水所信守的這種自宋儒以來即流行的依倫理觀點來闢斥佛老的
立場，王陽明不只消極地贊同，這其實也是他自己闢斥佛老的基本立場，在
〈象山文集序〉中陽明即云：

佛老之空虛，遺棄其人倫事物之常，以求明其所謂吾心者，而不知
物理即吾心，不可得而遺也。〔註64〕

是明從倫理的觀點來指責佛老在本體上所講求的「空」、「虛」觀念的缺失。
另外在〈重修山陰縣學記〉中他又曾云：

夫禪之學與聖人之學。皆求盡其心也，亦相去釐耳。聖人之求盡其心
也，天地萬物爲一體也。吾之父子親矣，而天下有未親者焉，吾心未
盡也；吾之君臣義矣，而天下有未義者焉，吾心未盡也；吾之夫婦別
矣，長幼序矣，朋友信矣，而天下有未別、未序、未信者焉，吾心未
盡也；吾之一家飽暖逸樂矣，而天下有未飽暖逸樂者焉，其能以親乎？
義乎？別、序、信乎？吾心未盡也；故於是有紀綱政事之設焉，有禮
樂教化之施焉，凡以裁成輔相，成己成物，而求盡吾心焉耳。心盡，
而家以齊，國以治，天下以平。故聖人之學，不出乎盡心。禪之學非
不以心爲說，然其意以爲是達道也者，固吾之心也。吾惟不昧吾心，
於其中則亦已矣。而亦豈必屑屑於其外？其外有未當也，則亦豈必屑
屑於其中？斯亦其所盡心者矣。而不知已陷於自私自利之偏，是以外
倫，遺事物，以之獨善或能之；而要之不可以治家國天下。蓋聖人之
學，無人己，無內外，一天地萬物以爲心；而禪之學，起於自私自利，

〔註63〕同前書，卷七〈答洪峻之侍御〉，頁50下。
〔註64〕《王全書》（一）《文錄》卷三〈象山文集序〉，頁190。

而未免於內外之分，斯其所以爲異也。〔註65〕

確切地指出儒、佛之間毫釐千里的微妙差異，盡在倫理事務上的表現見眞章。

在這種基本立場下，即使佛老之學「其心猶求以自得」近似聖學，但在理論上則是不能被接受的。據《傳習錄》載：

> 王嘉秀問：「佛以出離生死誘人入道。仙以長生久視誘人入道。其心亦不是要人做不好。究其極至，亦是見得聖人上截，然非入道正路。如今仕者，有由科，有由貢，有由傳奉，一般做到大官。畢竟非入仕正路，君子不由也。仙佛到極處，與儒者略同。但有了上截。遺了下一截。終不以聖人之全。然其上一截同者，不可誣也。後世儒者又只得聖人下一截，分裂失眞，流而爲記誦、詞章、功利、訓詁，亦卒不免爲異端。是四家者，終身勞苦於身心，無分毫益。視彼仙佛之徒，清心寡慾，超然於世累之外者，反若有所不及矣，今學者不必先排仙佛，且當篤志爲聖人之學，聖人之學明，則仙佛自泯。不然，則此之所學，恐彼或有不屑，反而欲其俯就，不亦難乎？鄙見如此，先生以爲何知？」先生曰：「所論大略亦是。但謂上一截，下一截，亦是人見偏了如此。若論聖人大中至正之道，徹上徹下，只是一貫，更有甚上一截、下一截？『一陰一陽之謂道，但仁者見之便謂之仁，知者見之便謂之智，百姓又日用而不知，故君子之道鮮矣。』仁智豈可不謂之道？但見得偏了了，便有弊病。」〔註66〕

王嘉秀相對於後世儒學的流弊稱道仙佛「亦是見得聖人上一截」的說法，其實與前述〈別湛甘泉序〉中王陽明對佛老學仁義、求性命，猶有自得的贊許，非常相似。而陽明的答覆顯然是在闢佛老的基本立場規範下，否定了王嘉秀的說法，強調聖人之道上下一貫，沒有上一截、下一截之分。如此，佛老之學雖求自得，但畢竟有違倫常，不合聖道。難怪，在王嘉秀、蕭惠這兩位「好談仙佛」的弟子面前，陽明要強調自己早年究心佛老之學是「錯用功二十年」。

儘管陽明信持這樣的基本立場。但是，他的稟賦特質顯然較像個教育家而不是個哲學家。〔註67〕他對佛老之學寬容的態度導致他經常不顧闢斥佛老立場的嚴整性，而從佛老之學與儒學近似處著手，發表接納佛老的言論。他

〔註65〕同前書（一）《文錄》卷四〈重修山陰縣學說〉，頁216～217。

〔註66〕《傳習錄》卷上，頁86～87。

〔註67〕Wm. Theodore de Bary, "Individualism and Humanitarianism in Late Ming Thought" in Wm. Theodore de Bary ed. *Self and Society in Ming Thought*, p.154.

在為陸象山的覺悟之說辯解時即曾論道：

> 覺悟之說雖同于釋氏，然釋氏之說亦自有同于吾儒而不害其為異
> 者，惟在幾微毫忽之間而已，亦何必諱於其同，而遂不敢以言；狃
> 於其異，而遂不以察之？〔註68〕

強烈地表現出他對釋氏之說存異求同的心態。他與學者論學便時有這種存異求同之說。例如：他曾說：

> 不思善不思惡時認本來面目，此佛氏為未識本來面目者設此方便。
> 本來面目，即吾聖門所謂良知。今既得良知明白，即已不消如此說
> 矣。隨物而格，是致知之功。即佛氏之「常惺惺」，亦是常存他本來
> 面目耳。體段工夫，大略相似。但佛氏有箇自私自利之心，所以便
> 有不同耳。〔註69〕

雖然依倫理的觀點指出了儒、佛之異，但是，明言佛氏所謂「本來面目」即儒門的良知本體，儒門的格物致知功夫即佛氏「常惺惺」，則儒佛間的體段功夫，顯然已不只是大略相似，簡直是難分彼此。他又曾說：

> 聖人致知之功，至誠無息。其良知之體，皦如明鏡，略無纖翳。妍
> 媸之來，隨物見形，而明鏡曾無留染。所謂情順萬事而無情也。無
> 所住而生其心，佛氏曾有是言，未為非也。明鏡之應物，妍者妍，
> 媸者媸，一照而皆真。即是生其心處，妍者妍，媸者媸，一過而不
> 留，即是無所住處。〔註70〕

如此，以佛氏的「無所住而生其心」來說他的心學創見「致良知」，顯見他對佛說的虛心接納。此外，他對佛老在本體上講求的「虛」、「無」觀念亦有異於前述的不同評價，他說：

> 仙家說到虛。聖人豈能虛上加得一毫實？佛氏說無。聖人豈能無上加
> 得一毫有？但儒家說虛，從養生上生。佛氏說無，從出離生死苦海上
> 來。卻於本體上加卻這些子意思在。便不是他虛無的本色了，便於本
> 體有障礙。聖人只是還他良知的本色，更不著些子意在。〔註71〕

是肯家佛道二教在本體上講求虛無的境界與儒家無異。只是二教分別從養

〔註68〕《王全書》（四）《年譜》正德六年正月條。
〔註69〕《傳習錄》卷中，頁228。
〔註70〕同前書，卷中，頁237。
〔註71〕同前書，卷下，頁328。

生、出離生死這些私意出發，使他們無法實現真正的虛無境界。尤有甚者，他又有所謂儒、道、佛同廳三間的說法，對道、佛的養生、出離生死的觀念竟出現了肯定的評價，據《年譜》載：

> 張元沖在舟中問：「二氏與聖人之學所差毫釐，謂其皆有得於性命也；但二氏於性命中著些私利，便謬千里矣。今觀二氏作用，亦有功於吾身者，不知亦須兼取否？」先生曰：「說兼取，便不是；聖人盡性至命，何物不具，何待兼取？二氏之用，皆我之用，即吾盡性至命中完養此身，謂之仙；即吾盡性至命中不染世累，謂之佛；但後世儒者不見聖學之全，故與二氏成二見耳。譬之廳堂三間，共為一廳，儒者不知皆吾所用，見佛氏則割左邊一間與之，見老氏則割右邊一間與之，而己則自處中間，皆舉一而廢百也。聖人與天地民物同體，儒佛老莊皆吾之用，是之謂大道。二氏自私其身，是之謂小道。」〔註72〕

他對佛老在倫理事務上的缺失雖未全然失去警覺，但已明白地指示學者，佛老之學皆可為我用，不必拘守儒學一間而舉一廢百，不見聖學之全。因此，有時他對佛老之學與儒學差異的分辨問題，也不甚在意，例如有一次，有位弟子問他儒、佛差異何在時，他便直接回答他：「子無求其異同於儒釋，求其是者而學焉可矣！」〔註73〕

　　陽明對佛老之學表達了這些肯定的評價，雖然未導致他對闢斥佛老的基本立場稍有變動，但是這些肯定的評價無疑地威脅到前引答王嘉秀所謂聖人之道上下一貫，沒有上一截、下一截之分的說法。儘管意識到佛老在倫理事務上的缺失，陽明仍專注於佛老之學與儒學的近似處，因而肯定佛老之學可為儒者所用，這不啻認同了佛老「亦是見得聖人上一截」的說法。

　　湛、王二人對佛老之學的態度如此同中帶異，難怪二人在論及佛老之學時，湛若水對王陽明的說法不能苟同。從他嚴明的闢佛老立場來看，王陽明「言聖枝葉老聃釋氏」，強調「迦聃道德高博，焉與聖異？」「不疑佛老，以為一致，且云到底是空。」等等的說法，無異都是在忽略了聖學上下一貫的原則，破壞了儒者闢斥佛老基本立場的嚴整性。這種想法實在有差之毫釐，謬以千里之虞。

〔註72〕《王全書》（四）《年譜》嘉靖二年十一月條。
〔註73〕同前書（一）《文錄》卷三〈贈鄭德夫歸省序〉，頁185。

　　王、湛二人對佛老之學的迎拒有別，也影響到他們的學說在日後發展的盛衰互異。晚明社會三教合一的思潮蓬勃發展。〔註74〕儒家學者接納佛說者不少，佛教僧侶亦多致力探求儒、佛的共同點。〔註75〕王陽明存異求同所得的種種說法，無異為三教合一思想的推動者提供了充實的論據。難怪，王學會與晚明的三教合一思潮並存共榮。〔註76〕而嚴守闢佛立場的湛若水，其學說反倒淹沒於心學的洪流中，成為一股從旁針砭王學的汨汨暗流。

　　其次，就有關《大學》「格物說」以至論學宗旨之爭的問題而言。自朱子重訂《大學》章句，並作《大學》補傳，標舉「格物」一義在《大學》的關鍵性地位後，明清二代學者對儒學的詮釋大多圍繞著《大學》「格物」一義的解說來發揮。〔註77〕《大學》「格物」之義的體認也是陽明早年求道經驗中的重要課題，《明儒學案》載：

> 先生（陽明）之學，始泛濫於詞章，繼而偏讀考亭之書，循序格物，顧物理吾心終判為二，無所得入。於是出入於佛老者久之，及至居夷處困，動心忍性，因念聖人處此更有何道？忽悟格物致知之旨，聖人之道，吾性自足，不假外求。其學凡三變而始得其門。〔註78〕

可見陽明的出入佛老之學，其實只是他對《大學》「格物」之義的體認由懷疑到開悟的歷程上，一個過渡時期的抉擇。陽明心學的創穫畢竟是由朱子的格物之學推陳出新而來。〔註79〕

　　陽明對《大學》「格物」之義的體認，由疑惑到開悟可以視為他在功夫層次上逐漸由程朱學派「主敬窮理」的規範掙脫而自主的歷程。這一歷程與陳獻章求道悟道的歷程頗為相似。陽明從十八歲那一年「謁婁一齋諒，語宋儒格物之學，謂『聖人必可學而至，遂深契之。』」〔註80〕二十一歲那一年更因讀朱子遺

〔註74〕　有關晚明三教合一思潮的發展，參考酒井忠夫：《中國善書の研究》（東京：國書刊行會，昭和三十五年），荒林見悟：《明末宗教思想研究》（東京：創文社，昭和五十四年）。

〔註75〕　Kenneth K.S. Ch'en, *Buddhism in China: A Historical Survey.* (Princeton: Princeton University Press, 1964), p.439.

〔註76〕　荒木見悟：《明代思想研究》（東京：創文社，昭和四十二年），頁 265～291。

〔註77〕　唐君毅：《中國哲學原論・導論篇》，頁 298～368。

〔註78〕　《學案》卷十〈姚江學案〉，頁 181。

〔註79〕　唐君毅：《中國哲學原論・原教篇》，頁 289～348，Tu Wei-ming 前引書，pp.157～167。

〔註80〕　《王全書》（四）《年譜》弘治二年條。

書有感而發，依循格物窮理之教，「取竹格之，沉思其理不得。」〔註81〕此後幾年雖轉趨辭章、兵法之學〔註82〕但對聖人之學始終耿耿於懷，二十七歲那年由儒入道的轉變更突顯出他求道歷程上的根本難題。據《年譜》載：

> 先生自念辭章藝能不足以通至道，求師友于天下又不數遇，心持惶
> 惑。一日，讀晦翁上宋光宗疏，有曰：「居敬持志爲讀書之本；循序
> 致精爲讀書之法。」乃悔前日探討雖博，而未嘗循序以至精，宜無
> 所得；又循其序，思得漸漬洽浹，然物理、吾心終若判而爲二也。
> 沉鬱既久，舊疾復作，益委聖賢有分。偶聞道士談養生，遂有遺世
> 入山之意。〔註83〕

可見陽明早年對朱子「居敬窮理」之教虔誠地奉行，與陳獻章早年的謹遵師訓，用力於書冊，廢寢忘食的苦行不相上下，而陽明堅苦奉行的結果經年無所得，亦與陳獻章累年未得的痛苦經驗相同。更重要的是，陽明所感受到的所謂「物理、吾心終若判而爲二」這一根本難題，幾乎就是陳獻章所謂「吾此心與理未有湊泊吻合處」的翻版。

後來，在三十七歲那年，陽明謫居龍場驛時，中夜大悟格物致知之旨，的悟道過程，亦與陳獻章相似，據《年譜》載：陽明

> 日夜端居澄默，以求靜一，久之，胸中灑灑。……忽中夜大悟格物
> 致知之旨，寤寐中若有人語之者，不覺呼躍，從者皆驚。始知聖人
> 之道吾性自足，向之求理於事物者誤也。〔註84〕

他開悟時那種特殊的心靈經驗即與陳獻章「見吾此心之體隱然呈露，常若有物」相似。而他所悟「聖人之道吾性自足」也與陳獻章所悟「作聖之功，其在茲（心體）乎！」同樣是將德性修爲的方向從外在事理的講求或書冊的研習，轉向對本心在倫理事務上的主體地位之體認。最後，他在五十歲那年確立的「致良知」之教，據他自言亦此悟得來。他說：

> 吾「良知」二字，自龍場以後便已不出此意。只是點此字不出。與
> 學者言，費卻多少辭說。今幸見此意，一語之下洞見全體，眞是痛
> 快。〔註85〕

〔註81〕同前書，弘治五年條。
〔註82〕同前書，弘治五年條、十年條。
〔註83〕同前書，弘治十一年條。
〔註84〕同前書，正德三年條。
〔註85〕同前書（一），〈舊序，刻文錄敍說〉，頁11。

這種「致良知」之教便與陳獻章「靜坐中養出個端倪」之教有異曲同工之妙。

由《大學》「格物」之義的體認到「致良知」之教的確立,陽明經歷了一場由程朱舊學推陳出新的轉變,這種轉變雖與陳獻章求道悟道的歷程相似。但是陳獻章專意自然、自得,雖創新說,但不擅張揚,甚至對時人的種種譏議亦少有積極的回應。這與陽明開悟後的表現迥然不同。在龍場大悟格物致知之旨時,陽明隨即「以默記五經之旨證之,莫不吻合;因著〈五經臆說〉。」〔註86〕據其序云:

> 龍場居南夷萬山中,書卷不可攜,日坐石穴,默記舊所讀書而錄之,意有所得,輒爲之訓釋,期有七月,而五經之旨略遍,名之曰〈臆脫〉,蓋不必盡合於先賢,聊寫其胸臆之見,而因以娛情養性爲耳。
> 〔註87〕

如此,已明顯地表露出他不拘舊學的規範,以己意重新詮釋經典的用心,但又不僅止於此。不久,他更表達出以己意重新詮釋朱子學的心志。在面對時人有關朱陸是非的議論時,他一反其長久以來是朱非陸的成見,詮釋朱學曰:

> 晦菴之言曰:「居敬窮理。」曰:「非存心無以致知。」曰:「君子之心常存敬畏,雖不見聞,亦不敢忽;所以存天理之本然,而不使離於須臾之頃也。」是其爲言,雖未盡瑩,亦何嘗不以尊德性爲事,而烏在其爲支離乎?獨其平日汲汲於訓解,雖〈韓文〉、《楚辭》、〈陰符〉、〈參同〉之屬亦必與之詮釋考辯,而論者遂疑玩物。又其心慮恐學者之躐等,而或失之於妄作,必先之以格致而無不明,然後有以實之於誠正而無所謬。世之學者掛一漏萬,求之愈煩,而失之愈遠,至有弊力終身,若其難而卒無入,而遂議質支離,不知此乃後世學者之弊,而當時晦菴之自爲則亦豈至是乎?〔註88〕

這樣的言論還只見於私下的場合,對於朱學的意見也僅歸咎於後世學者對朱學的曲解,尚能免於學界的紛議,但是其後在正德十三年(1518)他刊刻《大學古本》及《朱子晚年定論》二書時,情況就大不相同了。在〈大學古本序〉中陽明開宗明義即申述了自己對《大學》主旨的意見,他說:

> 《大學》之要,「誠意」而已矣;「誠意」之功,「格物」而已矣;「誠

〔註86〕同前書(四),《年譜》正德三年條。
〔註87〕同前書(一),《文錄》卷一〈五經臆說十三條〉,頁126。
〔註88〕同前書(四),《年譜》正德六年正月條。

意」之極，「止至善」而已矣！〔註89〕

他主張《大學》主旨在「誠意」，即明與朱子強調「格物」的見解不同。而文末更有數言直接責及朱子。他說：

聖人懼人之求之於外也，而反覆其辭，舊本析而聖人之意亡矣。……

命之以敬而益綴，補之以傳而益離，吾懼學之日遠於至善也。〔註90〕

這是明指朱子作《大學》〈格物〉章補傳的不當，及以「敬」解釋〈格物〉章〔註91〕的不妥。在《朱子晚年定論》一書中，他雖努力蒐集朱子晚年的言論，來證明朱子晚年已悔中年未定之說，欲為朱子的立場稍作辯護。但是他這些公開的言論對朱學的官學權威無疑已是莫大的挑戰。

而最後，他單提「致良知」之教以攝「格物」之義，可謂改以《大學》「致知」一義標宗。〔註92〕推陳出新的氣勢已展露無遺。當時的學、官兩界顯然也感受到其學強大的衝擊，所以竟有「南宮策士以心學為問，陰以闢先生（陽明）」之事發生，且「謗議日熾」，面對這些紛議，他竟泰然自若地說：

吾自南京已前尚有鄉愿意思，在今只信良知真是真非處，更無揜藏迴

護，纔做得狂者，使天下盡說我行不揜言，吾亦只依良知行。〔註93〕

足證他與程朱官學公開決裂的決心。

較之陳獻章，王陽明更有過之者在於他不只出入朱學，而且公開而深入地從事經典義理的講求，尤其是對向來程朱視為治學首要的《大學》〔註94〕之重新詮釋，更逐漸地經由對程朱官學的批判以完成其心學的創穫。其間意義之大者，一者是他對程朱官學展開了頗具入室操戈效果的挑戰，再者是他將心學的創見引入《大學》的詮釋空間，藉著《大學》的權威地位以強化心學在學術上的聲望。其取代程朱官學建立學術新典範的意義乃益形突顯。《明史》〈儒林傳〉即云：

宗守仁者曰姚江之學，別立宗旨，顯與朱子背馳，門徒遍天下，流

傳逾百年，其教大行。〔註95〕

〔註89〕同前書（一），《文錄》卷三〈大學古本序〉，頁188。
〔註90〕同前註。
〔註91〕有關於朱子以「敬」解釋〈格物章〉不見於《大學》補傳本文中，而散見於《朱子語類》卷一八〈大學或問〉，頁402～408。
〔註92〕唐君毅：《中國哲學原論，導論篇》，頁299。
〔註93〕《王全書》（四），《年譜》嘉靖二年二月條。
〔註94〕錢穆：《朱子新學案》（四），頁222～223。
〔註95〕《明史》卷二八二〈儒林傳〉，頁7222。

王門心學蔚爲風潮，形成學術新典範的成況，與江門心學專求自得，不擅張
揚的學風畢竟不可同日而語。

陽明經由批判程朱官學的過程以完成其心學的創穫，這在極力以趨近程
朱學派立場重新詮釋白沙心學的湛若水看來，自然不免心存異議。湛、王二
人因爲《大學》「格物」說的歧見所開啓的論學宗旨之優劣問題，其實正可從
陽明對《大學》「格物」之義的新解與朱子「格物」舊說之分歧處論起，朱子
《大學》補傳釋「格物」云：

> 蓋人心之靈，莫不有知，而天下之物，莫不有理。……即凡天下之
> 物，莫不因其已知之理而益窮之，以求至乎其極，至於用力之久，
> 而一旦豁然貫通焉，則眾物之表裏精粗無到不到，而吾心之全體大
> 用無不明矣，此謂「物格」。〔註96〕

而陽明釋「格物」則曰：

> 身之主宰便是心，心之所發便是意，意之本體便是知，意之所在便
> 是物。如意在於事親，即事親便是一物；意在於事君，即事君便是
> 一物；意在於仁民愛物，即仁民愛物便是一物；意在於視聽言動，
> 即視聽言動便是一物。所以某說無心外之理，無心外之物。……「格
> 物」如孟子「大人格君心」之「格」。是去其心之不正，以全其本體
> 之正。但意念所在，即要去其不正，以全其正。即無時無處不是存
> 天理，即是窮理。天理即是明德，窮理即是明明德。〔註97〕

朱、王二人「格物」說的區別可從他們有關心與理的構想之差異加以說明。
朱子強調心是虛靈知覺，理則指散在萬物的眾理，「格物」是發揮心知的功能，
恆久仔細地探求眾多事物之理。而王陽明則強調人心在倫理事務上的主體地
位，此心即是理，「格物」即是去除意念的雜駁，保持心體的純正。

湛若水對於王陽明有關心與理的構想之特色顯然相當警覺，在與門人論
及自己與陽明有關「格物」說的歧見時，他即云：

> 蓋陽明與吾看心不同，吾之所謂心者，體萬物而不遺者，故無內外，
> 陽明之所謂心者，指腔子裏而爲言者也，故以吾之說爲外。〔註98〕

又曾云：

〔註96〕《四書集注》〈大學補傳〉，頁6。
〔註97〕《傳習錄》卷上，頁37～39。
〔註98〕《湛文集》卷七〈答楊少默〉，頁24上～24下。

陽明以理障爲懼，故只從心所知。然天理又有何障，此矩豈可遽能

從心者。……心即理，須疑似辨之。〔註99〕

湛若水指斥陽明說心，是「指腔子裏而爲言者」，以及他「以理障爲懼」，這
雖非公允的論斷，但也客觀地突顯了陽明相對於朱子及湛若水有關心與理的
構想的特色。

　　朱、王二人對心與理的構想各有倚重，其「格物」的功夫亦各具特色，難
以絕對的是非予以衡定，但是陽明的「格物」新說乃因不滿朱子舊說而生，對
治批判舊說的心態甚爲強烈，持守舊說立場的學者亦不免予以反擊。〔註100〕新、
舊之說相激相盪之勢由是而生。湛、王二人論學的歧見亦在這一情勢下展開。

　　王陽明認爲湛若水趨近程朱立場的「格物說」，及其「隨處體認天理」之
教是「求之於外」、「支離外索」、「未免捕風捉影」，皆是指其不悟「心即理」，
而不致力保持本心的純正，反而於心外求理，從王陽明「格物」新說的立場
來看湛說固然不免有這類的評斷。而湛若水認爲陽明的「格物」新說及其「致
良知」之教「有外物之病」，缺乏講學、涵養、力行的工夫，亦不免是內非外
的支離之憾，則是指其不務細究事物眾理，而徒恃心知的虛靈，以知覺爲性，
從湛若水趨近程朱立場來看王說亦不免有這類印象。

　　其實，「格物」新舊說之間各有倚重，各具特色，但其間義理未嘗全然相
悖。〔註101〕因此，湛、王二人由「格物」說開啓的論學歧見，雖未能捨異求
同，亦可各行其道，而不至相互衝突。但是，結果卻不然，王陽明乃儼然以
正學自居，非議湛若水的學說，而湛若水亦明指陽明學未知要妙，湛、王二
人的論辯顯已超出異同之論，而有學說正、偏之判。湛、王的論辯會出現這
種局面，其實亦與儒家長久以來學術論辯的傳統特質有密切的關係。

　　春秋、戰國時代封建體制瓦解，出現了「禮壞樂崩」的現象，在學術思想
上，官師政教合一的古代王官之學分裂，造成「百家爭鳴」的局面。遠古包容
周遍的「道術」分散爲諸子百家。從此中國知識階層便以「道」的承擔者自居，
知識份子以道自任的精神在儒家表現的最爲強烈。〔註102〕孔子雖然自謂「危邦

〔註99〕同前書，卷二三〈語錄〉，頁 55 上。
〔註100〕當時除了湛若水外，羅欽順亦與王陽明有書信往返辯論「格物」說，參看《困
　　　　知記》附錄〈與王陽明書〉，頁 108～113。《傳習錄》卷中〈答羅整菴少宰書〉，
　　　　頁 247～255。
〔註101〕唐君毅：《中國哲學原論・原論篇》，頁 276～277。
〔註102〕余英時：《中國知識階層史論》（臺北：聯經出版社事業公司，民國 69 年），

不入，亂邦不居。天下有道則見，無道則隱。」〔註103〕但是他畢生終究栖栖皇皇，奔走於危亂無道的列國之間，勸君行道，待賈而沽。他不獲見用，屢陷困頓，卻又「知其不可而為之。」〔註104〕即曾多次遭受避世隱者的譏諷。孔子面對這些心志迥異於己的隱者之譏諷有何反應呢？據《論語》載：

> 子擊磬於衛，有荷蕢而過孔氏之門者，曰：「有心哉，擊磬乎！」既而曰：「鄙哉，硜硜乎！莫己知也，斯已而已矣！『深則厲，淺則揭。』」子曰：「果哉！末之難矣！」〔註105〕

他對荷蕢隱者潔身自愛的避世居心，雖不苟同，卻也無意苛責。但孔子對避世的隱者也非全然敬而遠之，《論語》：

> 楚狂接輿歌而過孔子曰：「鳳兮！鳳兮！何德之衰？往者不可諫，來者猶可追。已而！已而！今之從政者殆而！」孔子下，欲與之言。趨而辟之，不得與之言。〔註106〕

是對接輿洞悉時勢的智慧頗有虔敬之心，欲求結納而不可得。然而孔子與隱者間畢竟是道不同不可為謀，《論語》載：

> 長沮、桀溺耦而耕。孔子過之，使子路問津焉。長沮曰：「夫執輿者為誰？」子路曰：「為孔丘。」曰：「是魯孔丘與？」曰：「是也。」曰：「是知津矣！」問於桀溺，桀溺曰：「子為誰？」曰：「為仲由。」曰：「是魯孔丘之徒與？」對曰：「然。」曰：「滔滔者天下皆是也，而誰以易之？且而與其從辟人之士也，豈若從辟世之士哉？」耰而不輟。子路行以告。夫子憮然曰：「鳥獸不可與同群，吾非斯人之徒與而誰與？天下有道，丘不與易也。〔註107〕

可見孔子是行道之切，堅持其用世之志，而對於隱者的行徑終未刻意的排抵，只是各行其是。但是面對這些隱者的多方譏諷，孔門弟子終不免有反唇相譏的聲音，《論語》載：

> 子路從而後，遇丈人，以杖荷蓧。子路問曰：「子見夫子乎？」丈人曰：「四體不勤，五穀不分，孰為夫子？」植其杖而芸。子路拱

頁 30～38。
〔註103〕《論語》卷四〈泰伯第八〉第十三章。
〔註104〕同前書，卷七〈憲問第十四〉第三十八章。
〔註105〕同前註，第三十九章。
〔註106〕同前書，卷九〈微子第十八〉第五章。
〔註107〕同前註，第六章。

而立，止子路宿，殺雞爲黍而食之，見其二子焉。明日，子路行以
告。子曰：「隱者也。」使子路反見之。至，則行矣。子路曰：「不
仕無義。長幼之節不可廢也，君臣之義如之何其廢之？欲潔其身而
亂大倫。君子之仕也，行其義也。道之不行，已知之矣！」〔註108〕

子路對荷蓧丈人義正詞嚴的質難，及儒者行道立場的申辯，已稍稍地透露了
儒家由以道自任的精神所激發的對異家之說辨正闢斥的心態。

　　孔子自行其道，對異說不深予排抵的儒學風貌，到了戰國時代便起了重
大的變化。在春秋時代與孔子同時的隱者之異說，畢竟只是對亂世行道的可
能性表示消極的質疑，並未對儒家倡行的道術有任何的攻訐。但是到了戰國
時代，面對孔子歿後儒家的內部的分裂，及違異於儒學的各家學說大行其道。
孟子、荀子就不得不積極地致力於儒家學說的辯護工作。〔註109〕孟子在面對
弟子詢及外人稱他好辯的疑難時，即云：

予豈好辯哉！予不得已也。……聖王不作，諸侯放恣，處士橫議，
楊朱墨翟之言盈天下。天下之言，不歸楊，則歸墨，楊氏爲我，是
無君也。墨氏兼愛，是無父也。無父無君，是禽獸也。公明儀曰：「庖
有肥肉，廐有肥馬，民有飢色，野有餓莩，此率獸而食人也。」楊
墨之道不息，孔子之道不著，是邪說誣民，充塞仁義也。仁義充塞，
則率獸食人，人將相食。吾爲此懼，閑先聖之道，距楊墨，放淫辭。
邪說者，不得作；作於其心，害於其事；作於其事，害於其政。聖
人復起，不易吾言矣！〔註110〕

孟子闢斥楊墨的說法，充分地表現出他基於義理的是、非，正、偏之判的立
場以對待異說的心態。這種心態之顯明、強烈，在他與告子有關人性問題的
論爭中，更是展露無遺：

告子曰：「性，猶杞柳也。義，猶桮棬也。以人性爲仁義，猶以杞柳
爲桮棬。」孟子曰：「子能順杞柳之性而以爲桮棬？乎將戕賊杞柳而
後以爲桮棬也！如將戕賊杞柳而以爲桮棬，則亦將戕賊人以爲仁義

〔註108〕同前註，第七章。
〔註109〕Benjamin I. Schwartz, *The Word of Thought in Ancient China*.(Cambridge,
　　　　Massachusetts: The Belknap Press of Harvard University Press, 1985),
　　　　pp.253-320.
〔註110〕《孟子》卷三〈滕文公下〉第九章。

與？率天下之人而禍仁義者，必子之言夫！」〔註111〕
告子認爲人的道德意識來自後天的培育，不能逕以先天本性的表現爲道德。
他所表達的只是他對人性本質的假說（assumption），並非據此假說提出類似
楊朱爲我、墨氏兼愛的行爲主張。實在難以涉及義理是、非，正、偏之判。
但是孟子十分究心於性善論的建構，他對儒學理論的貢獻主要亦在此。〔註112〕
因此他對告子這種異於性善論的假說便深懷戒心。前述的心態不禁油然而
生。而逕斥告子的假說將「率天下之人而禍仁義者。」後來在宋明理學家的
心目中告子「義外」之說，便蒙上濃烈的異端色彩。

荀子在心性論的立場上雖不同於孟子，但是他基於義理是、非，正、偏
之判的立場以對待異說的心態與孟子無異。在駁斥道、墨、名、法甚至儒家
內部異說的〈非十二子篇〉開頭，他即云：

> 假今之世，飾邪說，文姦言，以梟亂天下，矞宇嵬瑣，使天下混然
> 不知是非治亂之所存者有人矣。〔註113〕

明白地將各家學說當作混淆是非，擾亂天下的邪說姦言看待。且有甚於孟子
的是，荀子更爲這種心態作了理論化地圓說，他說：

> 凡事行，有益於理者立之，無益於理者廢之，夫是之謂中事。凡知
> 說，有益於理者爲之，無益於理者舍之，夫是之謂中說。事行失中
> 謂之姦事，知說失中謂之姦道。姦事姦道，治世之所棄而亂世之所
> 從服也。〔註114〕

此即認爲任何的事行、知說都應該通過他所信持的「理」之檢驗而判定其在
義理上的是、非，正、偏及其存廢。

先秦儒家這種基於義理是、非，正、偏之判的立場以對待異說的心態，
在積極從事復興儒學的宋儒心目中則尤爲強烈。以朱子與陸象山的論爭爲
例，他們論學雖一主「道問學」、一主「尊德性」各有所重，但也未必相互予
盾，不可會通。〔註115〕其間歧見之所以難能彌合，實與上述的心態有關，我
們從朱、陸二人各自對異家之說的態度即可見一斑，朱子云：

〔註111〕同前書，卷六〈告子上〉第一章。
〔註112〕勞思光：《中國哲學史》第一卷，頁92。
〔註113〕《荀子集解》（王先謙集解本，臺北：世界書局，民國67年）卷三〈非十二
子篇第六〉，頁57。
〔註114〕同前書，卷四〈儒效篇第八〉，頁79。
〔註115〕唐君毅：《中國哲學原論·原性論》，頁627～661。

> 凡看文字，諸家說有異同處，最可觀，謂如甲說如此，且撏扯住甲，
> 窮盡其詞；乙說如此，且撏扯住乙，窮盡其詞，兩家之說既盡，又
> 參考而窮究之，必有一眞是出矣。〔註116〕

雖注重學說異同的講求，但是其窮盡諸家說詞的目的，乃在求一眞是。他又明確地說：

> 學問只是一個道理，不知天下說出幾多言語來，若內無所主，一隨
> 人腳跟轉，是壞了多少人！吾人日夜要講明此學，只謂要理明學至，
> 不爲邪說所害，方是見得道理分明，聖賢眞可到，言話眞不誤人。
> 〔註117〕

可見朱子畢生博覽群籍，接觸不少異說，仍信持講求唯一的道理，以對治邪說的侵害。而朱子的論敵陸象山雖然曾言：

> 天下之理無窮，若以吾平所經歷言之，眞所謂伐南山之竹，不足以
> 受我辭。〔註118〕

但他更堅定的指出：

> 天下正理，不容有二。若明此理，天地不能異此，鬼神不能異此，
> 千古聖賢不能異此，若不明此理，私有端緒，即是異端。〔註119〕

可見他肯定唯一眞理的信心實與朱子無異。亦可知朱、陸之間的論辯背後實因受制於義理的是、非，正、偏之判這一強烈的心理動機，而使得朱陸相對的學說特色，在各自的評斷下成爲絕對的是、非，正、偏之別。故陸象山嘗嘆：「朱元晦泰山喬嶽，可惜學不見道，枉費精神，遂自擔閣。」〔註120〕而朱子亦曾於陸象山歿後語帶嘲諷地說：「可惜死了告子！」〔註121〕

　　湛、王二人由學術異同的討論而趨於學說正、偏之判更重蹈了朱、陸論爭的覆轍。湛、王二人論學的歧見，亦不能及身而解。正因爲二人論學宗旨的相對，更突顯了湛若水的學說針砭王學的意義。

　　湛若水認爲王陽明的「格物」新說及其「致良知」之教「有外物之病」、缺乏講學、涵養力行的功夫，亦不免是內非外的支離之憾。這樣的批評加諸

〔註116〕《朱子語類》卷一一，頁192。
〔註117〕同前書，卷一二一，頁2938。
〔註118〕《象山先生文集》卷三四〈語錄〉，頁395。
〔註119〕同前書，卷一五〈與陶贊仲〉，頁91。
〔註120〕同前書，卷三四〈語錄〉，頁413。
〔註121〕《朱子語類》卷一二四，頁2979。

畢生勸學苦修、又功業彪炳的王陽明身上固然是明顯地不當。但是，我們若觀察一下日後王門後學的流弊，便能體會湛若水這樣的批評實非無的放矢。《明儒學案》記陽明的「格物」新說及「致良知」之教在其身後的發展，曰：

> （陽明）「致良知」一語發自晚年，未及與學者深究其旨，後來門下各以意見攪和，說玄說妙，幾同射覆，非復立言之本意。先生之「格物」，謂：「致吾心良知之天理於事事物物，則事事物物皆得其理。以聖人教人只是一個行，如博學、審問、慎思、明辨皆是行也。篤行之者，行此數者不已是也。」先生致之於事物，致字即是行字，以救空空窮理。只在知上討個分曉之非，乃後之學者測度想像，求見本體，只在知識上立家儅，以爲良知，則先生何不仍窮理格物之訓，先知後行，而必欲自爲一說耶？〔註122〕

在此，黃宗羲已明確地指出王門後學因各自體認不同，對陽明學說的闡釋眾說不一的現象，以及王門後學疏於實踐工夫的弊病。其他明末清初的學者在面臨國家危亡的困境時，對王門後學的流弊亦多加責難。劉宗周嘗云：

> 今天下爭言良知矣，及其弊也，猖狂者參之以情識，而一是皆良；超潔者蕩之以玄虛，而夷良於賊。〔註123〕

說明了王門後學爭言良知而流於狂妄、空疏之弊。方以智（密之，1611～1617）亦曾云：

> 王文成之「即心即性」、「即心即經」，本爲支離針砭，然末流虛而失實，糟粕其經，脫略于教矣。〔註124〕

明確指出王門後學疏於講學之失。至於顧炎武（寧人，1613～1682）對王學之批判則更爲激切，嘗謂：

> 劉石亂華本於清談之流禍，人人知之，孰知今日之清談有甚於前代者。昔之清談談老莊，今之清談談孔孟，未得其精而已遺其粗，未究其本而先辭其末。不習六藝之文，不考百王之典，不綜當代之務。舉夫子論學論政之大端，一切不問，而曰一貫，曰無言。以明心見性之空言，代修己治人之實學，股肱惰而萬事荒，爪牙亡而四國亂，

〔註122〕《學案》卷十〈姚江學案〉，頁179。
〔註123〕《劉子全書及遺編》（京都：中文出版社，1981年）〈證學雜解〉，頁113。
〔註124〕方以智：《藥地炮莊》（臺北：廣文書局，民國64年）〈總論中〉，頁17下。

神州蕩覆，宗社丘墟。〔註125〕

不僅痛斥王學末流空談心性，疏於經籍、忽於治世之弊，甚至將明季的衰亡直接歸咎於王學。這些針對王門後學的流弊所做的責難，幾乎是與湛若水的評論前後呼應。同時也說明了湛若水對陽明「格物」新說及「致良知」之教之教的批評，確實也適切地指出了其論理上的瑕隙，以致爲王門後學的發展留下了重大的變數。

關於陽明「格物」新說及「致良知」之教的理論瑕隙，從前述陽明求道悟道的過程來看，即可知曉。他循朱子「格物」之教而推陳出新，終至開創「致良知」之教取代了程朱學派「主敬窮理」的舊規範。雖然他自詡其「致良知」之教「此理簡易明白。」〔註126〕但他更強調「某於此良知之說，從百死千難中得來，不得已與人一口說盡，只恐學者得之容易，把作一種光景玩弄，不實落用功，負此知耳。」〔註127〕由是可知，陽明成聖功夫論的關鍵便在於如何「實落用功」以「致良知」。陽明對如何「實落用功」的問題，有何解答呢？據《傳習錄》載：

> 一友問功夫不切。先生曰：「學問功夫，我已曾一句道盡。如何今日轉遠，都不著根？」對曰：「致良知，蓋聞教矣。然亦須講明。」先生曰：「既知致良知，又何可講明？良知本是明白，實落用功便是。不肯用功，只在語言上轉說轉糊塗。」曰：「正求講明致之之功。」先生曰：「此亦須你自家求。我亦無別法可道。昔有禪師，人來問法，只把塵尾提起。一日，其徒將塵尾藏過，試他如何設法，禪師塵尾不見，又只空手提起。我這箇良知，就是設法的塵尾，舍了這箇有何可提得？」少間，又一友請問功夫切要。先生旁顧曰：「我塵尾安在？」一時在坐者皆躍然。〔註128〕

陽明的回答固然有振聾啓瞶，發人深省的效果，但是對於如何「實落用功」的問題，除了訴諸各人自求外，終究沒有定法可施。這或許正是陽明心學專事體認良知心體在道德實踐上的主體地位所展現的功夫特色，但是這種功夫論的特色卻明顯地形成一理論上的瑕隙。王門後學對陽明「格物」新說及「致

〔註125〕顧炎武：《日知錄》（臺北：臺灣商務印書館，民國57年）卷七〈夫子之言性與天道〉，頁32。

〔註126〕《王全書》（四）《年譜》正德十六年正月條。

〔註127〕同前註。

〔註128〕《傳習錄》卷下，頁335。

良知」之教所以會「各以意見攪和，說玄說妙，幾同射覆。」「測度想像，求見本體，只在知識上立家儅，以爲良知。」都可見其由來有自。

第六章　結　論

　　湛若水一生置身於明代心學發展的浪潮之中，因其雜糅心學新說與程朱舊學的思想特質，以致使他在明代心學的陣營裡發生改造江門及針砭王學的作用。從他與明代心學的這番思想糾葛，我們亦可檢視明代心學所面臨的時代性問題，及其解決之道，以便了解其由隱微到興盛的歷程。

　　從心學崛起的背景來看，明初理學的主流程朱學派一方面意識到朱子學體系的完備，難以在理論層面上多作發揮；另一方面則有感於程朱理學官學化後，程朱學說已然淪為國家意識型識及僵化的教條。因此學風乃轉向於個人的躬行踐履方面，這股新興的學風使傳統儒家的成聖困境異常地突顯。如何達到心與理合一，對明初的儒者來說，不再只是理論上爭議，而是現實生活裏切身待解的難題。陳獻章受業於程朱學者吳與弼之門，即因對此難題的強烈感受，而推陳出新開創了「靜坐之教」，主張「從靜坐中養出個端倪來」，致力求見心體。白沙心學新說顯然超出了程朱學派「主敬窮理」的規範，而為傳統儒家的成聖困境提出了一個嶄新的解題方向，日後的心學即表現出專事於心性辨析的特色，而疏於「主敬窮理」的規範的講求。心學新說既然與程朱舊學立異，便難免遭致當時居於理學主流地位的程朱學派之極度非議。因此，心學新說能否為當時學界所接受或認同，即端視心學學者如何紓解程朱舊學的壓力，以確立新說的正當性。

　　就江門心學而言，由於陳獻章學宗自然，專求自得。影響所及，江門弟子亦多孤行獨諧，對程朱學派的批評少有適度的回應。但是，身為明代中期江門心學的代言人，湛若水卻致力於闡揚師說。他對白沙學說的重新詮釋，即代表了江門一派對程朱學派批評的唯一回應。為了駁斥白沙心學近禪的譏

議，他極力地淡化白沙心學「主靜」的色彩，刻意地做趨近程朱學派「主敬」立場的解釋。而為了消除白沙心學輕忽下學功夫之疑，他亦遵循程朱學派「主敬」的規範以論白沙自然之學所謂「勿忘勿助」的「孟子工夫」，同時又根本地否定了白沙「糟粕六經」重心輕書的治學態度，對白沙恃以頌贊自然學風的曾點、顏回之樂亦明表示不投契的態度。經過他這番重新的詮釋，使得白沙心學從明初程朱舊學推陳出新的創造性意涵因而隱晦不彰。而江門心學開創學術新典範的契機也隨之消失。

其次，就陽明心學而言，陽明求道悟道的過程雖與白沙近似，但是，陽明卻更有過之，他不但依循朱子的「格物」之教而推陳出新，而且積極地依照自己的心學見解去對經典的義理予以重新詮釋，並進而出入朱學。藉著重訂《大學古本》質疑朱子《大學》補傳的權威，一反朱子以「格物」為《大學》首要的舊說，而改宗「誠意」，以符合自己所開創的「致良知」之教。又著《朱子晚年定論》來證明朱子晚年已悔中年未定之說，而顯露了心學的傾向，以作為自己在心學創穫上的奧援。陽明經由批判朱子學的過程以確立自己的心學新說，即充分地展現他對程朱舊學壓力的積極而正面之回應。因此，亦使王門心學終能在程朱學者的環伺下儼然尉為風潮。

從湛若水以趨近程朱舊學的立場來重新詮釋白沙心學，以及王陽明經由批判朱學以確立心學新說的情形來看，湛、王二人對於程朱舊學壓力的感受雖然一致，但是二人紓解壓力的態度卻適為有趣的對比。二人論學的歧見可視為這種相對態度的延伸。

就對待佛老的態度而言，湛、王二人早年皆曾修習佛老之學而深感自得，對佛老之學與儒學的近似處亦有同感。同時對於佛老之學與儒學的歧異處，即佛老兩家在倫理事務上的缺失他們亦皆有所警覺。他們二人對於佛老的態度之所以出現歧見，乃在於湛若水拘守自宋儒以來即流行的依倫理觀點來闢斥佛老的立場，因此捨同辨異，努力擴清儒學與佛老之學的分野。而王陽明則堅信自己在心學上的創穫，故一意標舉心性之學的重要性。相對於當時學者沉湎於記誦、詞章之習，輕忽仁義、性命之學，他則寧取清淨自守、究心性命的佛老之說。這種捨異求同的態度自然有損於儒者闢斥佛老基本立場的嚴整性。但是，卻使王門心學較能呼應晚明社會興盛的三教合一思潮，而大行其道。相反地，嚴守闢斥佛老立場的湛若水，其學說相形之下便黯然不彰。

再就有關《大學》「格物說」以至論學宗旨之爭的問題而言，湛若水因為

在人心與天理的構想，及成聖功夫的抉擇上，皆出現趨近程朱立場的跡象，因此對《大學》「格物」一義的解釋，亦信守程朱舊說，作「窮至事理」解。論學亦以「隨處體認天理」為宗旨，以呼應朱說，而王陽明則發揚「心即理」的心學定見，強調對人心在倫理事務上的主體地位之體認，所以，不但背棄了朱說，重釋《大學》「格物」一義為「正念頭」。其「致良知」論學宗旨的提出，更是與朱子「主敬窮理」的「格物」之教大唱反調。湛、王二人有關「格物說」及論學宗旨的歧見，即因或趨近程朱或批判程朱的立場有別而衍生。與日趨蓬勃的王學相較，湛若水的學說雖然較為黯然，但是因其立場與王學相對，他的學說在心學陣營亦不乏針砭王學的作用，並反映出程朱舊學壓力對心學發展持續不斷的影響。

　　綜上可知，心學新說因與程朱舊學立異，在其由隱微到興盛的發展過程之中，幾乎無時無刻不面臨著程朱舊學的壓力，並對此一壓力作出時代性的因應，而江門心學的黯然不彰，與王門心學的大行其道，正是由於他們各自對此一時代性的壓力採取的因應之道不同所致。

附錄：湛若水學行年表

1. 明憲宗成化二年丙戌（1466）

   湛若水生。

2. 成化十一年乙未（1475）

   父湛瑛爲盜搆誣，悲憤而死，臨終告若水曰：「必以顯吾世。」

3. 成化十五年己亥（1479）

   始入小學。

4. 成化十七年辛丑（1481）

   學爲文，入府學爲弟子員。都憲臨省視學，教官率諸生跪迎于門，若水
   獨昂立，以門外非衣冠跪迎之地。

5. 明孝宗弘治五年壬子（1492）

   參加鄉試。當時鄉試禁令，入試諸生皆徒跣，若水唱名當首，執不肯從，
   御史爲之廢法。以《書經》領鄉薦第四。參加鹿鳴宴，聞優樂，曰：「賓
   與盛典而可戲耶？」

6. 弘治六年癸丑（1493）

   赴京參加會試，落第。焚毀會試部檄以示絕意仕進的決心，偕六、七人
   拜會隱居定山的學者莊㫤。

7. 弘治七年甲寅（1494）

   往學江門，得陳獻章自然之教，因悟「隨處體認天理」之旨。

8. 弘治八年乙卯（1495）

   修習佛學。

9. 弘治十二年己未（1499）

　　陳獻章贈若水「江門釣瀨與湛民澤牧管」七絕三首，示意托以傳世衣鉢。

10. 弘治十三年庚申（1500）

　　陳獻章卒，若水作〈奠先師白沙先生文〉，爲之制斬衰之服，廬墓三年
　　不入室，如喪父然。

11. 弘治十七年甲子（1504）

　　奉母命及友人徐絃、謝祐勸使下，決定復出。入南京國子監，獲祭酒章
　　懋賞識，以平輩論交。

12. 弘治十八年乙丑（1505）

　　赴京師參加會試，主試學士張元楨、楊廷和撫其卷曰：「非白沙之徒不
　　能爲此。」嘆爲眞儒復出，廷試選翰林院庶吉士，尋授編修。
　　與王陽明初識定交，共以倡明儒學爲職志。

13. 明武宗正德二年丁卯（1507）

　　王陽明被謫爲貴州龍場驛驛丞，若水賦詩九章以送別。

14. 正德五年庚午（1510）

　　王陽明重返京師，湛、王久別重逢，乃比鄰而居。又因學者黃綰慕陽明
　　之名而來，三人相與唱和，遂訂終身共學之盟。

15. 正德七年壬申（1512）

　　任冊封安南國王正使，出使安南期間，安南國王曾以金餽之，若水推卻
　　不受，國王贈詩有「白沙門下更何人」之句，傳爲美談。
　　王陽明因若水出使安南作〈別湛甘泉序〉

16. 正德九年甲戌（1514）

　　自安南還，與王陽明期會於滁陽之間，夜論儒釋之道。
　　湛母卒於京師，若水奉柩南歸。

17. 正德十年乙亥（1515）

　　陽明迎弔於龍江，湛、王二人始論《大學》「格物」義，若水隨後並作
　　〈與陽明鴻臚〉一書詳辯。

18. 正德十二年丁丑（1517）

　　上疏鄉居養病，築室西樵山大科峰，建大科書院。

19. 正德十四年己卯（1519）

　　作〈答陽明〉一書，論「格物」義。

20. 正德十五年庚辰（1520）

　　作〈大科訓規〉倡舉業、德業二科合一之教。

21. 正德十六年辛巳（1521）

　　作〈答陽明王都憲論格物〉詳辨陽明「格物說」不可者四，而己說可采者五。

22. 明世宗嘉靖元年壬午（1522）

　　因吳廷舉、朱節的疏薦再被起用，赴京，補翰林院編修，此後屢屢上疏勸勉世宗正君心，講聖學，親儒臣。

　　弔陽明父喪，陽明論及「致良知」之學，若水不以爲然。

23. 嘉靖三年甲申（1524）

　　「大禮議」起，若水上〈乞謹天戒急親賢疏〉，勸世宗親賢納士。

　　轉任南京國子監祭酒，築觀光館。集居學者，申明監規，倡二業合一之教。並作〈心性圖說〉以教士人。

24. 嘉靖四年乙酉（1525）

　　始編《聖學格物通》。

25. 嘉靖五年丙戌（1526）

　　因鄒守益之請作〈廣德州儒學新建尊經閣記〉，諷及「致良知」之教，引起陽明的不悅。

26. 嘉靖六年丁亥（1527）

　　北上考績，途經揚州，門人不期而至者五十人，遂闢一地講學，號爲「甘泉行窩」。

27. 嘉靖七年戊子（1528）

　　輯成《聖學格物通》一百卷上於朝。

　　陽明卒於南安。

28. 嘉靖八年己丑（1529）

　　弔陽明之喪，作〈奠王陽明先生文〉。

29. 嘉靖九年庚寅（1530）

上疏倡天地分祀之禮，迎合世宗重定祀禮的心意。

30. 嘉靖十年辛卯（1531）

轉任禮部左侍郎，參與世宗修醮祈嗣之典，充當迎詞導引官。

又上疏勸世宗收斂精神，以為生育之本。世宗冷言以對。

31. 嘉靖十二年癸巳（1533）

輯成《古文小學》三冊上於朝。

轉任南京禮部尚書。

32. 嘉靖十五丙丙申（1536）

改任南京吏部尚書。

上所纂《二禮經傳測》，遭退回。

33. 嘉靖十八年己亥（1539）

改任南京兵部尚書。

安南內亂，若水作〈治權論〉上於朝，欲激安南吏民共討篡位權臣莫氏，以免中土發兵之勞。未被接納。

34. 嘉靖十九年庚子

奉命致仕。

遊羅浮，構精舍於朱明洞，又建書院於青霞谷。

35. 嘉靖二十四年乙巳（1545）

至衡山建白沙書院。

36. 嘉靖三十九年庚申（1560）

以九十五高齡偕諸生開講於龍潭書院，老死於講會期間。

參考書目

一、史 料

1. 方以智，《藥地炮莊》，臺北：廣文書局，民國 64 年。

2. 王守仁，《王陽明全書》，臺北：正中書局，民國 59 年臺四版。

3. 尹守衡，《明史竊》，臺北：華世出版社，民國 64 年。

4. 王畿，《龍谿王先生全集》，日本江戶年間和刻本，京都：中文出版社。

5. 全祖望，《鮚埼亭集》，臺北：華世出版社，民國 66 年。

6. 朱熹，《四書集註》，臺北：學海出版社，民國 71 年。

7. 朱熹，《朱子語類》，臺北：華世出版社，民國 76 年。

8. 朱熹，《晦庵先生朱文公文集》，京都：中文出版社，1977 年。

9. 呂柟，《涇野先生文集》，嘉靖乙卯真定知府于德昌刊本，臺北：中央圖書館善本，。

10. 沈朝陽，《皇明嘉隆兩朝聞見錄》，臺北：學生書局，民國 58 年。

11. 何喬遠，《名山藏》，臺北：成文出版社，民國 60 年。

12. 吳與弼，《康齋先生日錄》，日本明治三年和刻本，京都：中文出版社。

13. 吳與弼，《康齋集》，文淵閣四庫全書本，臺北：台灣商務印書館，民國 72 年。

14. 阮榕齡，《白沙門人考》，《白沙學刊》，第二期，民國 54 年 3 月。

15. 沈德符，《萬曆野獲編》，臺北：偉文圖書公司，民國 65 年。

16. 宋濂，《宋學士集》，臺北：台灣商務印書館，民國 58 年。

17. 李贄，《焚書・續焚書》，樹林：漢京文化事業有限公司，民國 73 年。

18. 《明史》，民國 64 年，臺北：鼎文書局。

19. 《明實錄》，民國 50～55 年，臺北：中央研究院歷史語言研究所。

20. 胡居仁，《居業錄》，日本江戶年間和刻本，京都：中文出版社。

21. 胡居仁，《胡敬齋集》，臺北：台灣商務印書館，民國 55 年。

22. 《荀子集解》,臺北:世界書局,民國 73 年。

23. 陸九淵,《象山先生全集》,臺北:台灣商務印書館,民國 58 年。

24. 陳建,《學蔀通辯》,景寬文三年(1663),京都:中文出版社。

25. 陳獻章,《陳獻章集》,北京:中華書局,1987 年。

26. 湛若水,《甘泉全集三種(聖學格物通、春秋正傳、湛甘泉先生文集)》,清同治五年資政堂本,台灣大學文學院圖書館善本。

27. 湛若水,《甘泉先生續編大全》,明嘉靖三十四年刊萬曆二十一年修補本,臺北:中央圖書館善本。

28. 湛若水,《泉翁大全集》,明嘉靖刊萬曆修補本,臺北:中央圖書館善本。

29. 黃宗羲,《明儒學案》,臺北:華世出版社,民國 76 年。

30. 焦竑,《國朝獻徵錄》,台北學生書局,民國 54 年。

31. 賀欽,《醫閭集》,文淵閣四庫全書本,臺北:台灣商務印書館,民國 72 年。

32. 程顥、程頤,《二程集》,樹林:漢京文化事業有限公司,民國 72 年。

33. 楊慎,《升庵全集》,臺北:台灣商務印書館,民國 57。

34. 劉宗周,《劉子全書及遺編》,京都:中文出版社,1981 年。

35. 《廣東通志》,清同治三年重刊本,臺北:華文書局,民國 57 年。

36. 談遷,《國榷》,臺北:鼎文書局,民國 67 年。

37. 羅洪先,《念菴文集》,文淵閣四庫全書本,臺北:台灣商務印書館,民國 72 年。

38. 羅欽順,《困知記》,北京:中華書局,1990 年。

39. 顧炎武,《日知錄》,臺北:台灣商務印書館,民國 57 年。

二、中文論著

1. 王寶先,《歷代名人年譜總目》,台中:東海大學圖書館印行,民國 54 年。

2. 牟宗三,《心體與性體》,臺北:正中書局,台八版,民國 76 年。

3. 牟宗三,《從陸象山到劉蕺山》,臺北:書生書局,民國 79 年再版。

4. 牟宗三,《智的直覺與中國哲學》,臺北:台灣商務印書館。,民國 76 年四版

5. 朱鴻林,〈理論型的經世之學 —— 真德秀大學衍義之用意乃其著作背景〉,民國 74 年 9 月,《食貨月刊》,15 卷 3、4 期。

6. 狄百瑞,《中國的自由傳統》,臺北:聯經出版事業公司,民國 72 年。

7. 余英時,《中國知識階層史論》,臺北:聯經出版事業公司,民國 69 年。

8. 余英時，《歷史與思想》，臺北：聯經出版事業公司，民國 68 年。

9. 《明人傳記資料索引》，臺北：中央圖書館，民國 67 年再版。

10. 孟森，《明代史》，臺北：華世出版社，民國 66 年二印。

11. 侯外廬，《宋明理學史》，北京：人民出版社，1987 年。

12. 柳存仁，〈王陽明與佛道二教〉，民國 72 年 12 月，《清華學報》13 卷 1、2。

13. 唐君毅，《中國哲學原論》，臺北：學生書局，民國 73～75 年，全集校訂本。

14. 容肇祖，《明代思想史》，臺北：台灣開明書店，民國 71 年台六版。

15. 陳來，《朱熹哲學研究》，北京：社會科學出版社，1987 年。

16. 陳欽國，〈試論陽明學在明朝嘉靖年間被議為偽學之原因〉，中央研究院中國思想史研討會論文，民國 73 年 7 月 9 日至 27 日。

17. 陳榮捷，《王陽明傳習錄詳註集評》，民國 77 年修訂再版，臺北：書生書局。

18. 陳榮捷，《朱子新探索》，臺北：學生書局，民國 77 年。

19. 陳榮捷，《朱學論集》，臺北：學生書局，民國 77 年增訂再版。

20. 陳榮捷，《陳榮捷哲學論文集（與中國哲學資料書合刊）》，臺北：仰哲出版社，？年。

21. 馮友蘭，《中國哲學史》，翻印本，無出版資料。

22. 勞思光，《中國哲學史》，臺北：三民書局，民國 73 年增訂初版。

23. 黃進興，〈理學、考據學與政治：以《大學》改本的進展為例證〉，《中央研究院歷史語言研究所集刊》60：4（臺北，1989，12），頁 889～916，1990 年。

24. 錢穆，《中國學術思想史論叢（七）》，臺北：東大圖書公司，民國 67 年。

25. 錢穆，《朱子新學案》，臺北：三民書局，民國 71 年再版。

26. 錢穆，《宋明理學概述》，臺北：學生書局，民國 76 年三版。

27. 簡又文，《白沙子研究》，香港：簡氏猛龍書屋，民國 59 年。

三、日文論著

1. 志賀直哉，《湛甘泉の研究》，東京：風間書房，1980 年。

2. 荒木見悟，《明末宗教思想研究》，東京：創文社，昭和五十四年。

3. 荒木見悟，《明代思想研究》，東京：創文社，昭和四十二年。

4. 酒井忠夫，《中國善書の研究》，東京：國書刊行會，昭和三十五年。

5. 間野潛龍，《明代文化史研究》，京都：同朋舍，昭和五十四年。

四、英文論著

1. Chan, Wing-tist, "Chan Jo-shui's influence on Wang Yang ming." *Philosophy East and West* (January-April, 1973), vol, 23 pp.9-30.

2. Ching, Julia, *To Acquire Wisdom: The Way of Wang Yang-ming*. New York; Columbia Univeristy Press, 1976.

3. Ch'en, Kenneth K.S., *Buddhism in China.: A Historical Survey*. Princeton: Princeton University Press, 1964.

4. Chu, Hung-lam, *Ch'iu Chun(1421-1495) and the Ta-hsüeh Yen-I Pu:Statecraft Thought in Fifteenth-Century China*. Ph D. Dissertation, Princeton University, 1984.

5. De Bary, Wm. Theodore, *Neo-Confucian Orthodoxy and the Learning of Mind-and –Heart*. New York: Columbia University Press, 1981.

6. De Bary, Wm. Theodore ed., *Self and Society in Ming Thought*. New York: Columbia University Press, 1970.

7. De Bary, Wm. Theodore ed., *The Unfolding of Neo-Confucianism*. New York: Columbia University Press, 1975.

8. Goodrich, L.Carringaton and Chaoying Fang ed., *Dictionary of Ming Biography, 1368-1644*. New York: Columbia University Press, 1976.

9. Graham, A.C., *Studies in Chinese Philosophy & Philosophical Literature*. Sinapore: National University of Singapore Press, 1986.

10. Hucker, Charles O., *The Ming Dynasty: Its Origins and Evolving Instituction*. Ann Arbor: University of Michigan, 1978.

11. Jiang, Paul Yun-ming, *The Search for Mind: Ch'en Pai-sha. Philosopher-Poet* Singapore: Singapore University Press, 1980.

12. Kuhn, Thomas S., *The Structure of Scientific Revolutions*. Chicago: Chicago University Press, 1962.

13. Meteger, Thomas A., *Escape Form Predicament*. New York: Columbia University Press, 1977.

14. Nivison, David S. and Arthru F. Wright ed., *Confucianism in Action*. Standford: Standford University Press, 1959.

15. Schwartz, Benjamin I., *The World of Thought in Ancient China*. Cambrideg, Mass: The Belknap Press of Harvard University, 1985.

16. Skinner, Quentin ed., *The Return of Grand Theory in the Human Sciences*. Cambridge: Cambridge University Press, 1985.

17. Tu, Wei-Ming, *Neo-Confucian Thought in Action: Wang Yang-ming's Youth(1472-1509)*. Berkeley: University of California Press, 1976.